Atul Bamrara

Cibercriminalidade e serviços electrónicos dos bancos

Atul Bamrara

Cibercriminalidade e serviços electrónicos dos bancos

ScienciaScripts

Imprint

Any brand names and product names mentioned in this book are subject to trademark, brand or patent protection and are trademarks or registered trademarks of their respective holders. The use of brand names, product names, common names, trade names, product descriptions etc. even without a particular marking in this work is in no way to be construed to mean that such names may be regarded as unrestricted in respect of trademark and brand protection legislation and could thus be used by anyone.

Cover image: www.ingimage.com

This book is a translation from the original published under ISBN 978-3-659-90222-2.

Publisher:
Sciencia Scripts
is a trademark of
Dodo Books Indian Ocean Ltd. and OmniScriptum S.R.L publishing group

120 High Road, East Finchley, London, N2 9ED, United Kingdom
Str. Armeneasca 28/1, office 1, Chisinau MD-2012, Republic of Moldova, Europe
Managing Directors: Ieva Konstantinova, Victoria Ursu
info@omniscriptum.com

Printed at: see last page
ISBN: 978-620-3-26389-3

ÍNDICE

RECONHECIMENTO

Muitas pessoas contribuíram, direta ou indiretamente, para o êxito deste livro. Em primeiro lugar, gostaria de expressar a minha gratidão ao meu pai, Dr. J. P. Bamrara, e à minha mãe, Sra. Uma Bamrara, que me ajudaram de todas as formas possíveis e sempre me motivaram e encorajaram a concluir este trabalho. Apoiaram-me em todos os momentos do meu trabalho, tal como sempre o fizeram também na vida. Não posso apontar qualquer ajuda tangível e direta da parte deles, mas o seu encorajamento e apreço pelos meus esforços para atingir a excelência na vida foram sempre uma força orientadora para mim. Além disso, os valores, os ensinamentos e a orientação que me deram foram a única razão de todos os êxitos da minha vida, incluindo a conclusão deste projeto.

É muito difícil exprimir em palavras a contribuição do meu irmão mais novo Er Ankush Bamrara pelas suas valiosas sugestões e pelo seu apoio incondicional na realização deste trabalho. Sem a sua motivação, este trabalho poderia não ter sido realizado.

Os meus sinceros agradecimentos ao pessoal e aos membros do corpo docente do Department of Business Management da HNB Garhwal University pelo seu apoio ativo e inestimável durante a minha investigação. Um agradecimento especial a todos os inquiridos que dedicaram o seu precioso tempo e esforço ao preenchimento do questionário e à partilha das suas experiências.

Por último, quero agradecer ao Senhor Kamleshwar e à Senhora Chandrabadani por todas as suas bênçãos.

(Atul Bamrara)

CAPÍTULO 1

INTRODUÇÃO, OBJECTIVOS E METODOLOGIA DE INVESTIGAÇÃO

O crime é um fenómeno social e económico e é tão antigo como a sociedade humana. O crime é um conceito jurídico e tem a sanção da lei. Crime ou infração é "um erro jurídico que pode ser seguido de um processo penal que pode resultar em punição". A caraterística distintiva da criminalidade é o facto de constituir uma violação da lei penal. Pode dizer-se que um crime é qualquer conduta acompanhada de uma ação ou omissão prevista na lei e cuja violação tem consequências penais.

O termo "cibercrime" é um termo impróprio e não está definido em nenhum estatuto ou lei aprovada ou promulgada pelo Parlamento indiano. O conceito de cibercrime não é radicalmente diferente do conceito de crime convencional. Ambos incluem condutas, quer por ação quer por omissão, que provocam uma violação das regras de direito contrabalançada pela sanção do Estado. A criminalidade informática ou cibercriminalidade refere-se a qualquer crime que envolva um computador e uma rede *Moore (2005)*. O computador pode ter sido utilizado na prática de um crime ou pode ser o seu alvo *Kruse et al. (2002)*.

Atualmente, a cibercriminalidade é uma ameaça próxima e presente para todas as organizações. Embora durante muitos anos se tenha concentrado principalmente no sector dos serviços financeiros e de consumo, a cibercriminalidade passou definitivamente para as empresas. Os cibercriminosos estão a trabalhar todos os dias para criar uma melhor tecnologia que conduza a maiores lucros. Estão a mudar os seus métodos e a atingir alvos diversificados para obterem melhores informações. Como foi o caso de uma organização: Os cibercriminosos demoraram apenas quatro horas a ultrapassar uma contramedida que lhes tinha levado quatro meses a desenvolver *(thinq.co.uk)*. Gerir o risco contra a ameaça do cibercrime não é certamente uma tarefa fácil. Uma das linhas de defesa mais importantes é a inteligência e a consciencialização dos riscos potenciais. A indústria e os governos têm dado passos largos no sentido de adotar a partilha de informações entre concorrentes e parceiros, mas, sobretudo, entre o público em geral. Em 2010, assistimos a muitas detenções importantes em todo o mundo, que podem ser diretamente atribuídas a melhorias na colaboração internacional entre as agências de aplicação da lei. À medida que avançamos para 2011, estes esforços contínuos desempenharão um papel fundamental na luta contra a cibercriminalidade *(RSA 2011 Cyber Crime Trends Report)*.

O cibercrime é uma atividade criminosa realizada através de computadores e da Internet. Inclui tudo, desde o descarregamento de ficheiros de música ilegais até ao roubo de milhões de dólares de contas bancárias online *(techterms.com)*. O cibercrime também inclui infracções não monetárias, como a criação e distribuição de vírus noutros computadores ou a publicação de informações comerciais confidenciais na Internet. O cibercrime é o mais recente e talvez o mais complicado problema do mundo cibernético. "Pode dizer-se que a cibercriminalidade é a espécie cujo género é o crime convencional e em que o computador é objeto ou sujeito da conduta que constitui o crime". "Qualquer atividade criminosa que utilize um computador como instrumento, alvo ou meio para perpetuar outros crimes é abrangida pelo âmbito da cibercriminalidade". *A Symantec* define o cibercrime como qualquer crime cometido através de um computador ou rede, ou dispositivo de hardware. O computador ou dispositivo pode ser o agente do crime, o facilitador do crime ou o alvo do crime. O crime pode ocorrer apenas no computador ou em conjunto com outros locais.

Uma definição generalizada de cibercrime pode ser: "Actos ilícitos em que o computador é um instrumento ou um alvo, ou ambos". O computador pode ser utilizado como instrumento nos seguintes tipos de actividades: crimes financeiros, venda de artigos ilegais, pornografia, jogos de azar em linha, crimes contra a propriedade intelectual, falsificação de correio eletrónico, falsificação, difamação informática, perseguição informática, etc. o computador pode, no entanto, ser alvo de actos ilícitos nos seguintes casos: acesso não autorizado ao computador/sistema informático/redes informáticas, roubo de informações contidas em formato eletrónico, bombardeamento de correio eletrónico, manipulação de dados, ataques de salame, bombas lógicas, ataques de Troia, roubos de tempo de Internet, web jacking, roubo de sistemas informáticos, danos físicos ao sistema informático.

A indústria, o governo e mesmo a sociedade estão a tornar-se criticamente dependentes das TI *(Anderson, 1994; Apt et al., 1997)*. Esta dependência é ilustrada pelas sérias preocupações que estão agora a ser causadas pelos erros residuais do "Ano 2000". Uma vez que mesmo estas falhas de software concetualmente simples estão a exigir recursos maciços, temos de nos preocupar com os efeitos muito mais difíceis dos "crimes cibernéticos": actividades maliciosas de "hackers" ou organizações que procuram explorar ou perturbar um sistema de TI, para fins de malícia, ganhos financeiros ou motivos mais sinistros **_Benjamin (1990)_**.

Aparentemente, não há distinção entre cibercriminalidade e criminalidade convencional. No entanto, numa introspeção profunda, podemos dizer que existe uma linha ténue de demarcação entre o crime convencional e o cibercrime, que é apreciável. A demarcação reside no envolvimento do meio nos casos de cibercriminalidade. A condição sine qua non para a cibercriminalidade é que haja um envolvimento, em qualquer fase, do meio cibernético virtual. **_A Deloitte (2010)_** revelou uma grave falta de sensibilização e um certo grau de complacência por parte das organizações de TI e, talvez, dos responsáveis pela segurança, relativamente à ameaça da cibercriminalidade. Grande parte desta crença baseia-se na noção de que as tecnologias e técnicas do cibercrime são tão eficazes para iludir a deteção que a dimensão real do problema pode ser grosseiramente subestimada. Os cibercriminosos pertencem a vários grupos/categorias. Esta divisão pode ser justificada com base no objeto que têm em mente. Podem ser classificados como adolescentes, hackers organizados, hackers profissionais ou empregados descontentes.

Os cibercriminosos actuais são cada vez mais hábeis a obter acesso sem serem detectados e a manter uma presença persistente, discreta e de longo prazo nos ambientes de TI. Entretanto, muitas organizações podem estar a deixar-se vulneráveis ao cibercrime com base numa falsa sensação de segurança. Os cibercriminosos são geralmente profissionais da informática ou pessoas com conhecimentos informáticos e não têm antecedentes criminais **_Kumar, A. (2002)_**. Os estudos mostram também que a ameaça provém sobretudo dos empregados ou das pessoas com acesso ao sistema, como o pessoal de manutenção, os vendedores de hardware e software, etc. No entanto, as ameaças externas através do acesso remoto têm revelado uma tendência crescente. A Internet está atualmente disponível em mais de duzentos países e, devido à sua natureza sem fronteiras, os crimes podem ser cometidos através de comunicações que são encaminhadas através de vários países diferentes *U. S. Department of Justice (2000)*. Embora tenham sido criadas células de cibercrime nas principais cidades do país, a maior parte dos casos de spamming, hacking, phishing e vishing não são denunciados devido à falta de sensibilização dos utilizadores da Internet e dos funcionários das instituições financeiras. Não há polícias a patrulhar a autoestrada da informação, deixando-a aberta a tudo, desde cavalos de Troia e vírus a perseguição cibernética, contrafação de marcas registadas e difamação de nomes de marcas.

As principais ameaças e riscos para os dados, informações, activos e transacções estão em constante evolução e as abordagens típicas à cibersegurança não estão a acompanhar o ritmo. Os modelos de segurança actuais são minimamente eficazes contra os cibercriminosos e as organizações continuam a não ter consciência desse facto *Deloitte (2010)*. Os cibercriminosos parecem estar a reinvestir parte dos seus lucros significativos no desenvolvimento de novas capacidades para contornar as actuais tecnologias de segurança. De facto, mesmo os principais fornecedores de antivírus têm dificuldade em acompanhar a quantidade de novo malware.

A espinha dorsal da economia financeira, o sistema de pagamentos, que passa pelos bancos, é totalmente dependente das redes informáticas. As combinações de iniciativas públicas e privadas resultaram, em grande parte, em prescrições qualitativas até à data; nenhum regulamento governamental dita numericamente o montante das despesas com a segurança da informação que uma instituição financeira, ou mesmo qualquer empresa, deve efetuar. As instituições financeiras, não só os bancos e outros depositários, mas também os corretores de valores mobiliários, as seguradoras e as empresas de investimento, são coletivamente consideradas uma infraestrutura crítica *Federal Register (2003)*. Além disso, dependem fortemente das tecnologias da informação, o que as torna particularmente vulneráveis a ciberataques e aumenta o perigo de tais ataques. As instituições financeiras enfrentam duas categorias de situações de emergência que podem afetar o seu funcionamento. A primeira é diretamente financeira: o perigo de uma queda súbita do valor dos activos financeiros, quer sejam originários do país ou de qualquer outra parte do mundo, que pode dar origem a uma crise financeira mundial. O segundo é operacional: falha das estruturas físicas de apoio que estão na base do sistema financeiro. Qualquer uma delas, seja por causas naturais ou por maldade humana, pode perturbar a capacidade da nação de fornecer bens e serviços e alterar o comportamento dos indivíduos com medo da perturbação (ou medo de uma perturbação maior). Podem reduzir o ritmo da atividade económica ou, num caso extremo, causar uma contração real da atividade económica *Cashell et al. (2004)*.

Os dados são mais valiosos do que o dinheiro. Uma vez gasto, o dinheiro desaparece, mas os dados podem ser utilizados e reutilizados para produzir mais dinheiro *Deloitte (2010)*. A capacidade de reutilizar dados para aceder a aplicações bancárias em linha, autorizar e ativar cartões de crédito ou aceder a redes de organizações permitiu aos cibercriminosos criar um extenso arquivo de dados para actividades ilícitas contínuas. O mundo não mudou muito desde o início dos anos 1900, quando perguntaram a Willie Sutton porque é que ele roubava bancos. Ele respondeu: "É lá que está o dinheiro". Atualmente, os cibercriminosos vão onde estão os dados, porque estes lhes dão acesso repetido ao dinheiro, onde quer que ele esteja. Os crimes cibernéticos podem representar a ameaça mais potencialmente prejudicial para as actividades, transacções e activos relacionados com as TI. A Deloitte considera que esta ameaça é sub-reconhecida e subestimada entre os riscos que as organizações enfrentam e, por isso, acredita que muitas organizações não estão preparadas para detetar, abordar ou proteger-se destas ameaças. Um dos maiores desafios da cibercriminalidade é o facto de um criminoso poder cometer um crime a partir de qualquer país do mundo; poder visar vítimas em todo o globo; ocultar a sua identidade transmitindo comunicações através de sistemas informáticos localizados em muitos países estrangeiros e armazenar provas em locais remotos. A capacidade de rastrear as comunicações através de diferentes redes informáticas em diferentes jurisdições é um elemento crítico na prevenção, investigação e repressão da cibercriminalidade *Ottawa Department of Justice (2001)*. Assim, não é surpreendente que as iniciativas de combate à cibercriminalidade dependam em grande medida da cooperação internacional. O primeiro esforço internacional abrangente para lidar com os problemas da criminalidade informática foi iniciado pela Organização para a Cooperação e Desenvolvimento Económico durante a década de 1970. Foram envidados esforços consideráveis para determinar o que se entendia por "crime informático" e para desenvolver diretrizes para promover a harmonização das leis internacionais sobre crimes informáticos. Reconheceu-se que a harmonização internacional era necessária para que houvesse uma aplicação efectiva do que é, em grande medida, um crime internacional - *Canadian Centre for Justice Statistics (2002)*. A responsabilidade financeira exige que as instituições financeiras, tão importantes no apoio e manutenção do comércio nacional e internacional, tomem medidas para salvaguardar a sua capacidade de desempenhar funções básicas *Cashell et al. (2004)*.

As entidades reguladoras das empresas financeiras, separada e coletivamente, emitiram regulamentos relativos à redundância e à segurança dos sistemas físicos e dos sistemas financeiros. Há muito que exigem que as instituições bancárias tenham em conta os riscos operacionais (de segurança), como o desvio de fundos, incêndios, inundações, roubos, etc., aos quais acrescentaram, nos últimos anos, o terrorismo físico e cibernético em termos específicos. Muitos dos protocolos abordam os problemas decorrentes de qualquer tipo de corte informático/elétrico, enquanto outros abordam necessariamente apenas uma adversidade, como os ataques de negação de serviço *Cashell et al. (2004)*. Por necessidade, muitos protocolos permanecem confidenciais, uma vez que tanto os participantes do sector público como do sector privado se apercebem de que as defesas ocultas, ou mesmo a sugestão de tais defesas, actuam para dissuadir os ciberataques. Estas medidas incluem protocolos de tecnologia da informação empresarial, protocolos de segurança física e planos para a continuidade dos mercados e dos participantes considerados críticos para as transacções da nação . Outras iniciativas governamentais e público-privadas procuraram reforçar a capacidade de resistência dos computadores do sistema financeiro face ao aumento dos ciberataques.

1.1 Modos de cometer a cibercriminalidade

1.1.1 Hacking

Em termos simples, hacking significa uma intrusão ilegal num sistema informático e/ou numa rede. Existe um termo equivalente a hacking, ou seja, cracking, mas do ponto de vista da legislação indiana não existe qualquer diferença entre os termos hacking e cracking. Qualquer ato cometido para invadir um computador e/ou uma rede constitui pirataria informática. Os piratas informáticos escrevem ou utilizam programas informáticos já preparados para atacar o computador visado. Possuem o desejo de destruir e divertem-se com essa destruição. Alguns piratas informáticos fazem-no com o objetivo de obter ganhos monetários pessoais, como roubar informações de cartões de crédito, transferir dinheiro de várias contas bancárias para a sua própria conta e, em seguida, levantar o dinheiro. Os piratas informáticos são geralmente descritos como socialmente isolados e com falta de capacidade de comunicação. Diz-se que a sua alegada raiva em relação à autoridade reduz a probabilidade de lidarem com essas frustrações de forma direta e construtiva **Conway (2003)**. Além disso, a flexibilidade dos seus sistemas éticos, a falta de lealdade para com indivíduos, instituições e países e a falta de empatia para com os outros reduzem as inibições contra actos potencialmente prejudiciais.

1.1.2 Pornografia infantil

A Internet está a ser altamente utilizada pelos seus abusadores para alcançar e abusar sexualmente de crianças em todo o mundo. A Internet está a tornar-se rapidamente um bem de consumo doméstico na Índia. Quanto maior for o número de lares com acesso à Internet, maior será o número de crianças que a utilizam e maiores serão as probabilidades de serem vítimas da agressão de pedófilos. O acesso fácil a conteúdos pornográficos disponíveis na Internet diminui as inibições das crianças. Os pedófilos aliciam as crianças através da distribuição de material pornográfico e, em seguida, tentam encontrar-se com elas para ter relações sexuais ou tirar-lhes fotografias de nudez, incluindo em posições sexuais.

Por vezes, os pedófilos contactam as crianças nas salas de conversa fazendo-se passar por adolescentes ou por uma criança da mesma idade e, depois, começam a tornar-se mais amigáveis com elas e a ganhar a sua confiança. Depois, lentamente, os pedófilos começam a conversar sexualmente para ajudar as crianças a perderem as suas inibições em relação ao sexo e, em seguida, chamam-nas para uma interação pessoal e começam a explorar as crianças, oferecendo-lhes algum dinheiro ou prometendo-lhes falsamente boas oportunidades na vida. Em seguida, os pedófilos exploram sexualmente as crianças, utilizando-as como objectos sexuais ou tirando-lhes fotografias pornográficas para as vender na Internet.

No mundo físico, os pais conhecem os perigos e sabem como evitar e enfrentar os problemas seguindo regras simples e, consequentemente, aconselham os seus filhos a manterem-se afastados de coisas e formas perigosas. Mas, no caso do mundo cibernético, a maioria dos pais não conhece os princípios básicos da Internet e os perigos colocados por vários serviços oferecidos através da Internet. Assim, as crianças ficam desprotegidas no mundo cibernético. Os pedófilos aproveitam-se desta situação e atraem as crianças, que não são aconselhadas pelos pais ou pelos professores sobre o que é errado e o que é correto para elas enquanto navegam na Internet

1.1.3 Perseguição cibernética

A perseguição cibernética é a utilização da Internet ou de outros meios electrónicos para perseguir ou assediar um indivíduo, um grupo de indivíduos ou uma organização. Pode incluir falsas acusações, monitorização, ameaças, roubo de identidade, danos em dados ou equipamento, solicitação de menores para fins sexuais ou recolha de informações para assediar *Bocij (2004)*. O stalking pode ser seguido de actos violentos graves, como danos físicos à vítima, pelo que deve ser tratado e encarado com seriedade. Tudo depende da conduta do perseguidor. Ambos os tipos de perseguidores, online ou offline, têm o desejo de controlar a vida das vítimas. A maioria dos perseguidores são amantes ou ex-amantes desiludidos, que querem assediar a vítima porque esta não conseguiu satisfazer os seus desejos secretos. A maior parte dos perseguidores são homens e as vítimas são mulheres.

À medida que a Internet se torna parte integrante da nossa vida pessoal e profissional, os perseguidores podem tirar partido da facilidade de comunicação, bem como do maior acesso a informações pessoais. Dada a enorme quantidade de informações pessoais disponíveis na Internet, um ciberperseguidor pode facilmente localizar informações privadas sobre uma potencial vítima com apenas alguns cliques no rato ou toques nas teclas. Além disso, a facilidade de utilização e a natureza não conflituosa, impessoal e por vezes anónima das comunicações através da Internet podem eliminar os desincentivos à ciberperseguição. Por outras palavras, enquanto um potencial perseguidor pode não querer ou não poder confrontar a vítima pessoalmente ou ao telefone, pode não hesitar em enviar comunicações electrónicas de assédio ou ameaça à vítima. O assédio e as ameaças em linha podem ser um prelúdio para um comportamento mais grave, incluindo violência física.

1.1.4 Ataque de negação de serviço

A negação de serviço (DoS) é um ataque muito comum. O ataque de negação de serviço é um tipo de ataque a uma rede concebido para a pôr de rastos, inundando-a com tráfego inútil. Muitos ataques DoS, como o Ping of Death e o Teardrop, exploram as limitações dos protocolos TCP/IP (Webopedia). O atacante pode usar várias estratégias para conseguir isso. O atacante pode enviar tantos pedidos falsos a um servidor que este acaba por crashar devido à carga pesada. Os ataques de negação de serviço (DoS) têm por objetivo impedir o acesso de pessoas autorizadas a um computador ou a uma rede informática e podem ser lançados através de um único computador ou de milhões de computadores em todo o mundo *Nagpal (2002)*. O atacante pode intercetar e apagar a resposta de um servidor a um cliente, levando o cliente a pensar que o servidor não está a responder. O atacante pode também intercetar pedidos dos clientes, fazendo com que estes enviem pedidos muitas vezes e sobrecarreguem o sistema. Os ataques de negação de serviço distribuído (DDoS) surgiram recentemente como uma das fraquezas mais noticiadas da Internet, se não a maior, em que os atacantes utilizam um grande número de sistemas comprometidos para atacar um anfitrião vítima.

Worm da Internet. Os worms da Internet são verdadeiros vírus virtuais autónomos, que se espalham pela rede, invadem computadores e se replicam sem assistência humana e, normalmente, sem conhecimento humano. Os worms são construções tecnológicas praticamente interessantes, com uma estrutura matemática e uma complexidade intrigantes. Fascinam porque levam a imitação digital da vida a outro patamar - procuram autonomamente computadores, penetram neles e replicam a sua inteligência para continuar o processo *Samaddar (2009)*. Um worm da Internet pode estar contido em qualquer tipo de vírus, programa ou script. Por vezes, o seu inventor liberta-os na natureza numa única cópia, deixando-os replicar-se por si próprios através de uma variedade de estratagemas e protocolos.

Botnet. É um termo da gíria que designa um conjunto de robôs de software ou bots que podem funcionar de forma autónoma e automática. O termo é frequentemente associado a software malicioso, mas também pode referir-se à rede de computadores que utilizam software informático distribuído. Embora as redes de bots sejam frequentemente designadas pelo nome do seu software malicioso, existem normalmente várias redes de bots em funcionamento que utilizam as mesmas famílias de software malicioso, mas são operadas por criminosos diferentes.

1.1.5 Disseminação do vírus

Os vírus são programas que se ligam a um computador ou a um ficheiro e depois circulam para outros ficheiros e para outros computadores numa rede. Normalmente afectam os dados de um computador, alterando-os ou apagando-os. Os worms, ao contrário dos vírus, não precisam de um hospedeiro a que se liguem. Limitam-se a fazer cópias funcionais de si próprios e fazem-no repetidamente até ocuparem todo o espaço disponível na memória do computador.

Bombas Lógicas. Estes são programas dependentes de eventos. Isto implica que estes programas são criados para fazer algo apenas quando ocorre um determinado evento. Por exemplo, alguns vírus podem ser designados por bombas lógicas porque ficam inactivos durante todo o ano e só se tornam activos numa determinada data.

Cavalos de Troia. É um programa não autorizado que passivamente ganha controlo sobre o sistema de outra pessoa, fazendo-se passar por um programa autorizado. A forma mais comum de instalar um Trojan é através de correio eletrónico.

1.1.6 Pirataria de software

A pirataria de software refere-se à duplicação e utilização não autorizadas de software de computador. Os criadores de software trabalham arduamente para desenvolver programas de software sólidos. Se essas aplicações forem pirateadas e roubadas, os criadores de software não conseguirão muitas vezes gerar as receitas necessárias para continuar a suportar e a expandir essas aplicações. Os efeitos da pirataria de software afectam toda a economia mundial. As receitas reduzidas desviam frequentemente o financiamento do desenvolvimento de produtos e resultam em menos investigação e menos investimento em marketing. Em 2007, os economistas indicaram que a pirataria de software custou à indústria 39,6 mil milhões de dólares **(developer-resource.com)**. O software é propriedade intelectual e está protegido por leis de direitos de autor na maioria dos países. A maioria das licenças de software concede aos utilizadores a permissão para utilizar o software, mas o titular da licença não "possui" o software - possui simplesmente uma licença para "utilizar" o software. Piratear software, contornar a proteção contra cópia e não licenciar corretamente o software é ilegal na maior parte do mundo. E na maioria dos países, é ilegal violar ou contornar os direitos de autor do software. Infelizmente, devido à natureza global da Internet, é muitas vezes difícil fazer cumprir essas leis de direitos de autor. Se o pirata ou infrator estiver localizado num país que não respeita as leis de direitos de autor, pode ser difícil aplicar sanções contra os piratas de software.

1.1.7 Phishing

O phishing é um mecanismo criminoso que emprega engenharia social e subterfúgios técnicos para roubar dados de identidade pessoal dos consumidores e credenciais de contas financeiras *APWG (2014)*. Os esquemas de engenharia social utilizam mensagens de correio eletrónico falsificadas que se fazem passar por empresas e agências legítimas para conduzir os consumidores a sítios Web falsificados, concebidos para induzir os destinatários a divulgar dados financeiros, como nomes de utilizador e palavras-passe. Os esquemas de subterfúgio técnico instalam software criminoso nos PCs para roubar credenciais diretamente, muitas vezes utilizando sistemas para intercetar os nomes de utilizador e as palavras-passe das contas online dos consumidores - e para corromper as infra-estruturas de navegação locais, de modo a encaminhar os consumidores para sítios Web falsificados (ou para sítios Web autênticos através de proxies controlados por phishers, utilizados para monitorizar e intercetar as teclas premidas pelos consumidores). O ato de enviar uma mensagem de correio eletrónico a um utilizador alegando falsamente ser uma empresa legítima estabelecida, numa tentativa de enganar o utilizador para que este forneça informações privadas que serão utilizadas para roubo de identidade. *Hegt (2008)* definiu o phishing como o processo em que um adversário tenta roubar e explorar informações confidenciais, levando um ser humano a acreditar que está envolvido numa transação eletrónica com uma parte legítima, quando na realidade o adversário exerce influência sobre essa transação. A mensagem de correio eletrónico leva o utilizador a visitar um sítio Web onde lhe é pedido que actualize informações pessoais, como palavras-passe e números de cartões de crédito, segurança social e contas bancárias, que a organização legítima já possui. De acordo com o APWG Phishing Activity Trends Report 2nd Quarter / 2010, o sector dos Serviços de Pagamento foi o mais visado no segundo trimestre, tal como no primeiro trimestre, com cerca de 38% dos ataques detectados, ligeiramente acima dos 37% do primeiro trimestre de 2010. Os Serviços Financeiros ficaram em segundo lugar, com 33%, seguidos pelos Classificados, com 6,6%, embora este último tenha apresentado o crescimento mais rigoroso de todos os sectores neste semestre. "Os classificados online surgiram como um sector importante e não tradicional de phishing, com quase 7 por cento do total de phish", afirmou Ihab Shraim, Chief Security Officer da MarkMonitor e analista contribuinte do Relatório de Tendências. O sector dos Classificados cresceu 142% em relação ao trimestre anterior e mais de 91.000% em relação ao trimestre comparável [Q1] do ano anterior. Esse crescimento repentino pode ter sido devido à transferência de recursos de phishing do setor de leilões para o setor de classificados", disse Shraim.

1.2 Tecnologia da informação

As empresas não podem esperar sem redes informáticas e telefónicas que liguem as vastas fontes de informação espalhadas por todo o globo. Os peritos em TI esforçam-se a todo o momento por criar dimensões elevadas de velocidade e precisão. A maior parte da população indiana está a orientar-se para o mundo em linha, onde bancos, restaurantes, centros comerciais, casas de espiritualidade, escolas, universidades e clínicas estão à distância de um clique. O Sistema de Informação de Gestão (MIS) tornou-se a necessidade básica da gestão para acompanhar o ritmo de outras organizações na tomada de decisões eficazes e fez da segurança da informação a prioridade da direção das empresas. É indubitável que os gestores de topo, ou seja, os CEO, os chefes de equipa e os diretores-gerais tomam decisões eficazes com um simples clique no seu touchpad com o seu apoio. A nossa sociedade passou a contar com a dimensão, o poder tecnológico e a velocidade vertiginosa da Internet para procurar páginas de informação incomensuráveis, explorar o desconhecido e comunicar com praticamente qualquer pessoa, em qualquer lugar e a qualquer momento em todo o mundo. As tecnologias da informação alteraram o estilo de fazer negócios e a Internet registou um rápido crescimento neste milénio, na medida em que promoveu avanços em praticamente todos os aspectos da sociedade e está disponível e acessível em praticamente todos os cantos do mundo *(McFarlane et al., 2003; Jaishankar et al. 2005)*. Os benefícios previstos para a sociedade são incalculáveis. A Internet é a principal responsável pelo desenvolvimento e enriquecimento do comércio global a níveis anteriormente inconcebíveis, pela promoção de avanços notáveis na educação e nos cuidados de saúde e pela facilitação da comunicação mundial, que outrora era considerada limitada e dispendiosa *(McFarlane et al., 2003; Jaishankar et al. 2005)*. No entanto, a Internet, com a sua dimensão infinita e capacidades anteriormente inimagináveis, tem um lado negro, na medida em que abriu janelas de oportunidades criminosas anteriormente desconhecidas que não só desafiam, mas também transcendem todos os limites físicos, fronteiras e limitações para detetar, punir e diminuir o que parece ser um problema social crescente de proporções globais.

Por ser tão acessível e conter uma grande quantidade de informações, a Internet tornou-se um recurso popular para comunicar, pesquisar temas e encontrar informações sobre pessoas. Pode parecer menos intimidante do que interagir com outras pessoas, porque existe uma sensação de anonimato. No entanto, não se é realmente anónimo quando se está em linha, e é tão fácil para as pessoas encontrarem informações sobre nós como para nós encontrarmos informações sobre elas. Infelizmente, muitas pessoas estão tão familiarizadas e confortáveis com a Internet que podem adotar práticas que as tornam vulneráveis *(http://www.us-cert.gov)*. Por exemplo, embora as pessoas sejam normalmente cautelosas em partilhar informações pessoais com estranhos que encontram na rua, podem não hesitar em publicar essas mesmas informações online. Uma vez em linha, pode ser acedida por um mundo de estranhos e não se faz ideia do que podem fazer com essa informação.

1.3 Banca eletrónica

A banca eletrónica refere-se à oferta de produtos e serviços bancários de retalho e de pequeno montante através de canais electrónicos. Esses produtos e serviços podem incluir a aceitação de depósitos, a concessão de empréstimos, a gestão de contas, a prestação de aconselhamento financeiro, o pagamento eletrónico de facturas e a prestação de outros produtos e serviços de pagamento eletrónico, como a moeda eletrónica *Comité de Basileia de Supervisão Bancária (1998)*. Dois aspectos fundamentais da banca eletrónica são a natureza dos canais de distribuição através dos quais as actividades são desenvolvidas e os meios de acesso dos clientes a esses canais. Os canais de distribuição comuns incluem redes "fechadas" e "abertas". As "redes fechadas" restringem o acesso aos participantes (instituições financeiras, consumidores, comerciantes e terceiros prestadores de serviços) vinculados por acordos sobre as condições de adesão. As "redes abertas" não têm tais requisitos de adesão. Atualmente, os dispositivos de acesso amplamente utilizados através dos quais os produtos e serviços bancários electrónicos podem ser fornecidos aos clientes incluem terminais de ponto de venda, caixas automáticas, telefones, computadores pessoais, cartões inteligentes e outros dispositivos. Vários bancos têm vindo a explorar diferentes formas de aumentar os seus lucros e métodos inovadores para chegar aos seus consumidores. Com o aumento da popularidade da Internet, os bancos estão a utilizar as redes informáticas como instrumento potencial para multiplicar os seus lucros e chegar diretamente à sua base de consumidores.

A entrega automatizada de produtos e serviços bancários novos e tradicionais diretamente aos clientes através de canais de comunicação electrónicos e interactivos é a Banca Eletrónica *Ganeshan et al. (2009)*. Inclui os sistemas que permitem aos clientes de instituições financeiras, particulares ou empresas, aceder a contas, efetuar transacções comerciais ou obter informações sobre produtos e serviços financeiros através de uma rede pública ou privada, como a Internet ou o telemóvel. A banca pela Internet (também designada por banca eletrónica) está a mudar o sector bancário e a ter efeitos importantes nas relações bancárias. Atualmente, a atividade bancária já não se limita às agências, onde é necessário dirigir-se pessoalmente para levantar dinheiro, depositar um cheque ou solicitar um extrato de conta. Na verdadeira banca Internet, qualquer pedido ou transação é processado em linha, sem qualquer referência à agência (anywhere banking) em qualquer momento. A prestação de serviços bancários pela Internet está a tornar-se cada vez mais uma "necessidade de ter" do que um serviço "agradável de ter". Assim, o net banking é agora mais uma norma do que uma exceção em muitos países desenvolvidos, devido ao facto de ser a forma mais barata de prestar serviços bancários.

O aparecimento da Internet teve um impacto significativo na difusão da banca eletrónica. Consequentemente, a banca eletrónica, especialmente a banca pela Internet, é o mais recente canal de distribuição a ser oferecido pelos bancos e existe um amplo consenso de que este canal terá um impacto significativo no mercado bancário. Desde 1996, após o lançamento do primeiro serviço bancário baseado na Internet, o número de utilizadores de serviços bancários através da Internet tem vindo a crescer a um ritmo enorme. Atualmente, o principal canal de distribuição da banca eletrónica é a Internet e o crescimento da banca eletrónica enquanto canal de distribuição depende em grande medida do desenvolvimento da Internet. A banca eletrónica facilitou a realização de transacções financeiras pessoais ou comerciais sem necessidade de se deslocar ao banco e em qualquer altura. Esta facilidade permite transferir dinheiro para outras contas e verificar o saldo atual, bem como o estado de qualquer transação financeira efectuada na conta *Ganeshan et al. (2009)*. A Internet é uma tecnologia que se está a difundir mais rapidamente do que qualquer outra. Está a mudar completamente a forma como as pessoas trabalham e vivem. A utilização da Internet duplica a cada cem dias. Tony Blair, primeiro-ministro do Reino Unido, afirmou: *"Se não virmos a Internet como uma oportunidade, ela será uma ameaça. "*

A banca eletrónica é uma construção de alta ordem, que consiste em vários canais de distribuição . O termo "banco eletrónico" pode ser descrito de várias formas. De uma forma muito simples, pode significar o fornecimento de informações ou serviços por um banco aos seus clientes, através de um computador, televisão, telefone ou telemóvel *Daniel (1999). Burr (1996)* descreve-o como uma ligação eletrónica entre o banco e o cliente para preparar, gerir e controlar transacções financeiras. A banca pela Internet permite aos consumidores acederem ao seu banco e às suas contas para efectuarem transacções bancárias. A um nível avançado, a banca pela Internet é designada por banca em linha transacional, porque envolve o fornecimento de facilidades como o acesso a contas, a transferência de fundos e a compra de produtos ou serviços financeiros em linha *Sathye (1999).* Os termos "banca pela Internet" e "banca em linha" são frequentemente utilizados na literatura para designar as mesmas coisas. Atualmente, a Internet é o principal canal para a banca eletrónica. Além disso, diz-se que a banca eletrónica tem três meios diferentes de entrega: telefone, PC e Internet. *Daniel (1999),* por exemplo, apresenta quatro canais diferentes para a banca eletrónica: PC banking, internet banking, rede gerida e TV-based banking. Estudos empíricos realizados por *Karjaluoto et al. (2002)* sugerem que o principal canal de distribuição eletrónica na banca é a Internet, acedida através de um computador pessoal. A banca telefónica, a banca baseada na televisão e a rede gerida não desempenham atualmente um papel tão importante na banca. No entanto, a plataforma de distribuição passou das ligações à Internet com fios para as tecnologias móveis sem fios. Assim, *Wah (1999)* salientou que a banca eletrónica não tem necessariamente de estar num ecrã de computador. Pode, por exemplo, estar no pequeno ecrã de um telemóvel ou de qualquer outro dispositivo sem fios. Com estas aplicações sem fios, os clientes podem, por exemplo, consultar os saldos das suas contas bancárias e o historial das transacções, ver gráficos de uma carteira de títulos, iniciar pagamentos ou ordens de compra e venda de títulos e também enviar mensagens de correio eletrónico aos seus bancos.

Um dos avanços mais significativos da tecnologia atual é a combinação da Internet com a WWW. A tecnologia, em particular a Internet, tem sido uma força motriz fundamental por detrás das mudanças no sector bancário. A banca eletrónica é o mais recente canal de distribuição em muitos países desenvolvidos e existe um amplo consenso de que este novo canal terá um impacto significativo no mercado bancário *(Daniel 1999; Jayawardhena et al. 2000)*. Segundo *Nehmzow (1997)*, a banca pela Internet oferece aos operadores tradicionais do sector dos serviços financeiros a oportunidade de acrescentar um canal de distribuição de baixo custo aos seus numerosos serviços diferentes. Continua, afirmando que a banca pela Internet constitui igualmente uma ameaça para a quota de mercado dos bancos tradicionais, uma vez que neutraliza muitas das suas vantagens competitivas decorrentes da existência de uma rede bancária tradicional. Tem-se argumentado que a banca eletrónica não é uma novidade para os bancos ou para os seus clientes. No passado, os serviços bancários electrónicos foram prestados aos clientes durante anos através de programas informáticos e de serviços bancários por telefone. Além disso, nalgumas partes do mundo, os bancos têm-se mostrado muito relutantes em fornecer aos seus clientes serviços bancários através da Internet devido a preocupações de segurança.

1.4 Vantagens da banca eletrónica

1.4.1 Perspetiva dos bancos

A banca eletrónica oferece muitas vantagens aos bancos e aos seus clientes. Os principais benefícios para os bancos são a poupança de custos, o acesso a novos segmentos da população, a eficiência, o reforço da reputação do banco e um melhor serviço e satisfação dos clientes *(Brogdon 1999; Jayawardhena et al. 2000)*. Quanto mais transacções puderem ser convertidas em linha, mais dinheiro será poupado. De acordo com *Robinson (2000),* o custo de uma transação eletrónica é drasticamente inferior quando efectuada em linha, em comparação com uma agência. Acrescenta ainda que a banca em linha reforça a relação entre o prestador de serviços (por exemplo, o banco) e o cliente, porque leva os serviços bancários diretamente para casa ou para o escritório do cliente, ou para o telemóvel. Isto cria a lealdade do cliente. A última observação que fez foi que os serviços em linha são uma necessidade para os bancos que têm de competir com um número crescente de serviços de outras instituições financeiras, empresas de investimento e companhias de seguros. Um bom exemplo desta concorrência crescente é a invasão de bancos estrangeiros através da Internet na Finlândia. A nova tecnologia oferece novas possibilidades ao sector bancário. Além disso, o sector bancário já não está ligado ao tempo e ao lugar. Consequentemente, espera-se que a concorrência global se alargue *Helve (2000)*.

Sheshunoff (2000) afirma ainda que a força motriz mais importante por detrás da implementação do serviço completo de banca via Internet pelos bancos é a necessidade de criar barreiras poderosas à saída do cliente. Segundo ele, quando um cliente passa a utilizar o serviço completo de banca pela Internet, a probabilidade de mudar para outra instituição financeira diminui significativamente. As principais razões para este comportamento podem ser encontradas na teoria do comportamento do consumidor: a mudança exige sempre muito tempo e esforço por parte do consumidor individual. Concluiu que a vantagem competitiva da banca pela Internet para os bancos é muito significativa. Tem-se argumentado que os clientes da banca eletrónica são mais valiosos para os bancos do que outros clientes com caraterísticas demográficas semelhantes. No entanto, existem poucas provas de que a banca pela Internet, por si só, os torna mais valiosos *(Burns 2000)*.

Através da banca eletrónica, os bancos podem alcançar uma melhor produtividade e desempenho em todos os canais. A transição para a banca pela Internet aumenta a necessidade de uma abordagem holística da gestão dos canais e dos processos, especialmente quando se integram novos canais de distribuição nas estruturas existentes (como fazem atualmente muitos bancos tradicionais). ***Burns (2000)*** indica que a Internet não substituirá outros canais de distribuição, mas oferecerá uma maior flexibilidade e a oportunidade de melhorar o serviço. Além disso, os clientes de serviços bancários através da Internet são mais fiéis ao seu banco do que os clientes de serviços bancários que não utilizam a Internet ***Mols (1998)***. Realizou um inquérito na Dinamarca e apresenta algumas informações interessantes sobre os utilizadores de serviços bancários pela Internet. Os seus resultados sugerem que os clientes de serviços bancários através da Internet (1) estão mais satisfeitos com o seu banco, (2) têm maiores barreiras à mudança, (3) dão uma imagem mais positiva do seu banco, (4) têm maiores intenções de recompra, (5) têm uma menor sensibilidade ao preço e (6) têm uma menor propensão para sair e uma maior propensão para reclamar. No entanto, não há muitas provas de que a banca pela Internet reforce a lealdade dos clientes.

1.4.2 Perspetiva dos clientes

A banca eletrónica oferece também um novo valor aos clientes. Disponibiliza aos clientes uma gama completa de serviços, incluindo alguns serviços que não são oferecidos nas agências. A maior vantagem da banca eletrónica é o facto de ser barata ou mesmo gratuita para os clientes. No entanto, o preço parece ser um fator que milita contra a banca pela Internet ***Sathye (1999)***. Dois factores importantes no debate sobre os preços são, por um lado, as diferenças geográficas e, por outro, as disparidades entre os custos, por exemplo, das ligações à Internet e os preços das chamadas telefónicas. A banca eletrónica em geral não está ligada ao tempo ou ao local. Foi também argumentado que os bancos electrónicos são mais susceptíveis de mudar em resposta às exigências dos clientes, ***Brogdon (1999)***. A banca eletrónica tem a vantagem de evitar que o cliente se desloque de e para uma agência bancária. Desta forma, a banca eletrónica poupa tempo e dinheiro, proporciona comodidade e acessibilidade e tem um impacto positivo na satisfação do cliente. Os clientes podem gerir os seus assuntos bancários quando quiserem e podem usufruir de mais privacidade ao interagir com o seu banco. Foi afirmado que a banca pela Internet oferece ao cliente mais benefícios a custos mais baixos *Mols*

(1998). Em resumo, a banca eletrónica, em geral, e a banca pela Internet, em particular, oferecem muitas vantagens tanto aos prestadores de serviços como aos seus clientes, quer se trate de bancos tradicionais ou de outras instituições financeiras, não faz qualquer diferença.

1.5 Serviços electrónicos

Com o avanço das tecnologias, a sensibilização do público e a facilidade de utilização, a banca eletrónica tornou-se um modo preferido de banca e não um canal alternativo. Nos países desenvolvidos, a maioria dos clientes não visita os seus bancos durante meses ou mesmo anos. Esta tendência global está agora a ser seguida também na Índia. Os bancos estão agora a criar novos produtos e serviços. Pode resumir-se da seguinte forma (cnx.org).

1.5.1 Serviços de banco de automóveis

Os empresários são pessoas ocupadas que não se podem dar ao luxo de perder muito tempo com questões bancárias. Felizmente, os bancos oferecem agora várias soluções electrónicas que poupam tempo. Todas as pessoas podem ter acesso a serviços bancários electrónicos. Em cada cidade, os diferentes bancos oferecem serviços electrónicos em benefício dos seus clientes. Mesmo as grandes garagens oferecem serviços bancários automáticos, os chamados auto bancos, onde as pessoas podem fazer as suas operações bancárias sem terem de fazer fila dentro do banco. As seguintes transacções podem ser efectuadas num banco automático

- Levantar dinheiro

- Depositar dinheiro ou cheques

- Obter uma consulta de saldo

- Obter mini-declarações

- Efetuar transferências internas de contas

1.5.2 Serviços de Internet para telemóveis

Este serviço permite efetuar operações bancárias no conforto do lar ou do escritório. Este sistema permite que os utilizadores acedam ao serviço bancário móvel do banco através da Internet, utilizando o seu telemóvel. Podem ser efectuadas as seguintes transacções

- Obter informações sobre o saldo

- Efetuar pagamentos de contas

- Efetuar transferências entre contas

- Obter mini extractos das últimas cinco transacções

- Recarregar o tempo de antena pré-pago

- Aumentar ou diminuir o limite do descoberto

- Transferir dinheiro entre as suas contas associadas

1.5.3 Banca pela Internet

Esta facilidade dá acesso a contas pessoais e empresariais em linha, a qualquer hora e em qualquer lugar. O serviço está disponível sete dias por semana, 24 horas por dia. O sistema permite a liberdade de escolher o seu próprio horário bancário e um maior controlo das finanças. É seguro, rápido e fácil de utilizar. Este sistema oferece o seguinte:

- Obter declarações provisórias

- Efetuar pagamentos de contas

- Efetuar um pagamento único

- Configurar pagamentos com data futura

- Configurar pagamentos repetidos

- Efetuar transferências entre contas

- Ordens de interrupção de débito e cheques

- Aumentar e diminuir os limites de descoberto

1.6 Tecnologia na banca eletrónica

A Internet proporcionou um canal novo e pouco dispendioso para os bancos chegarem aos seus clientes. Permite que os clientes acedam às instalações dos bancos 24 horas por dia. Permite também que os clientes acedam a essas instalações a partir de locais remotos/casa, etc. No entanto, todas estas capacidades têm um preço. A Internet, altamente desregulamentada, proporciona um ambiente pouco seguro para a interface entre os bancos. A diversidade das tecnologias informáticas, de comunicação e de software utilizadas pelos bancos aumenta consideravelmente os desafios que se colocam aos banqueiros em linha. Os bancos que pretendem oferecer serviços bancários electrónicos devem ter políticas explícitas em matéria de segurança.

1.6.1 Redes informáticas e Internet

O objetivo das redes informáticas é a partilha de recursos informáticos e de dados entre toda a organização e o mundo exterior. As redes informáticas podem ser divididas em duas categorias com base na velocidade de transferência de dados e no alcance geográfico. Uma rede local (LAN) liga muitos servidores e estações de trabalho numa pequena área geográfica, como um andar ou um edifício. Algumas das tecnologias LAN mais comuns são a Ethernet de 10 MB, a Ethernet de 100 MB, a Ethernet de 1 GB, a FDDI (Fiber Distributed Data Interface) e o ATM (Asynchronous Transfer Mode). As taxas de transferência de dados aqui são muito elevadas. Utilizam normalmente o modo de transmissão de dados por difusão. A Wide Area Network (WAN), por outro lado, foi concebida para transportar dados a grandes distâncias e é geralmente ponto-a-ponto. A conetividade na configuração da WAN é fornecida através da utilização de modems de banda larga na rede telefónica pública comutada (PSTN) ou de linhas alugadas, redes VSAT, uma rede digital de serviços integrados (ISDN) ou linhas T1, Frame Relay/X.25 (circuitos virtuais permanentes), rede ótica síncrona (SONET) ou através da utilização de redes privadas virtuais (VPN), que são serviços dedicados e personalizados definidos por software utilizados para transportar tráfego através da Internet. As diferentes topologias, tecnologias e protocolos de comunicação de dados têm implicações diferentes na segurança e proteção dos serviços.

Para normalizar as comunicações entre sistemas, a Organização Internacional de Normalização desenvolveu o modelo OSI (Open System Interconnection Reference Model) em 1977. O OSI divide o processo de comunicação em 7 camadas e descreve as funções e interfaces de cada camada. Os serviços importantes fornecidos por alguns dos níveis são: - *Nível de aplicação:* Gestão da rede, protocolo de transferência de ficheiros, validação da informação, verificação da segurança de acesso ao nível da aplicação.

Camada de sessão: estabelecer, gerir e terminar ligações (sessões) entre aplicações

Camada de transporte: Transferência transparente e fiável de dados entre pontos finais, recuperação de extremo a extremo e controlo do fluxo.

Camada de rede: Encaminhamento, comutação, monitorização do tráfego e controlo do congestionamento, controlo das ligações de rede, canais lógicos e fluxo de dados.

Camada de ligação de dados: Transferência fiável de dados através da ligação física e controlo do fluxo de dados de uma máquina para outra.

1.6.2 Protocolos

O conjunto de protocolos de transmissão de dados utilizado na Internet é conhecido como Protocolo de Controlo de Transmissão/Protocolo Internet (TCP/IP). A Internet é essencialmente uma rede de redes. As redes de uma determinada área geográfica estão ligadas a uma grande rede regional. As redes regionais estão ligadas através de um "back bone" de alta velocidade. Os dados enviados de uma região para outra são primeiro transmitidos para um ponto de acesso à rede (NAP) e depois encaminhados através da espinha dorsal. Cada computador ligado à Internet recebe um endereço IP único (por exemplo, 89.0.0.1) e um nome de domínio hierárquico (por exemplo, mit.gov.in). É possível aceder à Internet utilizando vários protocolos ao nível da aplicação, como o FTP (Protocolo de Transferência de Ficheiros), Telnet (Protocolo de Controlo de Terminal Remoto), Protocolo de Transporte de Correio Simples (SMTP), Protocolo de Transferência de Hipertexto (HTTP). Estes protocolos são executados sobre o TCP/IP. A parte mais inovadora da Internet é a World Wide Web (WWW). A Web utiliza hiperligações, que permitem aos utilizadores deslocarem-se de qualquer ponto da Web para qualquer outro ponto. A Web é constituída por páginas Web, que são páginas multimédia compostas por texto, gráficos, som e vídeo. As páginas Web são criadas utilizando a linguagem de marcação de hipertexto (HTML). A Web funciona segundo um modelo cliente-servidor em que o software cliente, conhecido como browser, é executado na máquina local e o software servidor, chamado servidor Web, é executado numa máquina possivelmente remota. Alguns dos browsers mais populares são o Microsoft Internet Explorer, o Mozilla Firefox e o Google Chrome. Com a popularidade da Web, as organizações consideram vantajoso fornecer acesso aos seus serviços através da Internet aos seus empregados e ao público. Numa situação típica, um componente da aplicação é executado no browser na estação de trabalho do utilizador. O applet liga-se à aplicação (diretamente utilizando TCP/IP ou através de um servidor Web utilizando protocolos HTTP) nos servidores de aplicações e bases de dados da organização. Estes servidores podem estar em sistemas informáticos diferentes. As aplicações baseadas na Web permitem um acesso flexível a partir de qualquer lugar, utilizando os navegadores familiares que suportam gráficos e multimédia. As soluções são também escaláveis e fáceis de alargar. Existem quatro componentes nos sistemas de aplicações Web, nomeadamente o cliente Web, que é normalmente um navegador, o servidor Web front-end, o servidor de aplicações e, para a grande maioria das aplicações, o servidor de bases de dados . A figura mostra como estes componentes se articulam. O servidor de aplicações Web aloja toda a lógica da aplicação, que pode ter a forma de scripts, objectos ou binários compilados. O servidor Web front-end actua como a interface da aplicação para o mundo exterior, recebendo entradas dos clientes Web através de formulários HTML e HTTP e fornecendo os resultados gerados pela aplicação sob a forma de páginas HTML. Internamente, a aplicação interage com os servidores de bases de dados back-end para efetuar transacções. Assume-se que a firewall está firmemente configurada, permitindo apenas pedidos HTTP de entrada e respostas HTML de saída.

1.6.3 Produtos bancários

As aplicações bancárias na Internet funcionam em diversas plataformas, sistemas operativos e utilizam diferentes arquitecturas. O produto pode suportar operações centralizadas ou automatização ao nível das sucursais. Pode ter uma arquitetura distribuída, cliente-servidor ou de três níveis, baseada num sistema de ficheiros ou num pacote de SGBD. Além disso, o produto pode ser executado em sistemas informáticos de vários tipos, desde PCs, sistemas abertos (baseados em UNIX), até quadros principais proprietários. Estes produtos permitem diferentes níveis de acesso aos clientes e diferentes gamas de funcionalidades. Os produtos acessíveis através da Internet podem ser classificados em três tipos, com base nos níveis de acesso concedidos:

Sistemas exclusivamente informativos. As informações de carácter geral, como as taxas de juro, a localização das agências, as caraterísticas dos produtos, as perguntas frequentes, as calculadoras de empréstimos e depósitos, são fornecidas no sítio Web do banco (por exemplo, www.sbi.co.in). Os sítios também permitem o descarregamento de formulários de candidatura. A interatividade é limitada a uma simples forma de "correio eletrónico". Não é feita qualquer identificação ou autenticação dos clientes e não há qualquer interação entre o sistema de produção do banco e o cliente.

Sistema de transferência eletrónica de informações. Estes sistemas fornecem informações específicas aos clientes sob a forma de saldos de contas, detalhes de transacções, extractos de conta, etc. A informação ainda é, em grande parte, "só de leitura". A identificação e a autenticação do cliente são efectuadas através de técnicas relativamente simples (como as palavras-passe). A informação é obtida a partir do sistema de produção do banco, quer em modo batch quer offline. Assim, o sistema de aplicação principal do banco não é acedido diretamente.

Sistema totalmente transacional: Estes sistemas oferecem capacidades de transação bidirecional. O banco permite que os clientes submetam transacções nos seus sistemas e estas actualizam diretamente as contas dos clientes. Por conseguinte, o sistema de segurança e de controlo deve ser mais forte a este nível.

1.6.4 Arquitetura da aplicação

Uma aplicação informática pode ser construída como um software monolítico, ou pode ser estruturada para funcionar num ambiente cliente-servidor, ou mesmo ter uma arquitetura de três ou várias camadas. Uma aplicação informática separa normalmente as suas três tarefas principais: interações com o utilizador, processamento de transacções de acordo com as regras comerciais e armazenamento de dados comerciais. As três tarefas podem ser vistas como três camadas, que podem ser executadas no mesmo sistema (possivelmente um grande sistema informático proprietário), ou podem ser separadas em vários computadores (através da Internet), o que conduz a uma arquitetura de três ou várias camadas. Estes níveis podem ser brevemente descritos como

Camada de apresentação. Esta camada é responsável pela gestão dos dispositivos de front-end, que incluem navegadores em computadores pessoais, assistentes pessoais digitais (PDA), telemóveis, quiosques de Internet, Web TV, etc. A camada de apresentação trata das questões relacionadas com a interface do utilizador, como detalhes de visualização, cor, disposição, imagem, etc. Tem também responsabilidades importantes na autenticação do utilizador e na atividade de gestão de sessões.

Camada de aplicação. Contém a lógica comercial e as interfaces necessárias para a camada de dados. Processa os pedidos da camada de apresentação, liga-se à camada de dados, recebe e processa as informações e transmite os resultados de volta à camada de apresentação. É responsável por garantir que todas as regras comerciais sejam incorporadas no software. As questões de escalabilidade, fiabilidade e desempenho dos serviços dependem, em grande medida, da arquitetura da camada de aplicação.

Camada de dados. A camada de dados utiliza um pacote de bases de dados para armazenar, recuperar e atualizar os dados da aplicação. A base de dados pode ser mantida num ou em vários servidores. Um pacote de base de dados também suporta a cópia de segurança e a recuperação de dados, bem como o registo de todas as transacções.

1.7 Terminologia de segurança para a banca eletrónica

Segurança. A segurança na banca eletrónica inclui tanto a segurança informática como a segurança das comunicações. O objetivo da segurança informática é preservar os recursos informáticos contra o abuso e a utilização não autorizada e proteger os dados contra danos, divulgação e modificação acidentais e deliberados. A segurança das comunicações visa proteger os dados durante a transmissão numa rede informática e num sistema distribuído.

Autenticação: É um processo de verificação da identidade reivindicada de um utilizador individual, máquina, componente de software ou qualquer outra entidade. Por exemplo, um endereço IP identifica um sistema informático na Internet, tal como um número de telefone identifica um telefone. Pode ser para garantir que não entram utilizadores não autorizados ou para verificar as fontes de onde os dados são recebidos. É importante porque assegura a autorização e a responsabilização. Autorização significa controlo sobre a atividade do utilizador, ao passo que a responsabilização nos permite identificar a ação de um utilizador específico. A autenticação pode basear-se numa palavra-passe, num endereço de rede ou em técnicas criptográficas.

Controlo de acesso. Um mecanismo de controlo de acesso utiliza as identidades autenticadas dos princípios e as informações sobre esses princípios para determinar e aplicar direitos de acesso. É indissociável da autenticação. Ao estabelecer uma ligação entre a rede interna de um banco e a Internet, podemos criar uma série de pontos de acesso adicionais ao sistema operacional interno. Nesta situação, as tentativas de acesso não autorizado podem ser iniciadas a partir de qualquer lugar. O acesso não autorizado causa destruição, alterações, roubo de dados ou fundos, comprometimento da confidencialidade dos dados, negação de serviço, etc. O controlo de acesso pode ser do tipo discricionário e obrigatório.

Confidencialidade dos dados: O conceito de proteção dos dados contra a divulgação não autorizada é designado por confidencialidade dos dados. Devido à natureza aberta da Internet, a menos que esteja protegida de outra forma, todas as transferências de dados podem ser monitorizadas ou lidas por terceiros. Embora seja difícil monitorizar uma transmissão ao acaso, devido aos numerosos caminhos disponíveis, programas especiais como os "Sniffers", instalados num local oportuno como o servidor Web, podem recolher informações vitais. Estas podem incluir o número do cartão de crédito, depósitos, empréstimos ou palavra-passe, etc. A confidencialidade vai para além da transferência de dados e inclui qualquer sistema de armazenamento de dados ligado, incluindo sistemas de armazenamento em rede. As senhas e outros métodos de controlo de acesso ajudam a garantir a confidencialidade dos dados.

Integridade dos dados. Garante que a informação não pode ser modificada de forma inesperada. A perda de integridade dos dados pode resultar de erro humano, adulteração intencional ou mesmo de acontecimentos catastróficos. A incapacidade de proteger a correção dos dados pode torná-los inúteis ou, pior ainda, perigosos. Devem ser feitos esforços para garantir sempre a exatidão e a solidez dos dados. O controlo do acesso, a cifragem e as assinaturas digitais são os métodos para garantir a integridade dos dados.

Não repúdio. A não repudiação implica a criação de provas da origem ou da entrega de dados para proteger o remetente contra a falsa negação pelo destinatário de que os dados foram recebidos ou para proteger o destinatário contra a falsa negação pelo remetente de que os dados foram enviados. Para garantir a exequibilidade de uma transação, devem ser tomadas medidas para proibir as partes de contestarem a validade de uma comunicação ou transação legítima ou de se recusarem a reconhecê-la.

Pista de auditoria de segurança. Uma auditoria de segurança refere-se a uma revisão e exame independentes dos registos e actividades do sistema, a fim de testar a adequação dos controlos do sistema. Garante a conformidade com a política estabelecida e os procedimentos operacionais para detetar violações da segurança e recomendar quaisquer alterações indicadas no controlo, na política e nos procedimentos. A pista de auditoria refere-se aos dados gerados pelo sistema, que facilitam uma auditoria de segurança numa data futura.

1.8 Riscos associados à banca eletrónica

A banca eletrónica, com as suas vantagens inerentes tanto para o sector bancário como para o cliente, é uma área com um enorme potencial de crescimento. Neste domínio, assistiu-se também a um aumento correspondente das violações da segurança das redes, dos roubos/perdas de dados, dos roubos de identidade e de outros crimes de colarinho branco, que resultaram em enormes prejuízos para o sector bancário e para a clientela bancária.

Os prejuízos sofridos pelo sector bancário em todo o mundo devido a crimes de colarinho branco são da ordem dos milhares de milhões de dólares e ultrapassam largamente os métodos convencionais de assalto a bancos. A velocidade sem precedentes a que o net banking evoluiu, a natureza omnipresente e global das redes abertas e a crescente dependência da tecnologia da informação contribuíram para criar um ambiente de desafios de segurança acrescidos. As alterações à lei das TI, as regulamentações bancárias e a próxima explosão do WAP são questões que têm de ser tidas em conta pelo sector. Os desafios envolvidos são a autenticação, a autorização, a confidencialidade, a integridade dos dados e o não repúdio.

O sector bancário e o sector da segurança informática terão de enfrentar estes desafios de segurança em estreita coordenação entre si. Os actuais sistemas de segurança das redes têm sido, até certo ponto, bem sucedidos na abordagem da segurança dos servidores e das redes que, em grande medida, tratam da autorização, confidencialidade, integridade dos dados e não repúdio. Estes sistemas não são infalíveis, mas foram alcançados níveis razoáveis de segurança através de uma política de segurança dos servidores que inclui auditorias regulares, testes de penetração e avaliações de vulnerabilidade. A segurança das transmissões em rede foi abordada através da cifragem que impede a sua interceção pelo "homem do meio". A autenticação, com a sua dependência da estação de trabalho do cliente, continua a ser o "calcanhar de Aquiles" do net banking. A estação de trabalho do cliente apresenta uma miríade de desafios de segurança e garantir a sua segurança tem-se revelado difícil.

Uma inovação recentemente proposta, que prevê a integração da tecnologia anti-bloqueio de teclas e de um teclado inteligente privado no servidor do Netbanking, está ainda numa fase embrionária e terá de ser validada. Outro método para aumentar a segurança da estação de trabalho do utilizador final seria um procedimento de autenticação baseado na biometria, por oposição ao método atual de sistema de resposta ao desafio da palavra-passe. O principal inconveniente de um método de autenticação baseado na biometria é a necessidade de hardware adicional para o utilizador final. O custo de um dispositivo biométrico baseado em impressões digitais integrado no teclado baixou drasticamente para que possa ser considerado uma alternativa séria ao método atual.

Os métodos de autenticação baseados na biometria continuam a implicar a segurança da estação de trabalho do utilizador final e, apesar de constituírem uma grande melhoria em relação ao sistema de resposta a desafios com palavra-passe, não são infalíveis e, por sua vez, podem ser comprometidos. O esforço envolvido no comprometimento de um tal sistema seria muito maior. Uma combinação dos dois métodos enumerados tornaria qualquer tentativa de roubo de identidade uma proposta difícil e é um candidato provável para futuros procedimentos de autenticação.

De acordo com as diretrizes do RBI, os bancos indianos e o RBI têm de se preparar para cumprir as normas de Basileia II até ao final de 2006. Estas normas implicam a recolha de dados, o cálculo da pista de auditoria e a apresentação de relatórios entre os vários departamentos e entre os diferentes escalões dos bancos. As normas de Basileia II também estabelecem parâmetros de risco operacional e os bancos, as empresas de valores mobiliários e as seguradoras, bem como os seus supervisores, são todos parceiros que têm interesse em reduzi-lo. O custo dos serviços bancários através da Internet é uma fração dos custos comparados com os métodos convencionais. Segundo estimativas aproximadas, o custo do caixa é de 1 Re por transação, o custo das transacções em ATM é de 45 paisa, o dos serviços bancários por telefone é de 35 paisa, o dos cartões de débito é de 20 paisa e o dos serviços bancários pela Internet é de 10 paisa por transação. Com este tipo de vantagem comparativa e o aumento do custo de cumprimento das normas de Basileia II, torna-se imperativo que o sector bancário, as empresas de valores mobiliários, as seguradoras e os organismos responsáveis pela aplicação da lei abordem as questões de segurança da banca em linha. Uma das principais forças motrizes por detrás da rápida disseminação da banca eletrónica em todo o mundo é a sua aceitação como um canal de prestação de serviços bancários extremamente rentável, em comparação com outros canais existentes. No entanto, a Internet não é uma bênção para o sector bancário. Para além da redução do custo das transacções, trouxe também uma nova orientação para os riscos e mesmo novas formas de riscos a que os bancos que prestam serviços electrónicos se expõem. Os reguladores e supervisores de todo o mundo estão preocupados com o facto de que, embora os bancos devam continuar a ser eficientes e rentáveis, devem estar conscientes dos diferentes tipos de riscos que esta forma de atividade bancária implica e dispor de sistemas para os gerir. Uma caraterística importante e distintiva é o facto de a tecnologia desempenhar um papel significativo, quer como fonte quer como instrumento de controlo dos riscos. Devido às rápidas mudanças nas tecnologias da informação, não existe um carácter definitivo nem nos tipos de riscos nem nas suas medidas de controlo. Ambos evoluem continuamente. O objetivo da ação regulamentar em matéria de controlo dos riscos tem sido identificar os riscos em termos gerais e assegurar que os bancos disponham de sistemas mínimos para os enfrentar e que esses sistemas sejam continuamente revistos em função da evolução tecnológica.

1.8.1 Risco operacional

O risco operacional é a forma mais comum de risco associada à banca eletrónica. Assume a forma de processamento incorreto de transacções, não exequibilidade de contratos, comprometimento da integridade, privacidade e confidencialidade dos dados, acesso não autorizado / intrusão nos sistemas e transacções do banco, etc. Estes riscos podem resultar de deficiências na conceção, aplicação e controlo do sistema de informação dos bancos. Para além das insuficiências tecnológicas, os factores humanos, como a negligência dos clientes e dos trabalhadores, a atividade fraudulenta dos trabalhadores e os crackers / hackers, etc., podem tornar-se uma fonte potencial de risco operacional.

1.8.2 Risco de segurança

A Internet é uma rede pública de computadores que facilita o fluxo de dados/informações e à qual se tem acesso sem restrições. Os bancos que utilizam este meio para transacções financeiras devem, por conseguinte, dispor de tecnologia e sistemas adequados para criar um ambiente seguro para essas transacções. O risco de segurança surge devido a um acesso não autorizado aos armazéns de informação críticos de um banco , como o sistema de contabilidade, o sistema de gestão de riscos, o sistema de gestão de carteiras, etc. Uma violação da segurança pode resultar em perdas financeiras diretas para o banco. Por exemplo, os piratas informáticos que operam através da Internet podem aceder, obter e utilizar informações confidenciais dos clientes e também podem implantar vírus. Esta situação pode resultar na perda de dados, no roubo ou na adulteração de informações sobre os clientes, na desativação de uma parte significativa do sistema informático interno do banco, impedindo assim a prestação de serviços, no custo da sua reparação, etc. Outros riscos relacionados são a perda de reputação, a violação da privacidade dos clientes e as suas implicações legais, etc. Por conseguinte, o controlo do acesso é de extrema importância. O controlo do acesso ao sistema dos bancos tornou-se mais complexo no ambiente da Internet, que é um domínio público e as tentativas de acesso não autorizado podem provir de qualquer fonte e de qualquer parte do mundo, com ou sem intenção criminosa.

Para além dos ataques externos, os bancos estão expostos a riscos de segurança de origem interna, por exemplo, fraudes dos empregados. Os empregados, familiarizados com os diferentes sistemas e as suas fraquezas, tornam-se potenciais ameaças à segurança num ambiente pouco controlado. Podem conseguir obter os dados de autenticação para aceder às contas dos clientes, causando prejuízos ao banco. Existem programas como os "sniffers" que podem ser instalados em servidores Web ou noutros locais críticos para recolher dados como números de contas, palavras-passe, números de contas e de cartões de crédito. As questões de privacidade e confidencialidade dos dados são relevantes mesmo quando os dados não estão a ser transferidos através da rede. Os dados que residem em servidores

Web ou mesmo nos sistemas internos dos bancos são susceptíveis de corrupção se não forem devidamente isolados da Internet através de firewalls. O risco de alteração de dados, intencional ou não, mas não autorizada, é real num ambiente em rede, tanto quando os dados estão a ser transmitidos como armazenados. O controlo adequado do acesso e as ferramentas tecnológicas para garantir a integridade dos dados são da maior importância para os bancos. Outro aspeto importante é a existência de sistemas que permitam detetar rapidamente qualquer alteração e acionar o alerta.

A identidade da pessoa que apresenta um pedido de serviço ou uma transação como cliente é crucial para a validade jurídica de uma transação e constitui uma fonte de risco para um banco. Um computador ligado à Internet é identificado pelo seu endereço IP (Internet Protocol). Existem métodos disponíveis para mascarar um computador como sendo outro, normalmente conhecido como "IP Spoofing". Do mesmo modo, a identidade do utilizador pode ser deturpada. Por conseguinte, o controlo da autenticação é uma etapa de segurança essencial em qualquer sistema de banca eletrónica. O não-repúdio implica a criação de uma prova de comunicação entre duas partes, por exemplo, o banco e o seu cliente, que nenhuma delas pode negar mais tarde. O sistema bancário deve estar tecnologicamente equipado para lidar com estes aspectos, que são potenciais fontes de risco.

1.8.3 Arquitetura e conceção do sistema

A arquitetura e o controlo adequados do sistema são um fator importante na gestão de vários tipos de riscos operacionais e de segurança. Os bancos enfrentam o risco de uma escolha errada da tecnologia, de uma conceção incorrecta do sistema e de processos de controlo inadequados. Por exemplo, se o acesso a um sistema se basear apenas num endereço IP, qualquer utilizador pode obter acesso disfarçando-se de utilizador legítimo através da falsificação do endereço IP de um utilizador genuíno. São utilizados numerosos protocolos para a comunicação através da Internet. Cada protocolo foi concebido para tipos específicos de transferência de dados. Um sistema que permita a comunicação com todos os protocolos, como HTTP (Hyper Text Transfer Protocol), FTP (File Transfer Protocol), telnet, etc., é mais suscetível de ser atacado.

A escolha da tecnologia adequada é um risco potencial que os bancos enfrentam. Uma tecnologia desactualizada, não escalável ou não comprovada pode levar o banco a perdas de investimento, a um sistema vulnerável e a um serviço ineficaz, com os riscos operacionais e de segurança que daí advêm, bem como ao risco de perda de negócio. Muitos bancos recorrem a prestadores de serviços externos para implementar, operar e manter os seus sistemas de banca eletrónica. Embora tal possa ser necessário quando os bancos não dispõem dos conhecimentos especializados necessários, aumenta o risco operacional. O prestador de serviços tem acesso a toda a informação comercial crítica e aos sistemas técnicos do banco, tornando assim o sistema vulnerável. Neste cenário, a escolha do fornecedor, o acordo contratual para a prestação do serviço, etc., tornam-se componentes críticos da segurança dos bancos. O banco deve formar o seu próprio pessoal e evitar, na medida do possível, a dependência excessiva destes fornecedores.

A não atualização do sistema do banco de acordo com a rápida evolução da tecnologia aumenta o risco operacional porque deixa falhas no sistema de segurança do banco. Além disso, o pessoal pode não compreender plenamente a natureza da nova tecnologia utilizada. Além disso, se a atualização for deixada inteiramente a cargo dos clientes, pode não ser actualizada conforme exigido pelo banco. Assim, a formação do pessoal e dos utilizadores desempenha um papel importante para evitar o risco operacional. Os riscos operacionais podem ser reduzidos utilizando o controlo de acesso, firewalls, técnicas criptográficas, encriptação de chave pública, assinatura digital, etc.

1.8.4 Risco de reputação

O risco reputacional é o risco de obter uma opinião pública negativa significativa, que pode resultar numa perda crítica de financiamento ou de clientes. Estes riscos resultam de acções que causam uma perda significativa da confiança do público na capacidade dos bancos para desempenharem funções críticas ou prejudicam a relação banco-cliente. As principais razões para este risco podem ser o facto de o sistema ou o produto não funcionar de acordo com as expectativas dos clientes, a informação inadequada aos clientes sobre a utilização do produto e os procedimentos de resolução de problemas, problemas significativos com as redes de comunicação que prejudicam o acesso dos clientes aos seus fundos ou informações sobre as suas contas, especialmente se não existirem alternativas

meios de acesso à conta. Esta situação pode levar o cliente a deixar de utilizar o produto ou o serviço. Os clientes diretamente afectados podem abandonar o banco e outros podem seguir-se se o problema for publicitado. Outras razões incluem perdas para instituições semelhantes que oferecem o mesmo tipo de serviços, levando o cliente a ver outros bancos com desconfiança, ataques direcionados a um banco, como hackers que divulgam informações incorrectas sobre produtos bancários, um vírus que perturba o sistema do banco causando problemas de integridade do sistema e dos dados, etc.

1.8.5 Risco jurídico

O risco jurídico resulta da violação ou não conformidade com leis, regras, regulamentos ou práticas prescritas, ou quando os direitos e obrigações legais das partes numa transação não estão bem estabelecidos. Dada a natureza relativamente nova da banca eletrónica, os direitos e obrigações em alguns casos são incertos e a aplicabilidade das leis e regras é incerta ou ambígua, causando assim riscos jurídicos. Outras razões para os riscos jurídicos são a incerteza quanto à validade de alguns acordos celebrados através de meios electrónicos e a legislação relativa à divulgação de informações aos clientes e à proteção da privacidade. Um cliente mal informado sobre os seus direitos e obrigações pode não tomar as devidas precauções na utilização de produtos ou serviços bancários electrónicos, o que pode dar origem a transacções litigiosas, a acções judiciais indesejadas contra o banco ou a outras sanções regulamentares.

Com o intuito de melhorar o serviço ao cliente, o banco pode ligar o seu portal a outros sítios. Este facto pode causar riscos legais. Além disso, um pirata informático pode utilizar o sítio ligado para defraudar um cliente bancário. Se os bancos forem autorizados a desempenhar um papel na autenticação de sistemas, nomeadamente actuando como autoridade de certificação, isso acarretará riscos adicionais. Um certificado digital destina-se a garantir que uma determinada assinatura é, de facto, gerada por um determinado signatário. Por este facto, o banco certificador pode tornar-se responsável pelas perdas financeiras incorridas pela parte que confia no certificado digital.

1.8.6 Risco de branqueamento de capitais

Uma vez que as transacções bancárias através da Internet são realizadas à distância, os bancos podem ter dificuldade em aplicar os métodos tradicionais de deteção e prevenção de actividades criminosas indesejáveis. A aplicação das regras de branqueamento de capitais pode também ser inadequada para algumas formas de pagamentos electrónicos. Assim, os bancos expõem-se ao risco de branqueamento de capitais. Tal pode resultar em sanções legais por incumprimento da legislação "conheça o seu cliente". Para o evitar, os bancos têm de conceber técnicas adequadas de identificação e rastreio de clientes, desenvolver pistas de auditoria e realizar revisões periódicas de conformidade, enquadrar políticas e procedimentos para detetar e comunicar actividades suspeitas em transacções na Internet.

1.8.7 Riscos transfronteiriços

A banca via Internet baseia-se numa tecnologia concebida para alargar o alcance geográfico dos bancos e dos clientes. Esta expansão do mercado pode ultrapassar as fronteiras nacionais. Este facto acarreta vários riscos. Inclui riscos legais e regulamentares, uma vez que pode haver incerteza quanto aos requisitos legais em alguns países e ambiguidades de jurisdição no que respeita às responsabilidades das diferentes autoridades nacionais. Estas considerações podem expor os bancos a riscos jurídicos associados ao não cumprimento de diferentes leis e regulamentos nacionais, incluindo leis de proteção do consumidor, requisitos de manutenção de registos e de informação, regras de privacidade e leis de branqueamento de capitais. As transacções transfronteiriças acentuam o risco de crédito, uma vez que é difícil avaliar um pedido de empréstimo de um cliente de outro país em comparação com um cliente de uma base de clientes conhecida. Os bancos que aceitam moedas estrangeiras como pagamento de moeda eletrónica podem estar sujeitos a riscos de mercado devido a movimentos nas taxas de câmbio.

1.8.8 Risco estratégico

Este risco está associado à introdução de um novo produto ou serviço. O grau deste risco depende da forma como a instituição abordou as várias questões relacionadas com o desenvolvimento de um plano de negócios, a disponibilidade de recursos suficientes para apoiar este plano, a credibilidade do fornecedor (se subcontratado) e o nível da tecnologia utilizada em comparação com a tecnologia disponível, etc. Para reduzir esse risco, os bancos precisam de realizar um estudo adequado, consultar peritos de várias áreas, estabelecer objectivos exequíveis e monitorizar o desempenho. Além disso, devem analisar a disponibilidade e o custo de recursos adicionais, a disponibilização de pessoal de apoio adequado, a formação correta do pessoal e uma cobertura de seguro adequada. É necessário observar a devida diligência na seleção dos fornecedores, na auditoria do seu desempenho e no estabelecimento de soluções alternativas para a eventual incapacidade de um fornecedor cumprir as suas obrigações. Para além disso, são necessárias avaliações periódicas das novas tecnologias e uma consideração adequada dos custos de atualização tecnológica.

1.8.9 Risco de crédito

O B anks pode não ser capaz de avaliar corretamente a solvabilidade do cliente quando concede crédito através de procedimentos bancários à distância, o que pode aumentar o risco de crédito. Atualmente, os bancos lidam geralmente com uma base de clientes mais familiar. A possibilidade de pagamento eletrónico de facturas no âmbito da banca Internet pode provocar um risco de crédito se um terceiro intermediário não cumprir as suas obrigações em matéria de pagamento. Para evitar esse risco, é necessário avaliar corretamente a solvabilidade de um cliente e auditar o processo de concessão de empréstimos. Outra facilidade da banca pela Internet é a moeda eletrónica. Esta facilidade implica vários tipos de riscos associados.

1.8.10 Risco de liquidez

Do mesmo modo, os bancos que operam com moeda eletrónica enfrentam um risco de taxa de juro devido a movimentos adversos nas taxas de juro que provocam uma diminuição do valor dos activos em relação aos passivos de moeda eletrónica em circulação. Os bancos também enfrentam o risco de mercado devido a perdas em posições patrimoniais e extrapatrimoniais resultantes de movimentos nos preços de mercado, incluindo taxas de câmbio. Os bancos que aceitam moeda estrangeira como pagamento de moeda eletrónica estão sujeitos a este tipo de risco. A natureza aberta da Internet pode induzir alguns bancos a utilizarem práticas desleais para obterem vantagens sobre os seus rivais. Quaisquer fugas na ligação à rede ou no sistema operativo, etc., podem permitir-lhes interferir no sistema de um banco rival.

1.9 Fundamentação do estudo

A cibercriminalidade está agora a emergir como um desafio para a segurança nacional e económica. Muitas indústrias, instituições e organizações dos sectores público e privado (em especial as que fazem parte das infra-estruturas críticas) correm um risco significativo. São relativamente poucas as organizações que reconheceram as redes de cibercrime organizado, e não os hackers, como a sua maior ameaça potencial à cibersegurança; e ainda menos as que estão preparadas para enfrentar esta ameaça.

A complexidade das empresas modernas, a sua dependência da tecnologia e a crescente interconectividade entre as organizações criaram oportunidades generalizadas de roubo, fraude e outras formas de exploração por parte de infractores externos e internos a uma organização. Com o crescimento do comércio eletrónico, os criminosos internos e externos podem explorar as vulnerabilidades tradicionais em segundos. Podem também tirar partido de novas fraquezas nas arquitecturas de software e hardware que constituem agora a espinha dorsal da maioria das organizações *KPMG (2000)*. Num ambiente em rede, estes crimes podem ser cometidos numa base global a partir de quase qualquer local do mundo *Armstrong (2000)*, e podem afetar significativamente a cultura de trabalho global de uma organização. Os ataques a redes e computadores tornaram-se omnipresentes no mundo atual. Qualquer computador ligado à Internet está ameaçado por vírus, worms e ataques de hackers. Os utilizadores domésticos, bem como os utilizadores profissionais, são atacados regularmente. À medida que as organizações desenvolvem e aperfeiçoam as suas estratégias de comércio eletrónico, têm de considerar as questões que influenciam a *confidencialidade, a integridade e a disponibilidade* dos seus dados. Neste contexto, precisam de saber como podem ser afectadas pelos novos riscos da criminalidade eletrónica e como uma preparação inadequada pode deixá-las expostas a um ataque que pode facilmente diminuir o valor dos seus negócios. Assim, a necessidade de combater os ataques informáticos e de rede está a tornar-se cada vez mais importante *Hansman et al. (2005)*.

O estudo chama a atenção para a nova e crescente cibercriminalidade no sector bancário, nomeadamente o phishing, o vishing e o cyber stalking. A cibercriminalidade é importante e merece ser investigada pelos criminologistas, porque as vítimas da cibercriminalidade estão a aumentar mais rapidamente do que é possível detetar, prender e processar. O estudo pode contribuir para a literatura existente sobre o estudo dos impactos do cibercrime, alargando a área para abranger as vítimas de cibercrime que sofreram qualquer tipo de danos nas suas organizações. Com o advento da Internet, as pessoas mudaram a forma como comunicam ou interagem com outras pessoas, fazem compras, divertem-se e fazem negócios. Estas alterações nas actividades das organizações aumentaram a probabilidade de serem vítimas de qualquer tipo de ameaça cibernética.

Com o advento da tecnologia moderna, verifica-se um enorme crescimento das variedades de cibercrime. Dado que a concorrência no sector bancário é cada vez maior, todos os bancos, quer do sector público, quer do sector privado, oferecem vários serviços electrónicos nos seus portais. Os estudos anteriores relacionados com os serviços electrónicos, a banca eletrónica, as ciberameaças, a segurança da informação, a cibercriminalidade e o seu impacto nas instituições financeiras não são suficientes para classificar a ocorrência de ciberataques nos bancos dos sectores público e privado. O estudo não descreve claramente o nível de sensibilização dos clientes e a sua satisfação com a banca eletrónica (e os serviços electrónicos). O estudo examina o crescimento global e o desempenho dos bancos que ganharam com o lançamento dos serviços electrónicos. O estudo dá uma ideia geral dos riscos de ameaça cibernética para os bancos em Uttarakhand e dos esforços envidados pelo governo para combater a cibercriminalidade.

1.10 Objectivos

Os objectivos gerais do meu estudo são:

• Examinar o crescimento e o desempenho dos bancos dos sectores público e privado no que respeita aos serviços electrónicos.

• Analisar os ataques de ciberameaças e as estratégias aplicadas para ultrapassar estes problemas.

• Examinar o nível de sensibilização e de satisfação dos clientes em relação aos serviços electrónicos.

• Identificar a taxa de ocorrência de cibercrime e as ameaças futuras para o sector bancário em Uttarakhand.

• Estudar as políticas e práticas governamentais contra o cibercrime.

- Avaliar os aspectos dos crimes cibernéticos nos bancos

1.11 Metodologia de investigação

O presente estudo diz respeito ao estudo do impacto da cibercriminalidade nos serviços electrónicos dos bancos públicos e privados em Uttarakhand. É utilizada uma metodologia de inquérito para recolher os dados primários. *Geoffrey et al. (2005)* descreveram a utilidade da investigação baseada em inquéritos e mencionaram que um inquérito pode examinar a relação entre o género e as atitudes das pessoas em relação a algumas questões sociais. Quando são realizados inquéritos para determinar relações, estes são designados por estudos de correlação. Por conseguinte, o presente estudo adoptou o método de inquérito para recolher os dados relevantes. Os dados primários foram recolhidos com base em questionários administrados a vários inquiridos no Estado de Uttarakhand. Os clientes que tinham sido vítimas de cibercrime e o pessoal técnico do banco foram escolhidos como inquiridos do inquérito.

Os dados secundários foram recolhidos de vários relatórios publicados disponíveis a nível nacional ou internacional. Inclui também portais do Reserve Bank of India, Antiphishing Working Group, Deloitte, KPMG, Ministério das Tecnologias da Informação (Governo da Índia), Cert-in, State bank of India, Punjab National bank, Union Bank of India, ICICI e HDFC.

1.12 Conceção da amostragem

Nesta investigação, foi utilizado o procedimento de amostragem probabilística. Neste estudo, foi aplicada a amostragem aleatória estratificada. A amostragem aleatória estratificada é geralmente utilizada quando a população da qual se pretende retirar uma amostra não constitui um grupo homogéneo. Uma vez que Uttarakhand é um Estado recém-nascido e a maior parte da população reside em zonas remotas onde a concentração de bancos electrónicos é nula ou não está distribuída uniformemente, o universo é heterogéneo. Neste caso, a amostragem aleatória estratificada é utilizada para estratificar a amostra com base no nome do banco, na idade, no sexo, na qualificação mais elevada, no rendimento, no tipo de emprego e na relação com o banco/experiência com o banco.

1.13 Universo

O primeiro passo no desenvolvimento de qualquer desenho de amostra é definir claramente o conjunto de objectos a estudar. Neste estudo, o universo é finito. A região geográfica foi dividida com base nos diferentes distritos de Uttarakhand. O número total de amostras foi de 100 e 50. Neste estudo, a dimensão da amostra foi selecionada aleatoriamente com base nas vítimas da cibercriminalidade e no número de bancos que operam em Uttarakhand. Nesta investigação, os dados primários foram recolhidos com a ajuda de entrevistas pessoais. Foi entregue um conjunto de questionários aos inquiridos e foi-lhes dito que assinalassem a resposta a cada pergunta. O universo completo inclui a população dos distritos selecionados para o estudo. Os distritos de Dehradun, Haridwar, Chamoli, Nainital e Pauri foram selecionados para efeitos de estudo com base na utilização de serviços electrónicos e na vitimização por cibercrime.

1.14 Período de tempo

O estudo abrange o período de 2001 a 2010. Foram recolhidos os dados relativos à indústria móvel, às práticas e às políticas governamentais. O período de 2000 a 2010 parece ser de expansão das operações bancárias devido ao avanço da tecnologia.

1.15 Ferramenta de análise

Os dados foram analisados tendo em conta o objetivo do estudo. A análise baseia-se finalmente em dados relativos a vários aspectos sob a forma de tabelas, para além de utilizar instrumentos simples de estatística descritiva, como a percentagem média e o desvio-padrão, tendo sido evidenciadas possíveis relações através de uma análise transversal sempre que necessário. Estas relações foram evidenciadas através do cálculo do coeficiente de correlação do qui-quadrado e de Karl Pearson.

1.16 Questionário

Os dados foram recolhidos através de um questionário estruturado com uma escala de Likert de cinco pontos (1-5) Quadro 1.1. Ao responder a um item do questionário Likert, os inquiridos especificam o seu nível de concordância com uma afirmação. A escala tem o nome do seu inventor, o psicólogo Rensis Likert.

Concordo totalmente	Concordo plenamente	Indecisos	Discordo totalmente	Discordo totalmente
1	2	3	4	5

Quadro 1.1 Escala de Likert

Baseou-se na revisão da literatura e foi desenvolvido em estreita colaboração com peritos de diferentes áreas de investigação. O instrumento foi dividido em dois tipos: *primeiro, os clientes do banco que tinham sido vítimas de cibercrime* e, *segundo, o pessoal técnico envolvido com o banco*. O primeiro questionário está dividido em três secções, nomeadamente Dados do inquirido, Tratamento do cibercrime *(subdividido em Gestão da base de dados, Ocorrência de cibercrime, Tratamento de queixas, Viabilidade e apoio)* e Estratégia organizacional *(subdividido em Formação dos funcionários, Programa de sensibilização dos clientes, Política de segurança, Política de classificação dos dados, Política de controlo do acesso, Política de prevenção de vírus, Política de deteção de intrusões, Segurança do sistema, Política de utilização aceitável, Política governamental)*. O segundo questionário também está dividido em três secções, nomeadamente Dados do inquirido, Nível de satisfação *(subdividido em Serviços electrónicos, Entrega, Pessoal, Banco e Custo)* e Nível de sensibilização *(subdividido em Tecnologias da informação, Serviços electrónicos, Cibercrime, Política bancária e Política governamental)*. Após a elaboração dos questionários, estes foram pré-testados com um grupo de referência que não participou no inquérito, mas que foi escolhido para corresponder à composição da amostra real. O pré-teste serviu principalmente para verificar a apresentação e a compreensibilidade do questionário. No pré-teste, cada pergunta foi discutida, avaliada e analisada de modo a tornar o questionário tão claro e fácil de preencher quanto possível. Por fim, o questionário foi ligeiramente modificado.

1.17 Limitações do estudo

É evidente que toda a investigação realizada tinha as suas próprias limitações com base em vários factores, sendo a principal limitação deste estudo a técnica de amostragem aleatória estratificada. No que lhe diz respeito, há um número "n" de probabilidades de que as 100 e 50 amostras escolhidas, das quais algumas podem não ser as mais representativas do sector no que se refere à potencialidade do grupo. Tendo em conta ou partindo do princípio de que os inquiridos do referido grupo de amostras partilharão as informações corretas com base no questionário apresentado, é possível que os inquiridos não dêem as respostas corretas ou adequadas com base no questionário, o que pode afetar o resultado. O fator importante a referir no que diz respeito à limitação deste estudo é que a recolha de dados primários ocorre num determinado período de tempo, ao passo que o processamento destes dados ocorrerá num intervalo de tempo, o que pode resultar em variações do resultado final.

Referências

Anderson, R. (1994). Why cryptosystems fail, *Communications of the ACM, 37 (11)*, 32-40.

Apt, K. R. & Olderog, E. R. (1997). Verification of sequential and concurrent Programs (2nd Ed.), Springer-Verlag.

APWG (2010). Relatório de tendências da atividade de phishing, 2.º n.º trimestre de 2010, Anti Phishing Working Group, 1-11.

Armstrong, I. (2000). Informática forense: Os investigadores concentram-se em frustrar cibercriminosos", *SC Magazine*.

Comité de Basileia de Supervisão Bancária (1998). Risk management for electronic banking and electronic money activities, Basileia, 1-16.

Benjamin, R. (1990). Security considerations in communications systems and networks, Proc. IEE, 137, 1-2.

Brogdon, C. (1999). A banca e a Internet: Past, present and possibilities. Recuperado em 12 de dezembro de 2010 do sítio Web http ://wwwdb. stanford. edu/pub/gio/C S99I/ banking.html.

Burr, W. (1996). Wie Informationstechnik die Bankorganisation verändern könnte. *Bank und Markt, 11,* 28-31.

Canadian Centre for Justice Statistics (2002), Cyber-Crime: Issues, Data Sources, and Feasibility of Collecting Police-Reported Statistics.

Cashell, B., Jackson, W. D., Jickling, M., & Webel, B. (2004). The economic impact of cyber-attacks (O impacto económico dos ciberataques), Relatório CRS para o Congresso. Serviço de Investigação do Congresso, Biblioteca do

Congresso, 1-41.

Conway, M. (2003). Hackers as Terrorists? Why it Doesn't Compute. *Computer Fraud and Society 2003, 12,* 1-8.

Daniel, E. (1999). Provision of electronic banking in the UK and the Republic of Ireland. *International Journal of Bank Marketing, 17 (2),* 72-82.

Deloitte (2010). Cibercrime: um perigo claro e presente combater a ameaça à segurança cibernética que mais cresce. Center for Security & Privacy Solutions, Deloitte Development LLC, 1-15.

Federal Register (2003), *68(70),* 17809-17814.

Ganeshan, R. & Vivekananda, K. (2009). A secured hybrid architecture model for internet banking. *Journal of Internet Banking and Commerce, 14(1),* 1-17.

Hansman, S. & Hunt, R. (2005). A taxonomy of network and computer attacks, *Computers & Security, 24,* Elsevier Ltd., 31-43.

Hegt, S. (2008). Análise de ataques de phishing actuais e futuros a serviços bancários na Internet. Tese de Mestrado, Departamento de Matemática e Ciências da Computação, Technische Universiteit Eindhoven.

Helve, L. (2000). Pankkikilpailu kiristyy. Kauppalehti, 36, 2.

Jaishankar, K., & Uma Sankary, V. (2005). Cyber stalking: A global menace in the information super highway. *ERCES Online Quarterly Review, 2(3),* Retrieved May 7, 2007, from http://www.erces.com/journal/articles/archives/volume2/v03/v02.htm.

Jayawardhena, C. & Foley, P. (2000). Changes in the banking sector - the case of Internet banking in the UK. Internet Research: *Electronic Networking Applications and Policy, 10 (1), 19-30.*

Karjaluoto, H., Mattila, M. & Pento, T. (2002). Electronic banking in Finland - consumer beliefs and reactions to a new delivery channel. *Journal of Financial Services Marketing, 6 (4).*

KPMG (2000). Comércio eletrónico e cibercriminalidade: Novas estratégias para gerir os riscos de exploração. Forensic and Litigation Services, KPMG LLP.

Kruse, W. G., Heiser, J. G. (2002). Computer forensics: incident response essentials. Addison-Wesley. p. 392.

Kumar, A. (2005, 25 de janeiro). Phishing - uma arma da nova era. Recuperado em 27 de fevereiro de 2011, do sítio Web http://www.infosecwriters.com/text_resources/pdf/ Phishing-a_new_age_weapon.pdf.

Likert, R. (1932). A technique for the measurement of attitudes. *Archives of Psychology, 140,* 1-55.

McFarlane, L., & Bocij, P. (2003). Cyber stalking: definindo a invasão do ciberespaço. *Forensic Update, 1*(72), 18-22.

Mols, N.P. (1998). The behavioral consequences of PC banking. *International Journal of Bank Marketing, 16 (5),* 195-201.

Moore, R. (2005). Cybercrime: Investigating High-Technology Computer Crime", Cleveland, Mississippi. Anderson Publishing.

Nagpal, R. (2002), Cyber terrorism in the context of globalization, Comunicação apresentada no II Congresso Mundial de Informática e Direito, Madrid, Espanha, 1-23.

Nehmzow, C. (1997). A Internet vai abalar as fundações medievais da banca. *Journal of Internet Banking and Commerce, 2 (2).*

Ottawa Department of Justice (2001), Report to the coordinating committee of senior officials, Federal/Provincial/Territorial working group on illegal and offensive content on the internet.

Robinson, T. (2000). Internet banking - ainda não é um casamento perfeito. Informationweek, 17 (4), 104-106.

RSA (2011). Relatório de tendências do cibercrime. The current state of cybercrime and what to expect in 2011, Obtido em 16 de fevereiro de 2011, no sítio Web http ://viewer.media.bitpipe.com/1039183786_34/1295279253_317/CYBRC_ WP_0111- RSA.pdf.

Samaddar, S. G. (2009), Study material on information security, Information Security Laboratory, Motilal Nehru National Institute of Technology, Allahabad, 60-70.

Sathye, M. (1999). Adoção da banca pela Internet pelos consumidores australianos: uma investigação empírica. *International Journal of Bank Marketing 17 (7)*, 324-334.

Sheshunoff, A. (2000). Internet banking - an update from the frontlines. *ABA Banking Journal, 92 (1)*, 51-55.

Symantec (2009). Relatório de cibersegurança sobre as pequenas empresas: Study shows gap between needs and actions. Symantec Corporation, Mountain View, CA 94043 USA, 1-7.

Departamento de Justiça dos EUA (2000). The Electronic Frontier: The challenge of unlawful conduct involving the use of the Internet, President's Working Group on Unlawful Conduct on the Internet. Obtido em 16 de julho de 2008 no sítio Web http://www.usdojz.gov/criminal/cybercrime/unlawful.htm.

Wah, L. (1999). Banking on the internet. *American Management Association, 88 (11)*, 44-48.

CAPÍTULO 2

REVISÃO DA LITERATURA

A determinação do nível de segurança adequado para um determinado sistema deve ter em conta a magnitude dos riscos potenciais, o custo da aplicação de diferentes níveis de segurança, o impacto na funcionalidade do produto e as implicações para a privacidade *Hanacek (1998)*. Hanacek (1998) estudou que os produtos de moeda eletrónica têm potencial para proporcionar benefícios importantes aos sistemas de pagamento, se forem implementados com a segurança adequada. Estes sistemas não podem ser totalmente seguros contra todos os tipos de ataques. *Dowland et al. (1999)* sugeriram que os meios de comunicação social têm sido bem sucedidos em termos de informação das pessoas sobre a existência da criminalidade informática e de sensibilização para os diferentes tipos de incidentes, mas parecem ter feito um trabalho relativamente fraco de sensibilização para as possíveis acções corretivas. Neste sentido, pode considerar-se que as notícias dos meios de comunicação social não estão a prestar um serviço tão útil como poderia ser o caso e são susceptíveis de ter um efeito alarmista sobre aqueles que estão menos familiarizados com a área. Segundo *Furnelb et al. (1999)*, o número de piratas informáticos ocasionais excede em muito o número de organizações de ciberterroristas e os seus alvos podem ser muito menos previsíveis e, ao mesmo tempo, o impacto de qualquer ataque individual é provavelmente menos grave, enquanto os ciberterroristas operam com uma agenda política, o que significa que este tipo de ataques será mais especificamente direcionado e dirigido a sistemas mais críticos. Esta ação colectiva causaria mais danos do que a ação de um único pirata informático. No entanto, devido a diferentes factores de motivação, os bancos investiram de forma diferente nos seus esforços de banca eletrónica. Enquanto os bancos maiores e nacionais estão na vanguarda do e-banking, o mesmo não se pode dizer dos bancos mais pequenos e comunitários - apenas cerca de 7% dos bancos comunitários mais pequenos exploraram as operações de e-banking, *segundo O'Connell (2000). Tan et al. (2000) referem* que o desafio de expandir e manter a quota de mercado do sector bancário levou muitos bancos a investir mais na melhor utilização da Internet. O aparecimento do e-banking fez com que muitos bancos repensassem as suas estratégias de tecnologias da informação (TI) em mercados competitivos. Sugeriram que os bancos que não conseguem responder ao aparecimento da banca eletrónica no mercado são susceptíveis de perder clientes e que o custo de oferecer serviços de banca eletrónica é inferior ao custo de manter as agências bancárias.

O facto de as pessoas terem percepções positivas sobre a banca em linha deve ser tratado com grande valor. Isto porque uma má experiência pode levar o cliente a deixar de utilizar o serviço bancário em linha *Jun et al. (2001). Nath et al. (2001)* estudaram que os bancos electrónicos não são vistos como uma ameaça por muitos bancos tradicionais e que a maioria dos bancos electrónicos está a tentar formar alianças e parcerias com bancos, instituições financeiras e outras empresas com presença física, a fim de prestar serviços que não podem ser prestados apenas na Web (por exemplo, levantamentos em numerário, serviço de apoio ao cliente eficaz, etc.). Tendo em conta esta tendência, os bancos que não oferecem serviços bancários pela Internet devem avançar rapidamente para a integração de serviços baseados na Web nos seus actuais modelos e canais de negócio. A aplicação da banca eletrónica provou também ser uma forma eficaz de reduzir os custos de funcionamento das instituições financeiras. Por exemplo, os serviços de banca eletrónica permitirão aos bancos reduzir as despesas com estruturas físicas. Os bancos maiores, que mantêm redes de agências dispendiosas, tendem a ter o maior incentivo para adotar serviços de banca eletrónica. Em comparação, os bancos mais pequenos têm custos de arranque mais elevados e tendem a ter um custo tecnológico inicial elevado no desenvolvimento de serviços de banca eletrónica *Treadwell (2001)*.

Dourish et al. (2002) propuseram uma distinção entre segurança teórica e efectiva. A segurança teórica diz respeito ao nível de segurança que é tecnicamente possível; por exemplo, as assinaturas digitais fornecem uma autenticação forte, partindo do princípio de que vários problemas computacionais difíceis relacionados com números primos não serão resolvidos num determinado período de tempo. A segurança efectiva diz respeito ao nível de segurança alcançado na prática e é normalmente inferior à segurança teórica, devido a deficiências no que respeita, entre outras coisas, à implementação de algoritmos, à conceção de protocolos e à facilidade de utilização. *Nagpal (2002)* examinou os instrumentos e as metodologias do ciberterrorismo, como os vírus, os worms, os cavalos de Troia, os ataques de negação de serviço e a criptografia. Discutiu as medidas legislativas proactivas e reactivas tomadas por vários países para combater a cibercriminalidade em geral e o ciberterrorismo em particular. Além disso, focou alguns dos principais incidentes de ciberterrorismo que assolaram os mundos real e virtual no passado recente.

Burden et al. (2003) estabeleceram uma distinção entre o "verdadeiro" cibercrime (pirataria informática, cibervandalismo, disseminação de vírus, ataque de negação de serviço e sequestro de nomes de domínio) e o crime que é simplesmente "eletrónico" (utilização indevida de cartões de crédito, roubo/utilização indevida de informações, difamação, chantagem, ciber-obscenidade/pornografia, branqueamento de capitais, sítios de ódio, violação de direitos de autor, ciberterrorismo e cifragem). ***Gupta (2003)*** propôs que os "potes de mel" enganadores, associados a sistemas de deteção de intrusões e firewalls adequados, podem constituir um meio de fornecer as informações necessárias sobre os atacantes e dar aos defensores uma maior margem de tempo para reagir e tomar medidas preventivas. Impactos negativos como escândalos bancários, programas de encerramento devido a má gestão e problemas de segurança com a banca pela Internet estão a minar a confiança dos titulares de cartões de crédito nos bancos ***Hwang et al. (2003)***. O emitente é o banco de confiança selecionado pelo titular do cartão, mas o adquirente não o é. Revelar as informações sensíveis do titular do cartão a todos os adquirentes possíveis implica um risco potencial. Com base no princípio da necessidade de conhecer, ***Hwang et al. (2003)*** propuseram duas revisões do SET para garantir a privacidade dos titulares de cartões, mesmo partindo do princípio de que os bancos nem sempre são fiáveis. O número do cartão de crédito não é transmitido em texto simples, mas sim de forma encriptada ou como um valor hash do titular do cartão para o emissor. Deste modo, as informações sensíveis do cartão são ocultadas no mercado eletrónico e as eventuais fraudes podem ser reduzidas sem fuga de informações sensíveis.

A banca eletrónica na Índia criou também muitos novos desafios para a gestão dos bancos e para as autoridades reguladoras, decorrentes do aumento do potencial de transacções transfronteiriças e da falta de uma supervisão transfronteiriça adequada ***Nitsure (2003)***. No que se refere às questões de segurança relacionadas com a banca eletrónica, os princípios de gestão do risco recomendados pelo BPI devem ser implementados pelos bancos públicos de base com urgência. O conselho de administração e os quadros superiores devem analisar e aprovar regularmente os principais aspectos do processo de controlo da segurança. A gestão de topo deve assegurar que o seu pessoal possui os conhecimentos tecnológicos necessários para avaliar as potenciais alterações dos riscos e, durante o processo de adoção de novas tecnologias, os peritos bancários internos, que não são necessariamente tecnocratas, devem desempenhar um papel importante *Nitsure (2003)*. *Cashell et al. (2004)* descreveram as dificuldades que acompanham a medição e a quantificação do risco cibernético. O principal obstáculo é a falta de dados sobre a frequência e a gravidade dos ciberataques. Além disso, o estudo centrou-se na forma de melhorar a quantificação do risco e dos custos face a esta complexidade e propôs três grandes forças de mercado em ação que conduzirão a melhorias na gestão do ciber-risco, ou seja, a concorrência, a responsabilidade e os seguros. O ciberterrorismo é visto como uma questão ameaçadora e assustadora.

Os responsáveis governamentais e os peritos afirmam frequentemente que o mundo não está preparado para o ciberterrorismo *Foltz (2004)*. Foltz (2004) examinou as razões para estes pontos de vista díspares e analisou as formas teóricas e reais em que o ciberterrorismo pode ocorrer e reorientou um modelo existente de segurança informática (Modelo de Segurança Informática do Ciberterrorismo) para ajudar a compreender e a defender-se contra o ciberterrorismo. O ciberterrorismo é visto como uma questão ameaçadora e assustadora. Os responsáveis governamentais e os peritos são frequentemente ouvidos a afirmar que o mundo não está preparado para o ciberterrorismo. *Foltz (2004)*. Foltz (2004) examinou as razões para estes pontos de vista díspares e analisou as formas teóricas e reais em que o ciberterrorismo pode ocorrer e reorientou um modelo existente de segurança informática (Modelo de Segurança Informática do Ciberterrorismo) para ajudar a compreender e a defender-se contra o ciberterrorismo. 80% dos comprometimentos de segurança resultam das acções de um elemento interno, uma das ameaças mais negligenciadas num programa de segurança empresarial, ou seja, o comportamento do empregado *Gawde (2004)*. Concluiu ainda que a utilização incorrecta dos sistemas de informação pelos empregados pode colocar sérios desafios às organizações, incluindo perda de produtividade, perda de receitas, responsabilidades legais e outros problemas no local de trabalho, pelo que as organizações precisam de contramedidas eficazes para aplicar as suas políticas de utilização adequada e minimizar as suas perdas e aumentar a produtividade. *Hertzum et al. (2004)* analisaram seis sistemas bancários electrónicos dinamarqueses baseados na Web e indicaram que os sistemas apresentam graves deficiências no que respeita à facilidade de utilização, o que sugere que os requisitos de segurança estão entre as suas causas e que as deficiências podem, por sua vez, provocar uma diminuição da segurança. Os autores consideraram o conflito entre a facilidade de utilização e a segurança no contexto da segurança utilizável, um conceito que se destina a fazer corresponder os princípios e as exigências de segurança aos conhecimentos e à motivação dos utilizadores. A automatização, a instrução e a compreensão podem ser identificadas como abordagens diferentes da segurança utilizável. A instrução é a principal abordagem dos sistemas avaliados; a automatização liberta o utilizador do envolvimento na segurança, tanto quanto possível; e a compreensão vai além das instruções passo a passo, para permitir que os utilizadores actuem com competência e segurança em situações que transcendem as instruções preconcebidas.

Kim et al. (2004) conceberam uma solução que permite a deteção e identificação imediatas de agentes de ataque de falsificação. A deteção rápida na rede do lado da fonte o mais depressa possível, a identificação do agente de ataque para filtragem imediata dos pacotes falsificados com medidas de acompanhamento, a não exigência de modificação dos encaminhadores antigos, a capacidade de detetar o tráfego falsificado independentemente do nível de falsificação e a prestação de um serviço de deteção omnipresente são os cinco principais atributos da conceção proposta. A necessidade de criptossistemas para garantir a segurança das transacções baseadas na Internet evoluirá continuamente e as organizações devem implementar o protocolo adequado para satisfazer as necessidades da empresa e determinar qual dos protocolos de segurança específicos, como SSL, SET, SHTTP, SSH, IPSec, satisfaz melhor as suas necessidades para uma determinada tarefa *Luther (2004)*. Se um cibernegócio gere um sítio Web que vende peças para computadores, necessitará obviamente de segurança dos dados e de autenticação para as transacções, como o SSL, permitindo simultaneamente aos utilizadores um acesso fácil ao seu sítio

Luther (2004). luz das actuais abordagens adoptadas pelas instituições internacionais em matéria de cibercriminalidade e dos instrumentos jurídicos existentes neste domínio, *Pocar (2004)* identificou as principais questões que requerem uma análise mais aprofundada para combater este fenómeno criminoso, nomeadamente a definição de crimes e de sanções, o reforço da cooperação internacional entre as autoridades nacionais e a harmonização dos critérios de determinação da jurisdição em matéria de cibercriminalidade.

Rudasill et al. (2004) analisaram as possíveis ameaças de cibersegurança para as populações militares e civis de hoje, em documentos políticos da organização para a cooperação e desenvolvimento económico, da União Europeia e dos EUA. A análise dos documentos políticos revelou algumas semelhanças na forma como as agências políticas nacionais e supranacionais estão a reagir à ameaça de ciberataque. O estudo alertou as organizações para um possível comprometimento dos sistemas com que trabalham e permitiu compreender o processo através do qual o governo estava a reagir às ameaças. Os serviços Web estão a crescer a um ritmo acelerado e estão a surgir novas questões de segurança na segurança Web. Todas as organizações têm os seus grandes armazéns de dados para que os utilizadores possam aceder a informações valiosas em todo o lado. A metodologia de UDDI, WSDL e SOAP foi discutida por *Shah (2004)*, uma vez que estas tecnologias são as pedras angulares da recolha de informações sobre serviços Web.

O modelo de campo de forças apresentado por *Smith, A. D. (2004)* ilustrou que existe um elemento dinâmico na compreensão da hesitação de certos comportamentos de adoção associados ao comportamento de compra em linha à luz das actividades contínuas dos cibercriminosos e dos ciberterroristas, com base numa aplicação da Teoria da Expectativa. *Sukhai (2004)* abordou os tipos e as infracções do cibercrime e salientou a importância da educação dos utilizadores, desde a mais tenra idade, da criação e aplicação de políticas e da formação para a sensibilização. O estudo apresentou as leis aplicáveis à criminalidade informática, destacou o envolvimento do Departamento de Segurança Interna dos EUA e investigou o motivo pelo qual as empresas não denunciam os ataques dos hackers e qual a sua importância.

Os bancos devem ter em conta as mudanças psicológicas que os seus clientes mais velhos sofrem ao conceberem as suas estratégias de marketing para os serviços bancários em linha e devem sensibilizar os seus clientes mais velhos para as últimas medidas de segurança utilizadas para proteger os seus dados, bem como envidar esforços consideráveis para garantir que o risco das transacções em linha não é superior ao risco associado às caixas automáticas ou mesmo às agências bancárias. Alguns clientes mais idosos são prejudicados pela falta de conhecimentos informáticos. É necessário educá-los sobre as competências básicas necessárias para efetuar operações bancárias em linha *Al- Alawi (2005)*. As medidas de prevenção da criminalidade situacional que utilizam o endurecimento dos alvos têm o efeito de dissuadir os potenciais infractores da atividade criminosa porque reforçam a segurança do local em causa *Brantingham et al. (1995)*.

Cundiff (2005) estudou que a maioria dos consumidores toma as medidas adequadas quando recebe uma mensagem de correio eletrónico de phishing. Mais de metade dos consumidores elimina imediatamente as mensagens de correio eletrónico que se apresentam como sendo dos seus bancos e que pedem informações pessoais. No entanto, quase um terço dos clientes contactam os seus bancos quando recebem um potencial e-mail de phishing, o que resulta em picos dispendiosos na atividade dos centros de atendimento telefónico. As instituições financeiras devem continuar a atualizar as suas campanhas educativas, uma vez que 10% dos consumidores continuam a clicar na hiperligação incorporada, sem se aperceberem do perigo dos keyloggers ou de outro malware. *Cybertrust (2005)* argumentou que o problema das violações da segurança da informação tem duas vertentes: em primeiro lugar, deve-se ao aumento da incerteza económica e política e, em segundo lugar, à pressão dos consumidores e dos organismos reguladores. *Hansman et al. (2005) propuseram* uma taxonomia composta por quatro dimensões que proporcionam uma taxonomia holística para lidar com os problemas inerentes ao domínio dos ataques informáticos e às redes. A primeira dimensão abrange o vetor de ataque e o comportamento principal do ataque. A segunda dimensão permite a classificação dos alvos do ataque. As vulnerabilidades são classificadas na terceira dimensão e as cargas úteis na quarta.

O artigo de investigação de *Koprowski (2005)* mostrou que um pouco mais de metade dos consumidores que recebem mensagens de correio eletrónico de phishing com o objetivo de obter informações sensíveis, como números de segurança social, datas de nascimento ou outras informações privadas, apagam imediatamente a mensagem sem a ler, para não se sentirem tentados a fornecer informações sensíveis. Os consumidores estão também a exigir aos bancos melhores soluções de segurança, o que, para os bancos, tem resultado num aumento dos custos e numa diminuição da rentabilidade, pelo menos a curto prazo. "Os consumidores querem algo para a segurança que vá além do nome de utilizador e da palavra-passe. Sabem que quando alguém lhes rouba a palavra-passe, rouba-lhes a identidade" *Koprowski (2005)*. Os clientes dos principais bancos são muito visados pelos phishers em todo o mundo. *Kumar (2005)* estudou que o phishing não tem uma solução única e não é apenas um problema técnico, uma vez que os phishers continuam a inventar técnicas cada vez mais recentes para atacar os utilizadores. Recomendou que os bancos efectuassem uma análise periódica das vulnerabilidades para identificar e colmatar os pontos fracos que podem conduzir a um ataque de phishing bem sucedido.

Li et al. (2005) examinaram as tendências actuais da revolução da Internet que se desencadeou no sector bancário chinês. O seu estudo mostrou que a acessibilidade à Internet, a sensibilização, a atitude em relação à mudança, os custos de acesso ao computador e à Internet, a confiança no banco, as preocupações com a segurança, a facilidade de utilização e a conveniência são os principais factores que afectam a adoção de serviços bancários pela Internet na China. Tanto as caraterísticas tangíveis como as intangíveis desempenham um papel importante na perceção do cliente e na sua apreciação da segurança de um sítio Web. A gestão desempenha um papel vital na proteção da informação e no planeamento para lidar com uma violação da segurança quando ocorre um roubo de informação *Polstra III et al. (2005)*. Vários casos de roubos foram causados pela incapacidade das empresas para determinar os riscos associados à proteção dos seus dados e pela falta de planeamento dessas empresas para gerir adequadamente uma violação de segurança quando esta ocorre. Está a tornar-se necessário, se não obrigatório, que as organizações efectuem análises de risco contínuas para proteger os seus sistemas. *Polstra III et al. (2005)* revelaram que as organizações precisam de perceber que o roubo de informações é um problema de gestão, bem como de tecnologia, e que estas recentes violações de segurança foram causadas principalmente por decisões comerciais da gestão e não por falta de tecnologia.

Thigpen (2005) investigou vários níveis de autenticação como a solução mais eficaz e a melhor para a autenticação. Concluiu que a autenticação multifactor é atualmente a solução mais completa e que os factores decisivos para a escolha dos métodos são o custo, o tempo de administração e a facilidade de utilização pelos utilizadores. As intrusões baseadas na rede aumentaram rapidamente devido ao aumento e à popularidade de várias metodologias de ataque cibernético. ***Wueest (2005)*** estudou que as aplicações maliciosas utilizam dois tipos de vectores de ataque - ataques locais, que ocorrem no computador local, e ataques remotos, que redireccionam a vítima para um local remoto. Alguns ataques podem ser evitados através da adoção de medidas de segurança, como números de transação (TAN) e métodos de infraestrutura de chave pública (PKI). Quando o atacante tem controlo sobre o computador de um utilizador, pode modificar o fluxo de informação em seu benefício, uma vez que a maior ameaça à banca em linha é o código malicioso executado descuidadamente no computador do utilizador final e os atacantes tendem a visar o elo mais fraco ***Wueest (2005)***. ***Yang (2005)*** analisou as tendências recentes e o desenvolvimento da banca pela Internet para os bancos pequenos e comunitários nas zonas rurais através de um estudo de caso e concluiu que os bancos comunitários mais pequenos, entre outros, estão mais interessados nos serviços de banca eletrónica para ganharem vantagens competitivas em relação aos seus congéneres maiores.

Zin (2005) propôs um mecanismo de autenticação de dois factores para a banca pela Internet, a fim de a tornar segura. No mínimo, esse mecanismo de autenticação deve ser implementado para verificar a autenticidade das informações relativas aos serviços bancários pela Internet. O primeiro fator de autenticação pode ser a utilização de palavras-passe e o segundo pode ser a utilização de fichas, como um cartão inteligente. Recomendaram ainda a adoção de uma autorização de três factores, ou seja, a técnica biométrica, como a impressão digital, a retina, etc., para uma maior segurança. ***Enamait (2006)*** referiu que a segurança da informação deve ser integrada na cultura da organização para garantir a conformidade da segurança em todas as facetas da organização. As organizações têm de começar a encarar a segurança da informação como um problema global da empresa e adotar a mudança cultural, bem como a segurança da informação em todos os aspectos da empresa, através da implementação de sistemas como o ITIL e a ISO/IEC 17799 como base para o desenvolvimento de um processo sólido de segurança da informação *Enamait (2006)*. Uma descrição dos cenários de ataque ao longo de um período de dois anos ilustrou vários problemas-chave de segurança dos sistemas bancários via Internet na Noruega *Hole et al. (2006)*. Dada a política de segurança por obscuridade dos bancos, os clientes em linha pouco sabiam sobre os níveis de segurança e acreditavam erradamente que os seus bens estavam seguros. À medida que a tecnologia, especificamente nas instituições financeiras, continua a crescer, aumenta a importância da proteção de informações sensíveis. Quando se trata de proteger as informações financeiras das pessoas, "não há meios-termos" *Kieschnick (2006) et al*.

Kjaerland (2006) analisou os dados do CERT/CC relativos a 838 ataques ao sector comercial e 559 ataques ao sector governamental, num total de 1397 ataques, através da técnica de escalonamento multidimensional (MDS) e da análise do menor espaço (SSA), e concluiu que o "sector-alvo" governamental sofre normalmente de "comprometimento da Web" por parte de um "utilizador", o que resulta na alteração de ficheiros ("distorção"), enquanto o "sector-alvo" comercial sofre ataques de "vírus" e de "raiz", com a consequência de alteração do acesso ("perturbação") por parte de outras instituições comerciais. O "sector comercial" sofre mais frequentemente ataques de "vírus" e "DoS", enquanto o "sector governamental" sofre mais frequentemente ataques de "comprometimento da Web" e "comprometimento do utilizador". Os ataques ao "Setor Comercial" provêm mais frequentemente de uma fonte "Comercial" e os ataques ao "Setor Governamental" provêm mais frequentemente de uma fonte "Utilizador".

Lacohee et al. (2006) apresentaram os pontos de vista de uma variedade de grupos de utilizadores em relação aos factores que influenciam a sua confiança nos serviços em linha. É de salientar que, até certo ponto, é irrelevante se as opiniões dos participantes eram todas factualmente corretas ou bem informadas, o que determinou o seu comportamento e tomada de decisões em linha. É comummente aceite pelos tecnólogos que é impossível garantir uma segurança e privacidade perfeitas, uma vez que o PC sem suporte não foi concebido para transacções comerciais seguras na Internet *Singh et al. (2006)*. Os bancos estão interessados em aumentar a utilização da banca pela Internet, devido ao custo mais baixo das transacções, e resolveram os dilemas das transacções mais baratas pela Internet e da segurança imperfeita concentrando-se em melhorar o nível de autenticação necessário para a banca pela Internet. Num estudo qualitativo de 79 consumidores australianos sobre a atividade bancária e a gestão de dinheiro, *Singh et al.(2006)* concluíram que as pessoas utilizam a banca pela Internet porque confiam que o banco as compensará por perdas e que esta confiança no banco se baseia principalmente na experiência das pessoas com a compensação satisfatória de perdas com cartões de crédito. As implicações de conceção do seu estudo são que o reforço da confiança, a personalização da informação e a preocupação com o cliente devem estar no centro da conceção da segurança.

Todas as aplicações executadas numa rede têm possíveis vulnerabilidades que podem ser exploradas por hackers de sistemas. O desenvolvimento de soluções de segurança é uma corrida armamentista contínua entre os profissionais de segurança e os piratas informáticos *Simmons et al. (2006)*. Os métodos de ataque são geralmente exclusivos da aplicação ou do sistema visado, mas subjacentes a estas estratégias estão técnicas comuns. Embora os objectivos ou as consequências dos ataques variem e sejam geralmente específicos do domínio, as classes de consequências são limitadas. *Simmons et al. (2006)* descobriram no seu estudo que 29% dos métodos de ataque visam servidores Web e não são diretamente aplicáveis à tecnologia de agentes distribuídos. Estes métodos são a travessia de diretórios, a inclusão remota de ficheiros PHP, o cross-site scripting, a injeção de SQL e o envenenamento da cache Web. Dos restantes métodos, três surgiram como sendo os mais susceptíveis de afetar o controlo da distribuição de energia com base em agentes: entrada forjada, estouro de buffer e acesso direto a recursos restritos. A entrada forjada e o buffer overflow representaram 24% dos métodos de ataque e o acesso direto a recursos restritos contribuiu com quase 10%.

Nos seus ataques, os phishers visam continuamente o elo mais fraco da cadeia de segurança, nomeadamente os consumidores *Butler (2007)*. Sugeriu que a educação do consumidor em linha sobre o phishing, bem como a implementação e a aplicação adequada de medidas anti-phishing, são passos fundamentais para proteger as identidades dos consumidores em linha contra ataques de phishing por correio eletrónico. ***Dandash et al. (2007)*** propuseram um modelo de Internet Banking (IBM) para a deteção e prevenção de pagamentos bancários fraudulentos na Internet. Mostraram que o modelo proposto tem vantagens sobre os modelos existentes, na medida em que aplica dois novos mecanismos de segurança, a geração dinâmica de chaves (DKG) e a chave de grupo (GK). No modelo proposto, os clientes podem garantir que as informações das suas contas não serão comprometidas por utilizadores fraudulentos. Consequentemente, os utilizadores de serviços bancários pela Internet receberão pagamentos mais eficientes e seguros do que os modelos existentes podem proporcionar.

Daudash et al. (2007) analisaram a perceção da segurança do comércio eletrónico e o papel dos factores ambientais nacionais, como a atitude, as normas subjectivas e a perceção do controlo comportamental, na adoção da banca pela Internet e compararam estes factores com a adoção da banca pela Internet em Singapura, sugerindo que a perceção de não repúdio por parte do consumidor, a vantagem relativa da confiança, a experiência na Internet e as necessidades bancárias são os factores mais importantes que afectam a adoção na Malásia. Em Singapura, a experiência na Internet e as necessidades bancárias afectam significativamente a adoção da banca pela Internet. ***Dimitriadis (2007)*** demonstrou, através de um estudo de caso, que a utilização da árvore de ataque deve facilitar o trabalho dos auditores, consultores de segurança ou responsáveis pela segurança que pretendam efetuar uma avaliação da segurança de um mecanismo de autenticação bancária na Internet. Concluiu que a avaliação da segurança das aplicações bancárias na Internet exige conhecimentos especializados sobre vulnerabilidades, ataques, compreensão das ameaças e suas contramedidas.

Dodge Jr. et al. (2007) pegaram no conceito de utilização de um exercício e modificaram-no para avaliar a propensão de um utilizador para responder a ataques de phishing por correio eletrónico num teste sem aviso prévio. Descreveram as considerações sobre o estabelecimento e o processo utilizado para criar e implementar uma avaliação de um aspeto do nosso programa educativo de garantia da informação do utilizador. As empresas que são vítimas de ataques de malware ou que facilitam involuntariamente um ataque desse tipo podem sofrer danos diretos, indirectos ou fisiológicos.

Etsebeth (2007) examinou o malware e, mais especificamente, a responsabilidade jurídica pelo malware numa perspetiva sul-africana e salientou que os ataques de malware podem resultar em responsabilidade jurídica em direito civil para a empresa vítima devido ao facto de esta não ter tomado medidas razoáveis para proteger os bens, recursos e sistemas de informação da empresa. Observou que as empresas que, de má vontade, facilitam os ataques de malware podem ser confrontadas com responsabilidade jurídica sob a forma de responsabilidade indireta. *Higgins (2007)* examinou as ligações entre o baixo autocontrolo, a escolha racional, o valor e a pirataria digital e concluiu que -

• O baixo nível de autocontrolo tem efeitos diretos e indirectos nas intenções de pirataria digital.

• O baixo autocontrolo tem ligações indirectas com uma versão modificada dos factores situacionais.

• Os factores situacionais têm efeitos diretos e indirectos na pirataria digital, e

• O baixo nível de autocontrolo e a teoria da escolha racional são talvez teorias compatíveis que podem explicar a pirataria digital.

A Internet está repleta de material útil, mas este facto acarreta riscos e é importante desenvolver hábitos de navegação seguros e um plano de segurança sólido antes de se ligar e utilizar a Internet *James (2007)*. Analisou as estatísticas relativas às ameaças de segurança mais comuns enfrentadas pelos utilizadores da Internet e concluiu que todos os utilizadores da Internet devem estar conscientes e informados sobre as ameaças e vulnerabilidades que rodeiam a Internet e saber o que fazer para se protegerem contra essas ameaças conhecidas. *Khan (2007)* concluiu que a principal causa da lenta adoção da banca pela Internet nas empresas paquistanesas se deve à segurança do sistema e que todos os inquiridos têm um maior nível de preocupação em relação à confiança, à falta de confiança em transacções de grande montante e à falta de satisfação com os serviços da Internet. *Marcum (2007)* analisou os programas e políticas preventivos desenvolvidos para travar a vitimização em linha dos jovens americanos. Analisou a implementação de tentativas bem sucedidas do Governo Federal para proteger os jovens americanos.

Ao investigar todas as variáveis e a resposta dos consumidores, *Srivastava (2007)* revelou que a perceção dos consumidores pode ser alterada através de um programa de sensibilização, de uma utilização amigável, de um custo menor, de uma segurança adequada e da melhor resposta aos serviços oferecidos. O estudo também forneceu o tipo de correlação entre diferentes factores. No caso dos consumidores que não utilizam serviços bancários pela Internet, tendo todas as facilidades à sua disposição, a tecnologia não era o maior problema, pois se o consumidor vir a maioria dos seus colegas ou amigos que o rodeiam a utilizar serviços bancários pela Internet, isso pode influenciar a sua decisão de seguir a opção da banca pela Internet.

Yeh et al. (2007) identificaram as lacunas entre as percepções dos gestores sobre as ameaças à segurança dos SI e as contramedidas de segurança adoptadas pelas empresas, recolhendo dados empíricos de 109 empresas de Taiwan. O tipo de indústria e a utilização organizacional das TI foram considerados como os dois factores que afectaram a motivação das empresas para adoptarem contramedidas de segurança, mas a sua implementação não afectou necessariamente as percepções de ameaça dos gestores. *Yeh et al. (2007)* sugeriram que o âmbito das contramedidas adoptadas não era proporcional à gravidade das ameaças percebidas. Entre as ameaças, as redes foram consideradas como contribuindo para a ameaça mais grave e, no entanto, tinham o nível de proteção mais baixo; seguiam-se as ameaças devidas a questões de pessoal e administrativas.

Nos últimos anos, o cibercomércio melhorou drasticamente a eficiência e o crescimento das receitas das empresas, onde a informação está no centro de tudo e está constantemente sob ameaça de muitas fontes *Akhter et al. (2008)*. Sem uma proteção adequada, as aplicações de cibercomércio podem ser susceptíveis de ataques ou de actividades não autorizadas. A segurança tem sido uma preocupação fundamental do cibercomércio desde o seu início na região do Médio Oriente e, em especial, nos Emirados Árabes Unidos (EAU). A cibercriminalidade e a ameaça de roubo de identidade reduzem a confiança dos consumidores na adoção de transacções em linha. Para além do investimento em hardware/software ISS, há uma necessidade urgente de desenvolver uma cultura ISS entre os utilizadores finais (consumidores), bem como entre os profissionais de TI que gerem estas empresas *Akhter et al. (2008)*. Com alguns incidentes menores recentes, a questão do ISS passou a ocupar uma posição proeminente nas empresas dos EAU centradas nas TI e muitas empresas/organizações estão a tentar obter uma auditoria do ISS para aumentar a conformidade/consciência em matéria de segurança, bem como para aumentar a confiança dos consumidores.

Al-Hajri (2008) explorou quatro questões de perceção na indústria de panificação de Omã: vantagem relativa, desempenho organizacional, relação com o cliente e facilidade de utilização e os resultados revelaram que estas quatro questões de perceção, em conjunto, proporcionaram uma excelente compreensão dos factores que facilitam e inibem a adoção da banca eletrónica.

Arthur et al. (2008) apresentaram uma estrutura para um Sistema de Gestão de Evidências Forenses (FEMS) consciente da integridade e foi utilizada uma automação de estado finito (FSA) para modelar e raciocinar em torno do comportamento do FEMS. Foram criadas regras de amostragem no estado das regras do FSA para reconhecer (e traçar o perfil) de crimes cibernéticos específicos.

Barker et al. (2008) recomendaram quatro métodos para controlar a fraude com cartões de crédito: implementar cartões de crédito com chip, tornar muito mais difícil a obtenção de equipamento de leitura ótica e de falsificação de cartões, dar incentivos e formação aos comerciantes sobre a deteção de cartões de crédito falsificados e ajudar as vítimas a recuperar o seu crédito de forma mais eficiente. Os sítios Web de bancos registados de Hong Kong foram analisados por *Bose et al. (2008)* para investigar a preparação dos bancos para o combate ao phishing. O autor recolheu informações relacionadas com as medidas de phishing e anti-phishing adoptadas pelos bancos e atribuiu pontuações aos bancos de acordo com um modelo que mede a acessibilidade, a facilidade de utilização e o conteúdo das informações. A análise revelou que os bancos de Hong Kong estavam, de um modo geral, preparados para combater os ataques de phishing e divididos em três grupos que diferiam em termos de acessibilidade. A investigação identificou que as informações sobre phishing eram mais fáceis de aceder e mais ricas em conteúdo e cobertura do que as informações relacionadas com as medidas anti-phishing. Embora os bancos atribuíssem importância às informações relacionadas com as medidas antiphishing, precisavam de melhorar a acessibilidade dessas informações nos seus sítios Web e de fornecer informações relacionadas com as medidas antiphishing correspondentes a todos os tipos possíveis de ataques de phishing, incluindo malware e correio eletrónico de phishing *Bose et al. (2008)*. *Dandash et al. (2008)* propuseram um novo esquema que pode prevenir a fraude através da aplicação de diferentes algoritmos de segurança, gerando e actualizando chaves secretas de utilização limitada. Utiliza tecnologias de autenticação avançadas e está bem adaptado a qualquer tecnologia futura possível. Além disso, não se baseia em valores fixos, pelo que a pirataria de um segredo não compromete a segurança de todo o sistema. A geração de cada conjunto de chaves baseia-se em chaves de preferência geradas dinamicamente e, quanto maior for o número de transacções realizadas, menor será a probabilidade de o sistema ser comprometido, *Dandash et al. (2008)*. O sector bancário norueguês desenvolveu uma infraestrutura de segurança, ou seja, o BankID, com o objetivo de se tornar uma infraestrutura nacional de identificação que suporta serviços como a autenticação e as assinaturas digitais para toda a população norueguesa, para a realização de comércio na Internet *Espelid et al. (2008)*. Descreveram um ataque prático do tipo "man-in-the-middle" contra aplicações bancárias em linha que utilizam o BankID. Quando o BankID era utilizado na banca pela Internet, um atacante podia deixar um cliente concluir a autenticação e, mais tarde, assumir o controlo da sessão bancária, uma vez que o ataque não dependia da instalação de software malicioso no computador da vítima. *Jain (n.d.)* analisou as principais caraterísticas do protocolo de transação eletrónica segura para evitar o risco de roubo das informações do cartão de crédito por parte do comerciante.

Fisher (2008) efectuou uma análise comparativa dos sistemas de compensação de cheques do Reino Unido e dos Estados Unidos, examinando a maior vulnerabilidade à fraude ocasionada por um sistema de compensação de cheques de um dia e considerou as dificuldades probatórias daí resultantes, encontradas nos processos de fraude com cheques nos Estados Unidos. Analisou também casos recentes de cibercriminalidade no Reino Unido e explorou a possibilidade de autorização biométrica por impressão digital como estratégia de prevenção. *Halaweh et al. (2008)* destacaram e discutiram as diferenças entre os pontos de vista do cliente e da organização sobre a perceção da segurança do comércio eletrónico . *Hibbs (2008)* centrou-se nos métodos e técnicas utilizados no cibercrime e no ciberterrorismo e discutiu as ideias de cracking, negação de serviço, intrusões não autorizadas e ataques man-in-the-middle, bem como as defesas contra estes ataques. Seria criado um Centro de Informação Global com a responsabilidade de armazenar todos os dados relevantes para os riscos, registar todas as informações relacionadas com os ataques contra uma organização, gerir uma base de dados de ameaças e investigar a origem dos ataques, *Hibbs (2008)*.

Katos et al. (2008) introduziram uma abordagem através da qual a partilha de informações e a consolidação de provas podem ser realizadas por investigadores especializados para investigar a cibercriminalidade. A abordagem adoptou elementos do quadro do Pensamento Estratégico de Sistemas (SST) que foram formalmente desenvolvidos no âmbito do DST. Introduziram os conceitos supramencionados no domínio da investigação da cibercriminalidade e a adequação das ferramentas subjacentes. *Kwan et al. (2008)* apresentaram uma metodologia para correlacionar os cibercrimes com os cibercriminosos conhecidos. Adoptaram vários elementos da definição de perfis de ataque de *McGrew et al. (2006)* para efeitos de definição de perfis de intrusão na rede. Os perfis de cibercrime resultantes poderiam então ser associados a um cibercriminoso conhecido, facilitando assim a correlação entre cibercrime e cibercriminoso. Para ajudar no processo de correlação, desenvolveram vários mecanismos originais, incluindo um mecanismo de ponderação para avaliar o Sebek e os dados de registo, e conceberam várias fórmulas de índices de semelhança que ajudam no processo de correlação.

Martino et al. (2008) tinham por objetivo definir um modelo para o funcionamento seguro de um ambiente de banca Internet, mesmo na presença de malware no lado do cliente. O modelo de autenticação pode ser facilmente aplicável com um impacto mínimo nos actuais sistemas de Internet Banking. O seu objetivo é ser resistente aos ataques de phishing, pharming e man in the middle, hoje em dia demasiado frequentes. O ponto-chave deste modelo é a necessidade de autenticação mútua multifactor, em vez de basear a segurança simplesmente no certificado digital da entidade financeira, uma vez que, em muitos casos, os utilizadores não são capazes de discernir a validade de um certificado. O ciber-stalking é um crime interpessoal que desafia as noções de necessidade de proximidade física para que o dano ocorra *Roberts (2008)*. A aplicação eficaz da lei e as respostas legais ao ciberstalking dependem, em primeiro lugar, da formulação de leis que reconheçam os danos que podem resultar do ciberstalking e a natureza transjurisdicional do crime. ***Roberts (2008)*** apresentou uma panorâmica do ciberperseguição como uma forma de perseguição que tira partido das possibilidades do ambiente eletrónico e recomendou que se alargassem os limites das nossas percepções de perseguição de modo a incluir as concepções actuais de ciberperseguição e os futuros métodos de perseguição que possam surgir à medida que a proliferação das novas tecnologias da informação e da comunicação continua.

A Internet é uma faca de dois gumes, que oferece muitas oportunidades de desenvolvimento a indivíduos e organizações, mas que, ao mesmo tempo, trouxe consigo novas oportunidades para a prática de crimes ***Salifu (2008)***. Salifu (2008) argumentou que a Internet apresenta novos desafios para a aplicação da lei tanto nos países desenvolvidos como nos países em desenvolvimento. No entanto, os países em desenvolvimento sofrem mais com as actividades criminosas na Internet do que os seus homólogos desenvolvidos, uma vez que dispõem de tecnologias e infra-estruturas inadequadas e de conhecimentos insuficientes em matéria de aplicação da lei. ***Chen et al. (2009)*** observaram que a falta de atenção e de investigação centrada em questões de segurança relevantes para o lado dos clientes dos sistemas bancários em linha, bem como os testes de segurança, ainda estão a dar os primeiros passos. Propuseram uma abordagem para os testes de segurança baseada nas normas e políticas internacionais de segurança, que pode ajudar os programadores e os testadores a adquirir uma boa compreensão dos testes de segurança e a desenvolver um sistema geral de testes de conformidade centrado na segurança do lado do cliente.

A infraestrutura nacional de informação (NII) é vital para a segurança e a estabilidade económica da nação e inclui infra-estruturas físicas e electrónicas. As tecnologias da informação e das comunicações (TIC) constituem a espinha dorsal de muitos aspectos da NII e a dependência das TIC criou muitos novos riscos. As ciberameaças estão a tornar-se mais sofisticadas, com a fusão de tipos de ataque outrora distintos em formas mais prejudiciais. ***Choo (2009)*** examinou os riscos tecnológicos associados às NII e deu exemplos de incidentes existentes e de domínios em que podem surgir novas ameaças. O âmbito da segurança da informação alargou-se e o seu enfoque está a mudar rapidamente para uma governação estratégica e as questões de segurança exigem agora um esforço mais coordenado e orientado da sociedade nacional e internacional, dos governos e do sector privado *Dlamini et al. (2009)*. Não é por acaso que o estudo revela uma mudança para os domínios da conformidade legal e regulamentar, da gestão do risco e da investigação forense digital. As conclusões de *Dlamini et al. (2009)* mostraram também que a maioria dos actuais desafios de segurança estão, em maior medida, relacionados com os aspectos humanos e organizacionais da segurança e todos os indicadores apontam para uma abordagem multidisciplinar no futuro desenvolvimento da disciplina da segurança da informação.

Ganeshan et al. (2009) descreveram um modelo de arquitetura híbrida segura para a banca via Internet utilizando o sistema de criptos de curva hiperelíptica e MD5. Este modelo híbrido é implementado com o criptossistema de curva hiperelíptica e realiza os processos de cifragem e decifragem de forma eficiente apenas com uma chave de 80 bits. O HECC e o MD5 podem ser considerados no ambiente bancário da Internet para enriquecer a privacidade e a integridade dos dados sensíveis transmitidos entre os clientes e o servidor de aplicações. *Hunton (2009)* demonstrou as oportunidades que a aplicação da lei tem ao investigar o cibercriminoso, definindo um modelo emergente de execução do cibercrime. O estudo forneceu um meio consistente de examinar cada peça de um potencial puzzle de cibercrime e concluiu identificando as vantagens desse modelo para facilitar práticas e procedimentos de investigação novos e inovadores, ao quebrar os muitos desafios técnicos enfrentados na investigação de crimes e na utilização de tecnologia em rede como a Internet. *Koskosas (2009)* estudou que os riscos de segurança podem surgir devido a uma falha na obtenção de alguns ou de todos os objectivos relevantes para a integridade, a confidencialidade e a autenticidade das informações através do canal bancário na Internet e concluiu que o reforço da cooperação entre os membros das TI através da participação dos trabalhadores em actividades de objectivos de grupo, atitudes positivas, profissionalismo e recompensas morais dos trabalhadores poderia conduzir a uma comunicação eficaz dos riscos, o que, por sua vez, conduziria a um procedimento eficaz de definição de objectivos no que diz respeito à gestão da segurança bancária na Internet. *Lucas Jr. et al. (2009)* forneceram provas sobre a dinâmica dos mercados recentemente vulneráveis e os efeitos das estratégias defensivas de TI quando um mercado está sob a ameaça de novos modelos de negócio. A teoria existente, o quadro dos novos mercados vulneráveis, estabelece três condições que permitem que os novos operadores façam incursões rápidas contra os operadores estabelecidos - contestabilidade, subsídios cruzados e investimentos fixos elevados. A teoria prevê que os operadores estabelecidos serão incapazes de manter a sua posição no mercado nestas condições quando os novos operadores aplicam TI inovadoras e novos modelos de negócio *Lucas Jr. et al. (2009)* acrescentaram duas proposições relativas à rapidez com que o novo operador ultrapassa o operador estabelecido.

O número e a sofisticação dos ciberataques continuam a aumentar, mas não existe uma política nacional para os enfrentar. Os sistemas críticos têm de ser construídos sobre bases seguras, em vez da plataforma de uso geral mais barata *Spafford (2009)*. Spafford (2009) propôs que um programa que combine a educação em matéria de cibersegurança, o aumento dos recursos para a aplicação da lei, o desenvolvimento de sistemas fiáveis para aplicações críticas e a expansão do apoio à investigação em vários domínios da segurança e da fiabilidade é essencial para combater os riscos que estão muito para além dos incómodos do correio eletrónico não solicitado e dos vírus, e que envolvem espionagem generalizada, roubo e ataques a serviços essenciais. Os ataques DDoS são comuns contra uma vasta gama de meios de comunicação social independentes e sites de direitos humanos numa vasta gama de países, mesmo fora de protestos, eleições e acções militares. Qualquer organização que possa ser alvo de DDoS deve tomar decisões sobre o alojamento com base numa combinação de conhecimentos especializados e restrições financeiras *Zuckerman et al. (2010)*. As organizações com elevados níveis de especialização interna devem considerar a utilização de plataformas de publicação personalizadas que permitam uma degradação graciosa em resposta a uma carga elevada e um failover automático para sítios espelho. Devem implementar estratégias de armazenamento em cache que minimizem o impacto dos ataques a aplicações. O inquérito realizado por *Zuckerman et al. (2010)* indicou que a grande maioria dos sítios de meios de comunicação social independentes sujeitos a ataques DDoS também foram sujeitos a filtragem, intrusões ou desfigurações e que, embora os ataques DDoS sejam uma preocupação significativa para os meios de comunicação social independentes, a filtragem de sítios e a perseguição offline de autores e fontes (por vezes resultante de intrusões online) são uma prioridade mais elevada. Estes resultados sugerem que o DDoS deve ser considerado em conjunto com outros vectores de ataque e que estes ataques podem ter efeitos sinérgicos que podem ser difíceis de atenuar individualmente.

Al-Somali et al. (n. d.) concluíram que a segurança, a qualidade da ligação à Internet e a sensibilização para a banca pela Internet e os seus benefícios têm efeitos significativos na utilidade percebida (PU) e na facilidade de utilização percebida (PEOU) da aceitação da banca pela Internet. Foi revelado que os efeitos da educação e da confiança também têm um impacto significativo na atitude em relação à aceitação da banca pela Internet.

Resumo

A maioria dos estudos anteriores baseou-se em dados ocidentais. São muito raros os estudos realizados no contexto indiano e, especificamente, no sector bancário. Os estudos anteriores relacionados com os serviços electrónicos, as ameaças cibernéticas, a segurança da informação, o crime cibernético e o seu impacto nas instituições financeiras não são suficientes para classificar a ocorrência de ataques cibernéticos nos bancos dos sectores público e privado *(Hole et al., 2006; Simmons et al., 2006; Espelid et al., 2008; Choo, 2009)*, mas não descrevem claramente o nível de sensibilização e de satisfação dos clientes em relação aos serviços bancários electrónicos (e aos serviços electrónicos). Assim, este estudo contribuirá para uma melhor compreensão da medida em que os resultados no contexto indiano serão semelhantes aos de estudos anteriores.

O estudo contribuirá para a literatura existente sobre o estudo dos impactos do cibercrime *(Nagpal, 2002; Burden et al., 2003; Cashell et al., 2004; Gawde, 2004; Pocar, 2004; Rudasill et al., 2004, Sukhai, 2004; Wueest, 2005; Marcum, 2007; Hibbs, 2008; Kaoias et al., 2008; Hunton, 2009)*, alargando a área para abranger as vítimas de cibercrime que sofreram qualquer tipo de danos nas suas organizações. Com o advento da Internet, as pessoas mudaram a forma como comunicam ou interagem com os outros, fazem compras, divertem-se e fazem negócios. Estas alterações nas actividades das organizações aumentaram a probabilidade de serem vítimas de qualquer tipo de ameaça cibernética.

Com o advento das tecnologias modernas, verifica-se um enorme crescimento da variedade de crimes informáticos. O phishing tornou-se um dos riscos cibernéticos mais significativos *(Cundiff, 2005; Koprowski, 2005;*

Kumar, 2005; Butler, 2007; Dodge Jr. et al., 2007; Bose et al., 2008). Dado que a concorrência no sector bancário é cada vez maior, todos os bancos, quer do sector público, quer do sector privado, oferecem vários serviços electrónicos nos seus portais *(Furnelb et al., 1999; Nath et al., 2001; Nitsure, 2003; Hetzum et al., 2004; Yang, 2005; Singh et al., 2006; Dandash et al., 2007, Salifu, 2008).* O estudo examina o crescimento global e o desempenho dos bancos em Uttarakhand, que ganharam com a introdução dos serviços electrónicos. O estudo dá uma ideia geral dos riscos de ciberameaça para os bancos em Uttarakhand e dos esforços envidados pelo governo para combater a cibercriminalidade.

Referências

Akhter, F. & Kaya, L. (2008, 16-20 de março). Construir sistemas seguros de comércio eletrónico: Tecnologia e cultura nos Emirados Árabes Unidos. SAC'08, Fortaleza, Ceará, Brasil, ACM, 1474-1475.

Al-Alawi, A. I. (2005). Banca em linha: Security Concerns and the Acceptance of Mature Customers (Preocupações com a segurança e a aceitação de clientes maduros). 3ª Conferência Internacional: Ciências da Eletrónica, Tecnologias da Informação e Telecomunicações, Tunísia.

Al-Hajri, S. (2008). The Adoption of e-Banking: The case of Omani banks. *International Review of Business Research Papers, 4(5),* 120-128.

Al-Somali, S. A., Gholami, R. & Clegg B. (n. d.). Aceitação da banca pela Internet no contexto dos países em desenvolvimento: uma extensão do modelo de aceitação da tecnologia. Obtido em 21 de janeiro de 2011, de http://webintec.ceram.fr/euromot2008/ conftool/uploads/388/1 - Internet_banking-Final_copy.pdf, 1-16.

Arthur, K. K., Olivier, M. S., Venter, H. S. & Eloff, J. H. P. (2008). Considerações sobre um sistema de caraterização de crimes cibernéticos. Terceira Conferência Internacional sobre Disponibilidade, Fiabilidade e Segurança, IEEE Computer Society, 1388-1393.

Barker, K. J., D'Amato, J. & Sheridon, P. (2008). Credit card fraud: awareness and prevention, *Journal of Financial Crime, 15(4),* Emerald Group Publishing Limited, 398-410.

Bose, I. & Leung, A. C. M. (2008). Avaliação da preparação anti-phishing: A study of online banks in Hong Kong. *Decision Support Systems, 45,*

Elsevier B.V, 897-912.

Brantingham, P., & Brantingham, P. (1995). Criminality of place: Crime generators and crime attractors. *European Journal on Criminal Policy and Research, 3,* 5-26.

Burden, K., Palmer, C., Lyde, B. & Gilbert (2003). Cyber Crime - A new breed of criminal. *Computer Law & Security Report, 19(3),* Elsevier Ltd., 222-227.

Butler, R. (2007). Um quadro de medidas anti-phishing destinadas a proteger a identidade do consumidor em linha. *The Electronic Library, 25(5),* Emerald Group Publishing Limited, 517-533.

Cashell, B., Jackson, W. D., Jickling, M., & Webel, B. (2004). The economic impact of cyber-attacks (O impacto económico dos ciberataques), Relatório CRS para o Congresso. Serviço de Investigação do Congresso, Biblioteca do Congresso, 1-41.

Chen, H. & Corriveau J. (2009). Teste de segurança e conformidade para serviços bancários em linha no mundo real. Actas da MultiConferência Internacional de Engenheiros e Cientistas Informáticos, *Vol I,* Hon Kong.

Choo, K. R. (2009). Ameaças criminosas de alta tecnologia à infraestrutura nacional de informação
nacional. Relatório Técnico de Segurança da Informação, XXX, 1-8.

Cybertrust (2005). Justifying security spending: how to make a business case for information security. Obtido em 13 de agosto de 2007 no sítio Web http://www.

cybertrust. com/media/white papers/cybertrust wp security spending. pdf.

Dandash, O., Le, P. D. & Srinivasan, B. (2007). Security Analysis for Internet Banking Models (Análise de segurança para modelos de banca pela Internet). Eighth ACIS International Conference on Software Engineering, Artificial Intelligence, Networking, and Parallel/Distributed Computing, IEEE Computer Society, 1141-1146.

Dandash, O., Wang, Y. & Srinivasan, P. D. L. B. (2008). Prevenção de pagamentos bancários fraudulentos na Internet utilizando uma chave dinâmica. *Journal of Networks, 3(1),* 25-34.

Dimitriadis, C. K. (2007). Analyzing the security of internet banking authentication mechanisms. *Information Systems Control Journal, 3,* 1-8.

Dlamini, M. T., Eloff, J. H. P. & Eloff, M. M. (2009). Segurança da informação: The moving target. *Computers & Security, 28,* 189-198.

Dodge Jr., R. C., Carver, C. & Ferguson, A. J. (2007). Phishing for user security awareness, *Computers & Security, 26,* 73-80.

Dourish, P. & Redmiles, D. (2002). Uma abordagem à segurança utilizável baseada na monitorização e visualização de eventos. Actas do Workshop de 2002 sobre Novos Paradigmas de Segurança, ACM Press, Nova Iorque, 7581.

Dowland, P. S., Furnell, S.M., Illingworth, H.M & Reynolds, P. L. (1999). Computer crime and abuse: a survey of public attitudes and awareness. *Computers & Security, 18(6),* Elsevier Science Limited, 715-726.

Enamait, J. (2006, 11 de dezembro). Information Security as a Business Practice, Recuperado em 27 de fevereiro de 2011, do sítio Web http ://www.infosecwriters.com/text resources/pdf²JEnamait IS Business Practice.pdf.

Espelid, Y., Netland, L., Klingsheim, A. N. & Hole, K. J. (2008). Ataque de prova de conceito contra sistemas bancários noruegueses na Internet. Obtido em 27 de fevereiro de 2011, do sítio Web http://www.klings.org/papers/MitMShortFC08.pdf, 197-201.

Etsebeth, V. (2007). Malware: o novo risco jurídico. *The Electronic Library, 25(5),* Emerald Group Publishing Limited, 534-542.

Fisher, J. (2008). The UK's faster payment project: avoiding a bonanza for cybercrime fraudsters. *Journal of Financial Crime, 15(2),* Emerald Group Publishing Limited, 155-164.

Foltz, C. B. (2004). Cyberterrorism, computer crime and reality, Information Management & Computer Security. 12(2), Emerald Group Publishing Limited, 154-166.

Furnelb, S. M. & Warren, M. J. (1999). Computer hacking and cyber terrorism: the real threats in the new millennium. *Computers & Security, 18(1),* Elsevier Science Ltd, 28-34.

Ganeshan, R. & Vivekananda, K. (2009). A secured hybrid architecture model for internet banking. *Journal of Internet Banking and Commerce,*

14(1), 1-17.

Gawde, V. (2004). Utilização indevida de sistemas de informação - ameaças e contramedidas. Obtido em 27 de fevereiro de 2011, do sítio Web http://infosecwriters.com/text resources/pdf /information systems misuse.pdf.

Gupta, N. (2003, 19 de outubro). Melhorar a eficácia das redes de mel enganosas através de uma abordagem de aprendizagem empírica. Obtido em 27 de fevereiro de 2011, no sítio Web http://www.infosecwriters.com/text resources/pdf/Gupta Honeynets. pdf.

Halaweh, M. & Fidler, C. (2008). Perceção de segurança no comércio eletrónico: Conflict between Customer and Organizational Perspectives. Actas da Multiconferência Internacional sobre Ciências da Computação e Tecnologias da Informação, IEEE, 443 - 449.

Hanacek, P. (1998). Segurança da moeda eletrónica. B. Rovan (Ed.): SOFSEM'98, Springer-Verlag Berlin Heidelberg, 107-121.

Hansman, S. & Hunt, R. (2005). A taxonomy of network and computer attacks, *Computers & Security, 24,* Elsevier Ltd., 31-43.

Hertzum, M., Juul, N. C., Jorgensen, N. & Norgaard, M. (2004). Usable security and e-banking: ease of use vis a-vis security (Segurança utilizável e banca eletrónica: facilidade de utilização face à segurança). *Australasian Journal of Information Systems, 11,* 52-65.

Hibbs, J. (2008, 02 de junho). Cybercrime & cyberterrorism against corporate America. Recuperado em 27 de fevereiro de 2011, do sítio Web http ://www.infosecwriters.com/ text resources/pdf/JHibbs Cybercrime.pdf.

Higgins, G. E. (2007). Digital piracy, self-control theory, and rational choice: an examination of the role of value (Pirataria digital, teoria do autocontrolo e escolha racional: uma análise do papel do valor). *International Journal of Cyber Criminology, 1(1),* 33-55.

Hole, K. J., Moen, V. & Tjostheim, T. (2006). Case Study: Online Banking Security, IEEE Security & Privacy, IEEE Computer Society, 14-20.

Hunton, P. (2009).O fenómeno crescente do crime e a Internet: Um modelo de execução e análise do cibercrime. *Computer Law & Security Review, 25,* Elsevier Ltd., 528-535.

Hwang, J., Yeh, T. & Li, J. (2003). Securing on-line credit card payments without disclosing privacy information. *Computer Standards & Interfaces, 25,* Elsevier Science B. V., 119-129.

Jain, R. (n.d.). Transação eletrónica segura da SET. Recuperado em 27 de fevereiro de 2011, do sítio Web http ://www.cs.ucf. edu/~rjain/SET%20Secure%20Electronic%20 Transaction %20By%20Rupesh%20Jain.pdf, 1-12.

James, D. G. (2007, 07 de maio). Statistical analysis of internet security Threats [Análise estatística das ameaças à segurança na Internet]. Obtido em 27 de fevereiro de 2011, do sítio Web http://www.infosecwriters.com/text resourc es/pdf²Statistical Analysis Internet DJames.pdf.

Jun, M. & Cai, S. (2001). The key determinants of internet banking service quality: A content analysis. *International Journal of Bank Marketing, 19(7),* 276-291.

Katos, V. & Bednar, P. M. (2008). A cyber-crime investigation framework. *Computer Standards & Interfaces, 30,* Elsevier B. V., 223-228.

Khan, S. (2007). Questões de adoção de serviços bancários pela Internet em empresas paquistanesas. *Universidade de Tecnologia de Lulea (tese de mestrado).* 81-85.

Kieschnick, E., Aukerman, R. A. & Shorter , J. D. (2006). Segurança dos dados - roubo de identidade: os bancos e as instituições financeiras estão atentos. *Issues in Information Systems, 2(2),* 38-42.

Kim. M. & Chae. K. (2004). Mecanismo de deteção e identificação contra tráfego falsificado utilizando agentes distribuídos. ICCSA, A. Lagana et al. (Eds.), LNCS 3043, Springer-Verlag Berlin Heidelberg, 673-682.

Kjaerland, M. (2006). A taxonomy and comparison of computer security incidents from the commercial and government sectors. *Computers & Security, 25,* Elsevier Ltd., 522-538.

Koprowski, G. (2005). A Web: Phishing rattles consumers. *UPI Science News, 7(1),* 2.

Koskosas, I. V. (2009). Comunicar os objectivos dos sistemas de informação: Um caso de segurança bancária na Internet. *ComSIS, 6(1),* 71-92.

Kumar, A. (2005, 25 de janeiro). Phishing- a new age weapon. Recuperado em 27 de fevereiro de 2011, do sítio Web http://www.infosecwriters.com/text_resources/pdf/Phishing-_a_new_age_weapon.pdf.

Kwan, L., Ray, P. & Stephens, G. (2008). Towards a methodology for profiling cyber criminals (Para uma metodologia de caraterização de cibercriminosos). Actas da 41.ª Conferência Internacional do Havai sobre Ciências dos Sistemas, IEEE, 1-9.

Lacohee, H., Phippen, A. D. & Furnell, S. M. (2006). Risk and restitution: assessing how users establish online trust. *Computers & Security, 25,* 486-493.

Li, Z., Zhong, Y. (2005). The Adoption of Virtual Banking in China: An Empirical Study. *Chinese Business Review, 4(6),* 75-78.

Lucas Jr. H. C., Oh, W. & Weber, B, W. (2009). The defensive use of IT in a newly vulnerable market: The New York Stock Exchange, 1980-2007. *Journal of Strategic Information Systems, 18,* 3-15.

Luther, E. C. (2004, 26 de julho). Cryptosystems that secure web browsers. Obtido em 2 de fevereiro de 2011, do sítio Web http://www.infosecwriters.com/text_resources/pdfᶻCryptosystems SecureWebBrowsers.pdf.

Marcum, C. (2007). Estamos a proteger os nossos jovens em linha? Um exame dos programas que mantêm os jovens seguros e uma análise do vazio político. *International Journal of Cyber Criminology, 1(2),* 198-212.

Martino, A. S. & Perramon, X. (2008). Defesa de serviços bancários electrónicos: Abordagem antiphishing. Segunda Conferência Internacional sobre Informações, Sistemas e Tecnologias de Segurança Emergentes, IEEE Computer Society, 93-98.

McGrew, R. & Vaughn, R. B. (2006). Experiências com sistemas honeypot: desenvolvimento, implantação e análise. Conferência Internacional do Hawaii sobre Ciências do Sistema.

Nagpal, R. (2002), Cyber terrorism in the context of globalization, Comunicação apresentada no II Congresso Mundial de Informática e Direito, Madrid, Espanha, 1-23.

Nath, R., Schrick P. & Parzinger, M. (2001). Bankers' perspectives on internet banking. *e-Service Journal, 1 (1),* 21-36.

Nitsure, R. R. (2003, 27 de dezembro). E-banking: Challenges and Opportunities. *Economic and Political Weekly,* 5377-5381.

O'Connell, B. (2000). Os bancos comunitários adoptam a alta tecnologia: Quer ver a tecnologia em ação? Visite o banco do seu bairro. *Bank Technology News. abril,* 1.

Pocar, F. (2004). Novos desafios para as regras internacionais contra a cibercriminalidade.
Revista Europeia de Política e Investigação Criminal, 10, 27-37.

Polstra III, R. M. (2005, 23-24 de setembro). Um estudo de caso sobre como gerir o roubo de informação. Conferência sobre Desenvolvimento Curricular em Segurança da Informação (InfoSecCD) '05, Kennesaw, GA, EUA, ACM, 135-138.

Roberts, L. (2008). Preocupações jurisdicionais e de definição com crimes interpessoais mediados por computador: An Analysis on Cyber Stalking. *Revista Internacional de Cibercriminalidade, 2(1),* 271-285.

Rudasill, L. & Moyer, J. (2004). Cibersegurança, ciberataque e desenvolvimento de uma resposta governamental: o ponto de vista do bibliotecário. *New Library World, 105,* Emerald Group Publishing Limited, 248-255.

Salifu, A. (2008). The impact of internet crime on development, *Journal of Financial Crime. 15(4),* Emerald Group Publishing Limited, 432-443.

Shah, S. (2004, 27 de outubro). Serviços Web - ataques e defesa. Recuperado em 27 de fevereiro de 2011, do sítio Web http://www.infosecwriters.com/text resources/ pdf7WebServices Info Gathering.pdf.

Simmons, S., Edwards, D. & Wilde, N. (abril de 2006). Preventing unauthorized islanding: cyber-threat analysis, Proceedings of the 2006 IEEE/SMC International Conference on System of Systems Engineering, Los Angeles, CA, USA, 184-188.

Singh, S. & Beekhuyzen, J. (2006). O banco e eu: Users' perceptions of the security of internet banking. Documento apresentado na Internet Research

7.0: Internet Convergences, Brisbane, 1-18.

Smith, A. D. (2004). Cybercriminal impacts on online business and consumer confidence (Impacto dos cibercriminosos nos negócios em linha e na confiança dos consumidores). *Online Information Review, 28(3),* Emerald Group Publishing Limited, 224-234.

Spafford, E. H. (2009). Cibersegurança: avaliar as nossas vulnerabilidades e desenvolver uma defesa eficaz. Em C.S. Gal, P.B. Kantor & M.E. Lesk (Eds.): ISIPS 2008, Springer-Verlag Berlin Heidelberg, 20-33.

Srivastava, R. K. (2007). Customer's perception on usage of internet banking. *Innovative Marketing, 3(4). 67-73.*

Sukhai, N. B. (2004, 08 de outubro). Hacking and cybercrime. Conferência InfoSecCD'04, Kennesaw, GA, EUA, ACM, 128-132.

Tan, M. & Teo, T. (2000). Factores que influenciam a adoção de serviços bancários pela Internet. *Journal of the Association for Information Systems, 1(5),* 142.

Thigpen, S. (2005, 08 de agosto). Métodos de autenticação utilizados na banca. Recuperado 27 de fevereiro de 2011, do sítio Web http ://www.infosecwriters.com/text resour ces/pdf/Authentication Methods For Banking.pdf.

Treadwell, T. (2001). Community CU aumenta as aplicações em linha com o portal de comércio eletrónico AXIS da Digital Insight, *CUES Tech Port.* Obtido no sítio Web http://www.cueste choort.com.

Wueest, C. (2005). *Threats to online banking,* Symantec Security Response, Dublin, 4-9.

Yang, J., Whitefield, M. & Bhanot, R. (2005). E-Banking in Rural Area - Recent Trend and Development: A Case Study. *Communications of the IIMA, 5(4),* 63-72.

Zuckerman, E., Roberts, H., McGrady, R., York, J. & Palfrey, J. (2010). Distributed denial of service attacks against independent media and human rights sites (Ataques distribuídos de negação de serviço contra meios de comunicação social independentes e sítios de direitos humanos). Centro Berkman para a Internet e a Sociedade da Universidade de Harvard, 1-66.

CAPÍTULO 3

CRESCIMENTO E DESEMPENHO DOS BANCOS NO QUE RESPEITA AOS SERVIÇOS ELECTRÓNICOS

A inovação tecnológica não só permite um alcance mais alargado dos serviços bancários e financeiros ao consumidor, como também aumenta a sua capacidade de crescimento contínuo e inclusivo. São vários os factores atribuídos ao elevado crescimento da Índia no período recente - melhoria da produtividade, aumento do espírito empresarial e maior poupança, para citar os mais importantes. Mas há um fator que normalmente não é reconhecido - a intermediação financeira. A melhoria do volume e da qualidade da intermediação financeira é, juntamente com outros factores, o motor do crescimento e um dos factores que impulsionou a melhoria do volume e da qualidade da intermediação financeira é a utilização mais generalizada e mais eficiente das TI.

As TI no sector financeiro indiano

Os bancos e as instituições financeiras dependem da recolha, processamento, análise e fornecimento de informações para satisfazer as necessidades dos clientes. Dada a importância da informação no sector bancário, não é surpreendente que os bancos tenham sido dos primeiros a adotar a tecnologia de processamento automático da informação. Os benefícios visíveis das TI no quotidiano bancário da Índia são bem conhecidos. Existe a "Banca em qualquer lugar" através de sistemas bancários centrais, a "Banca a qualquer hora" através de novos canais de distribuição 24 horas por dia, 7 dias por semana, 365 dias por ano, tais como as caixas automáticas (ATM) e a banca em rede e móvel. Além disso, as TI permitiram uma gestão eficiente, precisa e atempada do aumento do volume de transacções decorrente de uma maior base de clientes. Também facilitou a passagem da banca de classe para a banca de massas.

Nos últimos anos, registámos alguns marcos importantes nos sistemas de pagamento e liquidação indianos. A introdução do Sistema de Liquidação por Bruto em Tempo Real (SLBTR) permitiu o cumprimento dos Princípios Fundamentais de Basileia para Sistemas de Pagamentos Sistemicamente Importantes do Banco de Pagamentos Internacionais. Além disso, abriu caminho a transferências de fundos sem risco, baseadas no impulso de crédito, liquidadas em tempo real e em moeda do banco central. A facilidade de liquidação de fundos interbancários através do SLBTR está atualmente disponível em mais de 55 000 agências bancárias, em mais de 2500 centros regionais em todo o país - uma cobertura talvez nunca vista em qualquer outro lugar do mundo.

Nos últimos anos, tem-se verificado um aumento constante do rácio entre o valor total dos pagamentos electrónicos e o Produto Interno Bruto (PIB), o que reflecte a preferência crescente pelo modo de pagamento eletrónico. Entre os vários modos de pagamento electrónicos, a versão centralizada da transferência eletrónica de fundos (TEF) - National EFT (NEFT) - tornou-se um meio importante de pagamentos de retalho, enquanto o sistema de liquidação por bruto em tempo real (SLBTR) registou um crescimento significativo como meio de liquidação de pagamentos de grande montante.

Se compararmos a situação atual com a que existia em 2004, quando apenas 4 800 agências ofereciam SLBTR. A rápida aceitação do SLBTR pelos utilizadores pode ser medida pelo volume diário de transacções: atualmente, são liquidadas cerca de 100 000 transacções por dia através do SLBTR, contra apenas cerca de 6 000 transacções por dia em 2004-05. A movimentação eletrónica rápida, segura e eficiente de fundos de praticamente qualquer parte do país para qualquer outro local está agora quase garantida. Tal é possível graças à coordenação com o sistema nacional de transferência eletrónica de fundos (NEFT) e o serviço nacional de compensação eletrónica (NECS). Em 2005, o RBI compensava cerca de 2,70 lakh de transacções NEFT por mês. Este número aumentou exponencialmente para cerca de 40 lakh por mês atualmente.

O estabelecimento do quadro jurídico para tudo isto - sob a forma da Lei dos Sistemas de Pagamento e Liquidação de 2007 - proporciona a estrutura de apoio necessária para estes sistemas. Atualmente, processamos cerca de 30 milhões de transacções por ano em modo eletrónico, contra menos de meio por cento das transacções em modo eletrónico em 2001. O mesmo se aplica à recente iniciativa do RBI de passar da compensação de elevado valor para os modos electrónicos - uma medida destinada a criar uma via de transferência de fundos mais segura, protegida e baseada no impulso do crédito, que ganhou uma força considerável.

O volume e o valor das transacções processadas através dos dois sistemas têm revelado um crescimento impressionante ao longo dos anos. Tendo em conta o facto de o SLBTR ser um sistema de pagamento de grande montante em comparação com o NEFT, o valor das transacções processadas no primeiro é muito superior. No entanto, a tendência de crescimento do valor das transacções nos dois sistemas revela que o montante das transacções processadas em NEFT aumentou exponencialmente desde 200708, enquanto o SLBTR apresentou um crescimento relativamente constante.

Os desenvolvimentos na rede de comunicações e no sistema de mensagens na Índia estão a aumentar a um ritmo acelerado. O Instituto de Desenvolvimento e Investigação em Tecnologia Bancária (IDRBT), criado pelo RBI em 1997, implementou a INFINET para o sector bancário, com o objetivo de partilhar recursos de TI dispendiosos, de modo a obter economias de escala. Uma das realizações notáveis do IDRBT foi a implementação da transferência eletrónica de dados baseada na infraestrutura de chaves públicas (PKI) com níveis de segurança muito elevados. O Instituto também desenvolveu uma norma de envio de mensagens denominada Structured Financial Messaging System (SFMS), com caraterísticas de segurança superiores mesmo às do SWIFT. Atualmente, a INFINET migrou para a mais recente tecnologia MPLS, num esforço para fornecer uma rede de ponta. A IDRBT também criou o National Financial Switch para interligar os ATM. É interessante notar que, na viragem do século, existiam apenas cerca de 4000 ATM em toda a Índia e que, atualmente, esse número é mais de dez vezes superior e todos eles estão interligados. Estas alterações permitiram ao RBI dar dois passos importantes neste domínio nos últimos meses. Em primeiro lugar, os titulares de cartões ATM podem utilizar qualquer ATM do país, independentemente do banco que lhes emitiu o cartão; e, em segundo lugar, a utilização dos ATM passou a ser gratuita desde 1 de abril de 2009. Assim, agora um cliente pode ir a qualquer caixa multibanco e levantar dinheiro gratuitamente, independentemente da caixa que está a ser utilizada e do banco que emitiu o cartão.

O IDRBT também liderou a investigação no domínio da tecnologia bancária e tem sido o centro de excelência na formação nesta área. Ao longo dos anos, o papel do instituto estendeu-se para além da investigação, prestando vários serviços à comunidade bancária. Dada a importância crescente das tecnologias da informação no sector bancário, é conveniente que o IDRBT incentive as operações baseadas nas tecnologias da informação dos bancos comerciais, avaliando as suas capacidades em matéria de tecnologias da informação e motivando-os a procurar melhorá-las.

As tecnologias da informação e as inovações que permitem são instrumentos estratégicos para aumentar o valor das relações com os clientes. Reduzem os custos das transacções financeiras, melhoram a afetação dos recursos financeiros e aumentam a competitividade e a eficiência das instituições financeiras. Embora as realizações das TI no sector bancário sejam impressionantes, os actuais líderes do sector financeiro têm ainda de tirar maior partido das novas tecnologias e dos sistemas baseados na informação e alargar a cobertura do sistema bancário e financeiro indiano. O potencial das TI para alargar os serviços bancários a mercados mal servidos nas zonas rurais e semi-urbanas é enorme. A utilização da tecnologia de cartões inteligentes , os ATM móveis, a cobertura das estações de correio através de redes de pagamentos electrónicos em zonas fora de alcance.

Existe um enorme potencial para o crescimento da atividade das instituições financeiras, por um lado, e para o crescimento inclusivo da Índia, por outro. Já vimos bancos a utilizar abordagens inovadoras, como a energia solar e a conetividade baseada em tecnologias móveis para as agências. Há uma variedade de opções disponíveis que permitem alargar o alcance desses serviços. Os benefícios positivos surgiram com o alargamento do alcance dos serviços bancários através de projectos-piloto em Andhra Pradesh e em partes do Nordeste. O Banco de Reserva também anunciou a sua intenção de alargar ainda mais o alcance dos serviços bancários no Nordeste, financiando o custo da conetividade através da tecnologia VSAT. A IBA está a trabalhar nos pormenores deste esforço.

A Índia está a viver uma explosão na utilização da tecnologia de comunicação móvel e este é um desenvolvimento que o sector financeiro pode explorar. Os utilizadores de telemóveis pertencem a todos os estratos da sociedade, espalhados pelos centros metropolitanos, cidades e aldeias. Os bancos podem tirar partido deste alcance alargado das telecomunicações se prestarem serviços através deste meio. O chip integrado no telemóvel pode funcionar como um cartão inteligente multi-aplicações, tornando assim os serviços bancários disponíveis para praticamente todos os proprietários de telemóveis. Isto é muito promissor como veículo de distribuição do futuro: existe um enorme potencial e uma oportunidade empolgante. No entanto, a expansão de tais capacidades deve ser acompanhada de um nível mínimo de caraterísticas de segurança essenciais e do cumprimento contínuo dos acordos estabelecidos relativos à privacidade das transacções dos clientes. As potencialidades das TI para o futuro próximo incluem também a possibilidade de diferenciação no serviço ao cliente; a facilitação da gestão das relações com os clientes (CRM) com base na informação disponível, que pode ser armazenada e recuperada a partir de armazéns de dados; a melhoria da gestão dos activos e passivos dos bancos, que tem uma incidência direta nos lucros dos bancos; o reforço da conformidade com a regulamentação em matéria de combate ao branqueamento de capitais e o cumprimento das normas de Basileia II.

Os desenvolvimentos no domínio das tecnologias da informação (TI) apoiam fortemente o crescimento e o desempenho do sector bancário, facilitando assim o crescimento económico inclusivo. As TI não só aumentam a eficiência competitiva do sector bancário, reforçando os processos administrativos de retaguarda, como também melhoram as operações de primeira linha e ajudam a reduzir os custos de transação para os clientes. Tem o potencial de promover a inclusão financeira, tornando as transacções de retalho de pequeno montante mais baratas, mais fáceis e mais rápidas para o sector bancário e para os pequenos clientes.

O canal móvel permite que os bancos ofereçam aos clientes funcionalidades que não podem encontrar online, como o depósito remoto de cheques, os pagamentos pessoa-a-pessoa (P2P) e a notificação de fraude em tempo real. Estas caraterísticas tornam a banca móvel uma experiência mais rica e impulsionarão a sua adoção nos próximos anos. A banca pela Internet dá aos bancos a possibilidade de se expandirem para além da sua área geográfica, bem como a capacidade de efectuarem vendas cruzadas e vendas adicionais de produtos aos clientes existentes. Os bancos que aproveitam estas capacidades adicionais de serviços financeiros móveis podem ver um impacto profundo na natureza da relação bancária. Ao contrário dos supermercados, grandes armazéns e outras empresas que vêem apenas uma dimensão dos hábitos de consumo dos consumidores, os bancos têm uma visão mais ampla do que os seus clientes compram e onde gostam de comprar. Isto coloca os bancos numa posição específica para desenvolver uma nova linha de negócio centrada na análise de dados para retalhistas e outras entidades que competem pela informação dos clientes - mantendo a privacidade da informação individual dos clientes. A banca pela Internet poderia proporcionar aos clientes bancários a possibilidade de comparar opções no momento e no local da compra. Simultaneamente, os bancos poderiam oferecer a estes compradores serviços complementares, como opções de financiamento ou leasing, cotações de seguros (através de parcerias) e muito mais. Ao estabelecer relações com fabricantes e retalhistas que poderiam oferecer descontos aos clientes bancários enquanto estes pesquisam opções de produtos no ponto de venda, os bancos podem posicionar o seu canal móvel como algo mais do que apenas uma forma conveniente de pagamento.

A forma mais fundamental pela qual a tecnologia alterou a face do sector bancário indiano foi a informatização. Embora os novos bancos do sector privado e os bancos estrangeiros tenham uma vantagem neste domínio, os bancos do sector público têm investido na melhoria das suas operações através da informatização. Do número total de agências bancárias do sector público, 97,8% estavam totalmente informatizadas no final de março de 2010. Todas as agências do grupo SBI estavam totalmente informatizadas. As despesas acumuladas com "informatização e desenvolvimento de redes de comunicação" dos bancos do sector público entre setembro de 1999 e março de 2010 ascenderam a 22 052 milhões de rupias. As despesas com "informatização e desenvolvimento de redes de comunicação" registaram um crescimento de 23,2 por cento em 2009-10 anualmente. Um desenvolvimento tecnológico estreitamente relacionado com a informatização das agências bancárias é a adoção das soluções bancárias essenciais (Core Banking Solutions - CBS).

Os SBC permitem que os bancos ofereçam uma multiplicidade de serviços centrados no cliente numa base contínua a partir de um único local, apoiando actividades bancárias de retalho e de empresas, tornando assim realidade o "balcão único" para serviços financeiros. Um desenvolvimento importante em 2009-10 foi um aumento significativo da percentagem de sucursais de bancos do sector público que implementaram o sistema de contabilidade analítica. A percentagem destas sucursais aumentou de 79,4% no final de março de 2009 para 90% no final de março de 2010. A percentagem de balcões abrangidos pelo SBS era muito maior no grupo SBI do que nos bancos nacionalizados. Embora a informatização em geral, e o CBS em particular, estejam quase concluídos, é importante aproveitar este avanço tecnológico para analisar outras áreas para além do CBS que possam ajudar não só a prestar serviços de qualidade e eficientes aos clientes, mas também a gerar e gerir informação de forma eficaz. No que respeita ao segundo aspeto da gestão da informação, está a ser analisado um sistema de receção de dados dos bancos pelo Banco de Reserva de forma automatizada, sem qualquer intervenção manual.

Outro desenvolvimento tecnológico importante, que revolucionou o canal de distribuição no sector bancário, foi o das caixas automáticas (ATM). As ATM, em especial as ATM externas, funcionam como substitutos das agências bancárias, oferecendo aos clientes um meio de levantamento de dinheiro em qualquer altura. O crescimento dos ATM, que tem vindo a registar um aumento constante nos últimos anos, foi de 37,8% em 2009-10. Mais importante ainda, o crescimento dos ATM fora do local de trabalho também foi comparativamente elevado, atingindo 44,6% durante o ano. No final de março de 2010, a percentagem de ATM externos em relação ao total de ATM situava-se em 45,7% para todos os SCB.

Uttarakhand

O Uttaranchal tornou-se o 27.º Estado da República da Índia em 9 de novembro de 2000, em virtude da promulgação da Lei de Reorganização do Uttar Pradesh de 2000. Faz fronteira com a China a norte e com o Nepal a leste, enquanto os seus estados vizinhos são Himachal Pradesh a oeste e Uttar Pradesh a sul. A área geográfica do Estado é de 53 483 km2. A região é maioritariamente montanhosa (quase 93%) com 65% de cobertura florestal. O Estado pode ser agrupado em três regiões geográficas distintas: a região dos Himalaias Altos, a região dos Himalaias Médios e a região do Terai. O Estado é rico em recursos naturais, nomeadamente água e florestas. Uttarakhand tem 13 distritos agrupados em duas divisões: a divisão de Garhwal inclui os distritos de Chamoli, Dehradun, Haridwar, Pauri Garhwal, Rudraprayag, Tehri e Uttarkashi; e a divisão de Kumaon inclui Almora, Bageshwar, Champawat, Nainital, Pithoragarh e Udham Singh Nagar.

Uttarakhand tem uma população de 84,89 lakh. Enquanto 50,96% da população é masculina, a população feminina representa 49,04%. A maior parte da população (74,38%) é rural. A taxa global de alfabetização no Estado é de 71,62%, sendo de 59,63% para as mulheres e de 83,28% para os homens (censo de 2001). As pessoas que vivem abaixo do limiar de pobreza (BPL) nas zonas rurais constituem 36,44%. A densidade populacional por quilómetro quadrado é de 159 no Estado, contra 324 na Índia.

Banca em Uttarakhand

As instalações bancárias em Uttarakhand são bem avançadas e de vanguarda. O Estado tem sucursais da maior parte dos bancos nacionais e estatais, bem como de alguns bancos privados bem conhecidos. Vários bancos em Uttarakhand situados em diferentes partes do Estado incluem o Banco Estatal da Índia, o Nainital Bank Ltd, o HDFC Bank, o Axis Bank, o Yes Bank, o Bank of Baroda, o Allahabad Bank, o ING Vysya Bank Ltd, o Indian Bank, etc. A maior parte dos bancos está totalmente informatizada e concede aos seus clientes empréstimos para fins comerciais, educativos, agrícolas, automóveis e para habitação. O banco também concede empréstimos a pequenas empresas. Para além dos bancos acima referidos, Dehradun, a capital do Estado e algumas outras cidades assistiram recentemente à entrada de muitos outros bancos populares. Entre esses bancos contam-se o Punjab National Bank, o Bank of Rajasthan, o Canara Bank, o ICICI Bank, o Central Bank of India, o South Indian Bank, o Centurian Bank of Punjab, o Corporation Bank, o IDBI Bank, o Punjab and Sind Bank, o Induslnd Bank, o Indian Overseas Bank, o District Co-Operative Bank, o Oriental Bank of Commerce, o Andhra Bank, o Bank of India, o Bank of Maharashtra, etc. Estes bancos dispõem de serviços como cacifos, empréstimos, seguros, câmbios e vários serviços electrónicos como a banca Internet, a banca móvel, etc.

Número de agências bancárias *(em n.º)*	2006-07	2008-09
Bancos nacionais	709	820
Bancos rurais regionais	166	180
Outros bancos privados	63	94
Bancos cooperativos distritais	10	10
Bancos cooperativos	196	202
Bancos cooperativos de agricultura e desenvolvimento rural	20	20

Rácio crédito-depósitos e rácio C: D de todos os bancos	2006-07	2008-09
Depósitos	27441 Crore	41294 Crore
Avanços	10707 Crore	15866 Crore
C. D. rácio	39%	38%
Desembolso de empréstimos em sectores prioritários	5561Crore	3762 Crore
Agricultura e serviços conexos	1832 Crore	1689 Crore
Pequenas indústrias e outros	3637 Crore	2073 Crore
Avanços para a secção mais fraca	1294 milhões de euros	2254 Crore

Quadro 3.1 Estatísticas bancárias em Uttarakhand *(Modificado)*

Fonte: Direção de Economia e Estatística, Governo de Uttarakhand

Os bancos privados emergentes, como o Yes Bank, o Induslnd Bank, o HDFC Bank e o ING Vysya, etc., estão a entrar no sector bancário para explorar os potenciais clientes em diferentes sectores do comércio e das empresas. Os bancos têm uma enorme experiência em parcerias público-privadas em sectores como a alimentação, a agroindústria, as infra-estruturas, a biotecnologia, a educação, o turismo, as PME e as tecnologias da informação.

Frequências (Clientes)

O perfil demográfico inclui a idade, o género, as habilitações, o rendimento, o tipo de banco, o nome do banco, o tipo de emprego e a relação com o banco (em anos). O quadro seguinte mostra a distribuição demográfica. Entre os 100 inquiridos, 78 (78%) trabalham em bancos do sector público, enquanto 22 (22%) trabalham em bancos do sector privado . O valor do desvio padrão é 0,42, o que mostra que os dados estão dispersos em relação ao seu valor central em 0,42. Dos 100 inquiridos, 50 (50%) lidam com o State Bank of India, 18 (18%) lidam com o Punjab National Bank, 10 (10%) lidam com o Union Bank of India, 14 (14%) lidam com o ICICI e 8 (8%) clientes lidam com o HDFC. O valor do desvio-padrão é 1,37, o que mostra a dispersão dos dados em relação ao seu valor central em 1,37.

Perfil demográfico		Frequência	%	SD
Tipo de banco	Público	78	78%	
	Privado	22	22%	0.42
	Total	100	100%	
Nome do banco	Banco Estatal da Índia	50	50%	
	Banco Nacional do Punjab	18	18%	
	Banco da União da Índia	10	10%	1.37
	ICICI	14	14%	
	HDFC	8	8%	
	Total	100	100%	
Género	Masculino	74	74%	
	Feminino	26	26%	0.44
	Total	100	100%	
Qualificação	Mestres	51	51%	
	Bacharelato	31	31%	
	Diploma	4	4%	1.04
	Outros	14	14%	
	Total	100	100%	
Rendimento	Menos de 15000	32	32%	
	15001-30000	24	24%	
	Mais de 30000	22	22%	1.15
	Nulo	22	22%	
	Total	100	100%	
Idade	20-30	67	67%	
	31-40	24	24%	
	41-50	4	4%	0.80
	>50	5	5%	
	Total	100	100%	
Tipo de emprego	Governo	45	45%	1.32

	Privado	23	23%	
	Negócios	2	2%	
	Estudante	28	28%	
	Outros	2	2%	
	Total	100	100%	
Negociação com o banco (em anos)	0-10	81	81%	0.75
	11-20	10	10%	
	21-30	5	5%	
	Mais de 30	4	4%	
	Total	100	100%	

Quadro 3.2 Perfil demográfico dos clientes

Dos 100 inquiridos, 74 (74%) são do sexo masculino, enquanto 26 (26%) são do sexo feminino. O valor do desvio-padrão é de 0,44, mostrando a dispersão dos dados em relação ao seu valor central de 0,44. Dos 100 inquiridos, 51 (51%) concluíram o mestrado, 31 (31%) concluíram o bacharelato, 4 (4%) concluíram o diploma, enquanto 14 (14%) provêm de diferentes áreas ou adquiriram as qualificações. O valor do desvio-padrão é 1,04, o que mostra a dispersão dos dados em relação ao seu valor central em 1,04. Dos 100 inquiridos, o rendimento mensal de 32(32%) inquiridos é inferior a 15000, 22(22%) ganham mais de 30000 por mês, enquanto 24(24%) inquiridos ganham entre 15001 e 30000. O valor do desvio-padrão é 1,15, o que mostra a dispersão dos dados em relação ao seu valor central de 1,15. Dos 100 inquiridos, 67 (%) têm uma idade compreendida entre 20 e 30 anos, 24 (24%) entre 30 e 40 anos, 4 (4%) entre 40 e 50 anos e 5 (5%) têm mais de 50 anos. O valor do desvio-padrão é de 0,80, o que mostra a dispersão dos dados relativamente ao seu valor central de 0,80. Dos 100 inquiridos, 45 (45%) trabalham no sector público, 23 (23%) trabalham em organizações do sector privado, 2 (2%) têm o seu próprio negócio, 28 (28%) são estudantes, enquanto 2 (2%) inquiridos se identificaram noutras categorias. O valor do desvio-padrão é de 1,32, mostrando a dispersão dos dados em relação ao seu valor central de 1,32. Dos 100 inquiridos, 81 (81%) lidam com os seus bancos desde os últimos 0 a 10 anos, 10 (10%) lidam há 11 a 20 anos, 5 (5%) lidam há 21 a 30 anos, enquanto 4 (4%) inquiridos lidam com o banco há mais de 30 anos. O valor do desvio-padrão é 0,75, o que mostra a dispersão dos dados em relação ao seu valor central de 0,75.

Serviços electrónicos		EA	QA	D	QD	ED	T	SD
A qualidade do serviço de consulta de saldos de contas prestado pelo banco é excelente	Frequência	59	31	4	2	4	100	
	%	59	31	4	2	4	100	0.96
A qualidade do serviço de pagamento de facturas fornecido pelo banco é excelente	Frequência	40	29	23	2	6	100	
	%	40	29	23	2	6	100	1.12
A qualidade do serviço de encomenda de cheques/desenhos em linha prestado pelo banco é excelente	Frequência	22	20	43	5	10	100	
	%	22	20	43	5	10	100	1.18
A qualidade das informações sobre a conta do cartão de crédito fornecidas pelo banco é excelente	Frequência	23	24	42	1	10	100	
	%	23	24	42	1	10	100	1.16
A qualidade do serviço de transferência de fundos entre contas é excelente	Frequência	37	30	25	4	4	100	
	%	37	30	25	4	4	100	1.07
A qualidade do serviço de reconciliação de livros de cheques prestado pelo banco é excelente	Frequência	28	23	39	4	6	100	1.12
	%	28	23	39	4	6	100	
A qualidade do serviço de visualização de cheques digitais em linha prestado pelo banco é excelente	Frequência	21	19	46	6	8	100	
	%	21	19	46	6	8	100	1.13
A qualidade da emissão de ordens de interrupção de pagamento em linha é excelente	Frequência	20	21	46	4	9	100	
	%	20	21	46	4	9	100	1.13
O sítio Web do banco fornece todas as informações relevantes sobre cada produto ou serviço	Frequência	33	32	17	9	9	100	
	%	33	32	17	9	9	100	1.23

As caixas automáticas do banco estão facilmente disponíveis e em funcionamento 24 horas por dia	Frequência	28	25	5	22	20	100	1.54
	%	28	25	5	22	20	100	
O sítio Web transacional do banco facilita os serviços de seguros bancários através da Internet	Frequência	30	28	32	5	5	100	1.1
	%	30	28	32	5	5	100	
O sítio Web transacional do banco facilita os serviços de corretagem	Frequência	12	27	51	6	4	100	0.92
	%	12	27	51	6	4	100	
O sítio Web transacional do banco facilita os serviços comerciais das empresas	Frequência	18	23	54	2	3	100	0.92
	%	18	23	54	2	3	100	
O sítio Web transacional do banco facilita os serviços às pequenas empresas	Frequência	15	23	54	5	3	100	0.92
	%	15	23	54	5	3	100	
O sítio Web transacional do banco facilita os serviços de agregação	Frequência	18	18	53	6	5	100	1.01
	%	18	18	53	6	5	100	
O sítio Web transacional do banco facilita os serviços do portal	Frequência	19	20	48	8	5	100	1.04
	%	19	20	48	8	5	100	
O banco introduziu os serviços electrónicos nas suas operações para obter lucros	Frequência	47	36	7	6	4	100	1.06
	%	47	36	7	6	4	100	
O banco introduziu os serviços electrónicos nas suas operações para maior comodidade	Frequência	49	36	8	4	3	100	0.98
	%	49	36	8	4	3	100	
O banco introduziu os serviços electrónicos nas suas operações devido à concorrência	Frequência	54	30	7	5	4	100	1.06
	%	54	30	7	5	4	100	
O banco introduziu os serviços electrónicos nas suas operações para fidelizar os clientes	Frequência	49	33	10	5	3	100	1.02
	%	49	33	10	5	3	100	

O banco introduziu os serviços electrónicos nas suas operações para introduzir novos clientes	Frequência	46	36	8	6	4	100	
	%	46	36	8	6	4	100	1.06
O banco introduziu os serviços electrónicos nas suas operações a pedido dos clientes	Frequência	25	36	17	8	14	100	
	%	25	36	17	8	14	100	1.33
O software e os serviços fornecidos nos ATMs do banco estão actualizados	Frequência	19	39	6	21	15	100	
	%	19	39	6	21	15	100	1.38

Quadro 3.3 Distribuição de frequências

Entre os 100 inquiridos, 59(59%) concordam totalmente que *a qualidade do serviço de consulta do saldo da conta prestado pelo banco é excelente,* 31(31%) concordam totalmente, 4(4%) estão indecisos, 2(2%) discordam totalmente e 4(4%) discordam totalmente. O desvio padrão dos dados é de 0,96, o que indica que os dados estão dispersos em relação ao seu valor central em 0,96. Entre os 100 inquiridos, 40 (40%) concordam totalmente que *a qualidade do serviço de pagamento de facturas fornecido pelo banco é excelente,* 29 (29%) concordam totalmente, 23 (23%) estão indecisos, 2 (2%) discordam totalmente e 6 (6%) discordam totalmente. O desvio-padrão dos dados é de 1,12, o que indica que os dados estão dispersos em relação ao seu valor central em 1,12. Entre os 100 inquiridos, 22 (22%) concordam totalmente que *a qualidade do serviço de encomenda de cheques/desenhos online prestado pelo banco é excelente,* 20 (20%) concordam totalmente, 43 (43%) estão indecisos, 5 (5%) discordam totalmente e 10 (10%) discordam totalmente. O desvio padrão dos dados é de 1,18, o que indica que os dados estão dispersos em relação ao seu valor central em 1,18. Entre os 100 inquiridos, 23 (23%) concordam totalmente que *a qualidade das informações sobre as contas de cartão de crédito fornecidas pelo banco é excelente,* 24 (24%) concordam totalmente, 42 (42%) estão indecisos, 1 (1%) discorda totalmente e 10 (10%) discordam totalmente. O desvio-padrão dos dados é de 1,16, o que indica que os dados estão dispersos em relação ao seu valor central em 1,16. Entre os 100 inquiridos, 37 (37%) concordam totalmente que *a qualidade do serviço de transferência de fundos entre contas é excelente,* 30 (30%) concordam totalmente, 25 (25%) estão indecisos, 4 (4%) discordam totalmente e 4 (4%) discordam totalmente. O desvio-padrão dos dados é de 1,07, o que indica que os dados estão dispersos em relação ao seu valor central em 1,07. Entre os 100 inquiridos, 28 (28%) concordam totalmente que *a qualidade do serviço de reconciliação de livros de cheques prestado pelo banco é excelente,* 23 (23%) concordam totalmente, 39 (39%) estão indecisos, 4 (4%) discordam totalmente e 6 (6%) discordam totalmente. O desvio padrão dos dados é de 1,12, o que indica que os dados estão dispersos em relação ao seu valor central em 1,12. Entre os 100 inquiridos, 21(21%) concordam totalmente que *a qualidade do serviço de visualização de cheques digitais em linha prestado pelo banco é excelente,* 19(19%) concordam totalmente, 46(46%) estão indecisos, 6(6%) discordam totalmente e 8(8%) discordam totalmente. O desvio-padrão dos dados é de 1,13, o que indica que os dados estão dispersos em relação ao seu valor central em 1,13. Entre os 100 inquiridos, 20 (20%) concordam totalmente que *a qualidade da emissão de ordens de suspensão de pagamento em linha é excelente,* 21 (21%) concordam totalmente, 46 (46%) estão indecisos, 4 (4%) discordam totalmente e 9 (9%) discordam totalmente. O desvio-padrão dos dados é de 1,13, o que indica que os dados estão dispersos em relação ao seu valor central em 1,13. Entre os 100 inquiridos, 33 (33%) concordam totalmente que *o sítio Web do banco fornece todas as informações relevantes sobre cada produto ou serviço,* 32 (32%) concordam totalmente, 17 (17%) estão indecisos, 9 (9%) discordam totalmente e 9 (9%) discordam totalmente. O desvio padrão dos dados é de 1,23, o que indica que os dados estão dispersos em relação ao seu valor central em 1,23. Entre os 100 inquiridos, 28 (28%) concordam totalmente que *os ATM do banco estão facilmente disponíveis e em funcionamento 24 horas por dia,* 25 (25%) concordam totalmente, 5 (5%) estão indecisos, 22 (22%) discordam totalmente e 20 (20%) discordam totalmente. O desvio padrão dos dados é de 1,54, o que indica que os dados estão dispersos em relação ao seu valor central em 1,54. Entre os 100 inquiridos, 30 (30%) concordam totalmente que *o sítio Web transacional do banco facilita os serviços de seguros bancários pela Internet,* 28 (28%) concordam totalmente, 32 (32%) estão indecisos, 5 (5%) discordam totalmente e 5 (5%) discordam totalmente. O desvio-padrão dos dados é de 1,1, o que indica que os dados estão dispersos em relação ao seu valor central em 1,1. Entre os 100 inquiridos, 12 (12%) concordam totalmente que *o sítio Web transacional do banco facilita os serviços de corretagem,* 27 (27%) concordam totalmente,

51 (51%) estão indecisos, 6 (6%) discordam totalmente e 4 (4%) discordam totalmente. O desvio-padrão dos dados é de 0,92, o que indica que os dados estão dispersos em relação ao seu valor central em 0,92. Entre os 100 inquiridos, 18 (18%) concordam totalmente que *o sítio Web transacional do banco facilita os serviços comerciais*, 23 (23%) concordam totalmente, 54 (54%) estão indecisos, 2 (2%) discordam totalmente e 3 (3%) discordam totalmente. O desvio-padrão dos dados é de 0,92, o que indica que os dados estão dispersos em relação ao seu valor central em 0,92. Entre os 100 inquiridos, 15 (15%) concordam totalmente que *o sítio Web transacional do banco facilita os serviços às pequenas empresas*, 23 (23%) concordam totalmente, 54 (54%) estão indecisos, 2 (2%) discordam totalmente e 3 (3%) discordam totalmente. O desvio padrão dos dados é de 0,92, o que indica que os dados estão dispersos em relação ao seu valor central em 0,92. Entre os 100 inquiridos, 18 (18%) concordam totalmente que *o sítio Web transacional do banco facilita os serviços de agregação*, 18 (18%) concordam totalmente, 53 (53%) estão indecisos, 6 (6%) discordam totalmente e 5 (5%) discordam totalmente. O desvio-padrão dos dados é de 1,01, o que indica que os dados estão dispersos em relação ao seu valor central em 1,01. Entre os 100 inquiridos, 19 (19%) concordam totalmente que *o sítio Web transacional do banco facilita os serviços do portal*, 20 (20%) concordam totalmente, 48 (48%) estão indecisos, 8 (8%) discordam totalmente e 5 (5%) discordam totalmente. O desvio-padrão dos dados é de 1,04, o que indica que os dados estão dispersos em relação ao seu valor central em 1,04. Entre os 100 inquiridos, 47 (47%) concordam totalmente que *o banco introduziu os serviços electrónicos nas suas operações com fins lucrativos*, 36 (36%) concordam totalmente, 7 (7%) estão indecisos, 6 (6%) discordam totalmente e 4 (4%) discordam totalmente. O desvio-padrão dos dados é de 1,06, o que indica que os dados estão dispersos em relação ao seu valor central em 1,06. Entre 100 inquiridos, 49 (49%) concordam totalmente que *o banco introduziu os serviços electrónicos nas suas operações para maior comodidade,* 36 (36%) concordam totalmente, 8 (8%) estão indecisos, 4 (4%) discordam totalmente e 3 (3%) discordam totalmente. O desvio-padrão dos dados é de 1,06, o que indica que os dados estão dispersos em relação ao seu valor central em 1,06. Entre os 100 inquiridos, 49 (49%) concordam totalmente que *o banco introduziu os serviços electrónicos nas suas operações para maior comodidade*, 36 (36%) concordam totalmente, 8 (8%)

estão indecisos, 4 (4%) discordam totalmente e 3 (3%) discordam totalmente. O desvio-padrão dos dados é de 0,98, o que indica que os dados estão dispersos em relação ao seu valor central em 0,98. Entre os 100 inquiridos, 54 (54%) concordam totalmente com o facto de *o banco ter introduzido os serviços electrónicos nas suas operações devido à concorrência*, 30 (30%) concordam totalmente, 7 (7%) estão indecisos, 5 (5%) discordam totalmente e 4 (4%) discordam totalmente. O desvio padrão dos dados é de 1,06, o que indica que os dados estão dispersos em relação ao seu valor central em 1,06. Entre 100 inquiridos, 49 (49%) concordam totalmente que *o banco introduziu os serviços electrónicos nas suas operações para fidelizar os clientes*, 33 (33%) concordam totalmente, 10 (10%) estão indecisos, 5 (5%) discordam totalmente e 3 (3%) discordam totalmente. O desvio-padrão dos dados é de 1,02, o que indica que os dados estão dispersos em relação ao seu valor central em 1,02. Entre os 100 inquiridos, 46(46%) concordam totalmente que *o banco introduziu os serviços electrónicos nas suas operações para introduzir novos clientes*, 36(36%) concordam totalmente, 8(8%) estão indecisos, 6(6%) discordam totalmente e 4(4%) discordam totalmente. O desvio padrão dos dados é de 1,06, o que indica que os dados estão dispersos em relação ao seu valor central em 1,06. Entre os 100 inquiridos, 25 (25%) concordam totalmente que *o banco introduziu os serviços electrónicos nas suas operações a pedido dos clientes,* 36 (36%) concordam totalmente, 17 (17%) estão indecisos, 8 (8%) discordam totalmente e 14 (14%) discordam totalmente. O desvio-padrão dos dados é de 1,33, o que indica que os dados estão dispersos em relação ao seu valor central em 1,33. Entre 100 inquiridos, 19 (19%) concordam totalmente que *o software e os serviços fornecidos nos ATM do banco estão actualizados,* 39 (39%) concordam totalmente, 6 (6%) estão indecisos, 21 (21%) discordam totalmente e 15 (15%) discordam totalmente. O desvio-padrão dos dados é de 1,38, o que indica que os dados estão dispersos em relação ao seu valor central em 1,38.

Entrega		EA	QA	D	QD	ED	T	SD
O Banco e os seus associados fornecem todas as informações verdadeiras e	Frequência	32	35	8	17	8	100	1.30
	%	32	35	8	17	8	100	

significativas								
O banco mantém-me constantemente em contacto através de correio, correio eletrónico e catálogos	Frequência	20	33	11	22	14	100	1.37
	%	20	33	11	22	14	100	
Os documentos de autoajuda e o sítio Web são tão eficazes quanto as minhas expectativas	Frequência	18	30	25	17	10	100	1.23
	%	18	30	25	17	10	100	
Os sistemas disponíveis para aceder aos serviços electrónicos respondem eficazmente às minhas necessidades	Frequência	20	43	17	10	10	100	1.21
	%	20	43	17	10	10	100	
A prestação dos serviços é única e corresponde às minhas expectativas	Frequência	13	40	20	16	11	100	1.21
	%	13	40	20	16	11	100	
Os sistemas existentes são altamente fiáveis	Frequência	19	35	21	16	9	100	1.22
	%	19	35	21	16	9	100	
O sítio Web do banco suporta todos os browsers mais recentes, nomeadamente o Internet Explorer, o Mozilla Firefox, o Google Chrome, etc.	Frequência	24	31	26	12	7	100	1.18
	%	24	31	26	12	7	100	
O conteúdo eletrónico do sítio Web é fácil de navegar	Frequência	21	36	24	10	9	100	1.19
	%	21	36	24	10	9	100	
As ligações não têm problemas, são precisas e as páginas são descarregadas rapidamente	Frequência	20	30	23	19	8	100	1.23
	%	20	30	23	19	8	100	
A velocidade de início e fim de sessão da conta é muito rápida	Frequência	23	30	20	17	10	100	1.29
	%	23	30	20	17	10	100	
Quadro 3.4 Distribuição de frequências								

Entre 100 inquiridos, 32(32%) inquiridos estão extremamente de acordo que *o Banco e os seus associados fornecem toda a informação verdadeira e significativa,* 35(35%) estão bastante de acordo, 8(8%) estão indecisos, 7(7%) estão bastante em desacordo e 18(18%) estão extremamente em desacordo. O desvio padrão dos dados é de 1,3, o que indica que os dados estão dispersos em relação ao seu valor central em 1,3. Entre os 100 inquiridos, 20(20%) concordam totalmente que *o banco me mantém constantemente em contacto através de correio, e-mails e catálogos,* 33(33%) concordam totalmente, 11(11%) estão indecisos, 22(22%) discordam totalmente e 14(14%) discordam totalmente. O desvio padrão dos dados é de 1,37, o que indica que os dados estão dispersos em relação ao seu valor central em 1,37. Entre os 100 inquiridos, 18 (18%) concordam totalmente que *os documentos de autoajuda e o sítio Web são tão eficazes quanto as minhas expectativas,* 30 (30%) concordam totalmente, 25 (25%) estão indecisos, 17 (17%) discordam totalmente e 10 (10%) discordam totalmente. O desvio padrão dos dados é de 1,23 , o que indica que os dados estão dispersos em torno do seu valor central em 1,23. Entre os 100 inquiridos, 20 (20%) concordam plenamente que *os sistemas disponíveis para aceder aos serviços electrónicos satisfazem eficazmente as minhas necessidades,* 43 (43%) concordam bastante, 17 (17%) estão indecisos, 10 (10%) discordam bastante e 10 (10%) discordam extremamente. O desvio-padrão dos dados é de 1,21, o que indica que os dados estão dispersos em relação ao seu valor central em 1,21. Entre os 100 inquiridos, 13 (13%) concordam totalmente que *a prestação dos serviços é única e corresponde às minhas expectativas,* 40 (40%) concordam totalmente, 20 (20%) estão indecisos, 16 (16%) discordam totalmente e 11 (11%) discordam totalmente. O desvio padrão dos dados é de 1,21, o que indica que os dados estão dispersos em relação ao seu valor central em 1,21. Entre os 100 inquiridos, 19 (19%) concordam totalmente que *os sistemas existentes são altamente fiáveis,* 35 (35%) concordam bastante, 21 (21%) estão indecisos, 16 (16%) discordam bastante e 9 (9%) discordam extremamente. O desvio-padrão dos dados é de 1,22, o que indica que os dados estão dispersos em relação ao seu valor central em 1,22. Entre os 100 inquiridos, 24 (24%) concordam totalmente que *o sítio Web do banco suporta todos os browsers mais recentes, nomeadamente, Internet Explorer, Mozilla Firefox, Google Chrome, etc.,* 31 (31%) concordam totalmente, 26 (26%) estão indecisos, 12

(12%) discordam totalmente e 7 (7%) discordam totalmente. O desvio-padrão dos dados é de 1,18, o que indica que os dados estão dispersos em relação ao seu valor central em 1,18. Entre os 100 inquiridos, 21 (21%) concordam totalmente que *o conteúdo eletrónico do sítio Web é fácil de navegar,* 36 (36%) concordam totalmente, 24 (24%) estão indecisos, 10 (10%) discordam totalmente e 9 (9%) discordam totalmente. O desvio-padrão dos dados é de 1,19, o que indica que os dados estão dispersos em relação ao seu valor central em 1,19. Entre os 100 inquiridos, 20 (20%) concordam totalmente que *as hiperligações são precisas e sem problemas e que as páginas são descarregadas rapidamente,* 30 (30%) concordam totalmente, 23 (23%) estão indecisos, 19 (19%) discordam totalmente e 8 (8%) discordam totalmente. O desvio padrão dos dados é 1,23, o que indica que os dados estão dispersos em relação ao seu valor central em 1,23. Entre os 100 inquiridos, 23 (23%) concordam totalmente que *a velocidade de início e fim de sessão da conta é muito rápida,* 30 (30%) concordam totalmente, 20 (20%) estão indecisos, 17 (17%) discordam totalmente e 10 (10%) discordam totalmente. O desvio padrão dos dados é de 1,29, o que indica que os dados estão dispersos em relação ao seu valor central em 1,29.

Pessoal		EA	QA	D	QD	ED	T	SD
O pessoal de serviço é tecnicamente sólido e capaz de lidar com os problemas que ocorrem durante as transacções	Frequência	16	36	13	20	15	100	1.34
	%	16	36	13	20	15	100	
O pessoal de serviço possui boas capacidades de relacionamento interpessoal	Frequência	20	29	17	21	13	100	1.34
	%	20	29	17	21	13	100	
O banco informa sobre o estado da resolução do problema	Frequência	17	20	29	17	17	100	1.32
	%	17	20	29	17	17	100	
O banco responde aos vários problemas que ocorrem durante as transacções electrónicas	Frequência	25	32	20	14	9	100	1.26
	%	25	32	20	14	9	100	

O banco criou uma unidade especificamente encarregada de dirigir e desenvolver a investigação de crimes cibernéticos	Frequência	20	20	40	11	9	100	1.18
	%	20	20	40	11	9	100	
As autoridades bancárias preocupam-se em ouvir as questões e em satisfazer as minhas necessidades pessoais	Frequência	19	39	13	21	8	100	1.24
	%	19	39	13	21	8	100	
Os representantes do serviço de apoio ao cliente podem resolver os problemas por telefone	Frequência	12	29	21	27	11	100	1.22
	%	12	29	21	27	11	100	
É prestada informação adequada e um serviço rápido	Frequência	24	42	12	18	4	100	1.15
	%	24	42	12	18	4	100	
A unidade informática presta apoio suficiente após a introdução de um novo sistema ou de uma melhoria	Frequência	17	23	28	19	13	100	1.27
		17	23	28	19	13	100	

Quadro 3.5 Distribuição de frequências

Entre os 100 inquiridos, 16(16%) concordam totalmente que *o pessoal dos serviços é tecnicamente sólido e capaz de lidar com os problemas que ocorrem durante as transacções,* 36(36%) concordam totalmente, 13(13%) estão indecisos, 20(20%) discordam totalmente e 15(15%) discordam totalmente. O desvio-padrão dos dados é de 1,34, o que indica que os dados estão dispersos em relação ao seu valor central em 1,34. Entre os 100 inquiridos, 20 (20%) concordam totalmente que *o pessoal dos serviços possui boas competências interpessoais,* 29 (29%) concordam totalmente, 17 (17%) estão indecisos, 21 (21%) discordam totalmente e 13 (13%) discordam totalmente. O desvio padrão dos dados é de 1,34, o que indica que os dados estão dispersos em relação ao seu valor central em 1,34. Entre os 100 inquiridos, 17 (17%) concordam totalmente com o facto de *o banco comunicar o estado de resolução dos problemas,* 20 (20%) concordam totalmente, 29 (29%) estão indecisos, 17 (17%) discordam totalmente e 17

(17%) discordam totalmente. O desvio-padrão dos dados é de 1,32, o que indica que os dados estão dispersos em relação ao seu valor central em 1,32. Entre os 100 inquiridos, 25 (25%) concordam plenamente que *o banco responde aos vários problemas que ocorrem durante as transacções electrónicas,* 32 (32%) concordam bastante, 20 (20%) estão indecisos, 14 (14%) discordam bastante e 9 (9%) discordam extremamente. O desvio-padrão dos dados é de 1,26, o que indica que os dados estão dispersos em relação ao seu valor central em 1,26. Entre os 100 inquiridos, 20(20%) concordam totalmente que *o banco criou uma unidade especificamente encarregada de dirigir e desenvolver a investigação do cibercrime,* 20(20%) concordam totalmente, 40(40%) estão indecisos, 11(11%) discordam totalmente e 9(9%) discordam totalmente. O desvio-padrão dos dados é de 1,18, o que indica que os dados estão dispersos em relação ao seu valor central em 1,18. Entre os 100 inquiridos, 19(19%) concordam totalmente com o facto de *as autoridades bancárias se preocuparem em ouvir as questões e satisfazer as minhas necessidades pessoais,* 39(39%) concordam totalmente, 13(13%) estão indecisos, 21(21%) discordam totalmente e 8(8%) discordam totalmente. O desvio-padrão dos dados é de 1,24, o que indica que os dados estão dispersos em relação ao seu valor central em 1,24. Entre os 100 inquiridos, 12 (12%) concordam totalmente que *os representantes do serviço de apoio ao cliente podem resolver os problemas por telefone,* 29 (29%) concordam totalmente, 21 (21%) estão indecisos, 27 (27%) discordam totalmente e 11 (11%) discordam totalmente. O desvio padrão dos dados é de 1,22, o que indica que os dados estão dispersos em relação ao seu valor central em 1,22. Entre 100 inquiridos, 24(24%) inquiridos estão extremamente de acordo com o facto de *serem fornecidas informações adequadas e um serviço rápido,* 42(42%) estão bastante de acordo, 12(12%) estão indecisos, 18(18%) estão bastante em desacordo e 4(4%) estão extremamente em desacordo. O desvio-padrão dos dados é de 1,15, o que indica que os dados estão dispersos em relação ao seu valor central em 1,15. Entre os 100 inquiridos, 17 (17%) concordam totalmente que *a unidade de TI presta apoio suficiente após a introdução de um novo sistema ou de uma melhoria,* 23 (23%) concordam totalmente, 28 (28%) estão indecisos, 19 (19%) discordam totalmente e 13 (13%) discordam totalmente. O desvio-padrão dos dados é de 1,27, o que indica que os dados estão dispersos em relação ao seu valor central em 1,27.

Banco		EA	QA	D	QD	ED	T	SD
Os escritórios do banco estão facilmente disponíveis e oferecem os seus serviços 24 horas por dia	Frequência	17	44	9	18	12	100	1.29
	%	17	44	9	18	12	100	
As sucursais do banco proporcionam um aspeto estético	Frequência	20	46	9	16	9	100	1.23
	%	20	46	9	16	9	100	
O banco promove uma reputação positiva junto do público	Frequência	18	55	14	7	6	100	1.04
	%	18	55	14	7	6	100	
A verdadeira imagem do banco reflecte-se nos seus slogans e símbolos de comunicação	Frequência	15	35	23	19	8	100	1.18
	%	15	35	23	19	8	100	
Posso confiar no banco para não utilizar indevidamente as minhas informações disponíveis nos documentos e sistemas	Frequência	36	41	10	9	4	100	1.09
	%	36	41	10	9	4	100	
O banco proporciona segurança financeira e confidencialidade	Frequência	41	44	10	4	1	100	0.85
	%	41	44	10	4	1	100	
Os bancos tratam dos problemas de forma adequada e compensam os problemas que criam	Frequência	17	45	23	10	5	100	1.05
	%	17	45	23	10	5	100	

Quadro 3.6 Distribuição de frequências

Entre os 100 inquiridos, 17(17%) concordam totalmente que *as agências do banco estão facilmente disponíveis e oferecem os seus serviços 24 horas por dia,* 44(44%) concordam totalmente, 9(9%) estão indecisos, 18(18%) discordam totalmente e 12(12%) discordam totalmente. O desvio padrão dos dados é de 1,29, o que indica que os dados estão dispersos em relação ao seu valor central em 1,29. Entre os 100 inquiridos, 20 (20%) concordam totalmente que *as agências bancárias têm um aspeto estético,* 46 (46%) concordam totalmente, 9 (9%) estão indecisos, 16 (16%) discordam totalmente e 9 (9%) discordam totalmente. O desvio-padrão dos dados é de 1,23, o que indica que os dados estão dispersos em relação ao seu valor central em 1,23. Entre os 100 inquiridos, 18 (18%) concordam totalmente que *o banco promove uma reputação positiva junto do público*, 55 (55%) concordam totalmente, 14 (14%) estão indecisos, 7 (7%) discordam totalmente e 6 (6%) discordam totalmente. O desvio-padrão dos dados é de 1,04, o que indica que os dados estão dispersos em relação ao seu valor central em 1,04. Entre 100 inquiridos, 15(15%)

Os inquiridos concordam totalmente que *a verdadeira imagem do banco se reflecte nos seus slogans e símbolos de comunicação,* 35(35%) concordam bastante, 23(23%) estão indecisos, 19(19%) discordam bastante e 8(8%) discordam extremamente. O desvio-padrão dos dados é de 1,18, o que indica que os dados estão dispersos em relação ao seu valor central em 1,18. Entre 100 inquiridos, 36 (36%) concordam plenamente que *podem confiar no banco para não utilizar indevidamente as minhas informações disponíveis nos documentos e sistemas,* 41 (41%) concordam bastante, 10 (10%) estão indecisos, 9 (9%) discordam bastante e 4 (4%) discordam extremamente. O desvio-padrão dos dados é de 1,09, o que indica que os dados estão dispersos em relação ao seu valor central em 1,09. Entre os 100 inquiridos, 41 (41%) concordam totalmente que *o banco proporciona segurança e confidencialidade financeiras,* 44 (44%) concordam bastante, 10 (10%) estão indecisos, 4 (4%) discordam bastante e 1 (1%) discorda totalmente. O desvio-padrão dos dados é de 0,85, o que indica que os dados estão dispersos em relação ao seu valor central em 0,85. Entre os 100 inquiridos, 17 (17%) concordam totalmente com o facto de *o banco proporcionar segurança e confidencialidade financeiras,* 45 (45%) concordam totalmente, 23 (23%) estão indecisos, 10 (10%) discordam totalmente e 5 (5%) discordam totalmente. O desvio-padrão dos dados é de 1,05, o que indica que os dados estão dispersos em relação ao seu valor central em 1,05.

Custo		EA	QA	D	QD	ED	T	SD
O Banco não reclama qualquer montante adicional pelos seus serviços electrónicos	Frequência	31	28	18	18	5	100	
	%	31	28	18	18	5	100	1.24

As queixas são tratadas gratuitamente	Frequência	33	30	22	11	4	100	1.14
	%	33	30	22	11	4	100	
Não são cobrados encargos adicionais por qualquer transação sem notificação prévia	Frequência	20	27	28	12	13	100	1.28
	%	20	27	28	12	13	100	

Quadro 3.7 Distribuição de frequências

Entre os 100 inquiridos, 31(31%) concordam totalmente que *o banco não exige qualquer montante adicional pelos seus serviços electrónicos,* 28(28%) concordam totalmente, 18(18%) estão indecisos, 18(18%) discordam totalmente e 5(5%) discordam totalmente. O desvio padrão dos dados é de 1,24, o que indica que os dados estão dispersos em relação ao seu valor central em 1,24. Entre 100 inquiridos, 33(33%) inquiridos estão extremamente de acordo com o facto de *as queixas serem tratadas sem custos,* 30(30%) estão bastante de acordo, 22(22%) estão indecisos, 11(11%) estão bastante em desacordo e 4(4%) estão extremamente em desacordo. O desvio-padrão dos dados é de 1,14, o que indica que os dados estão dispersos em relação ao seu valor central em 1,14. Entre os 100 inquiridos, 20 (20%) concordam totalmente que *não se deve cobrar encargos adicionais por qualquer transação sem notificação prévia,* 27 (27%) concordam totalmente, 28 (28%) estão indecisos, 12 (12%) discordam totalmente e 13 (13%) discordam totalmente. O desvio-padrão dos dados é de 1,28, o que indica que os dados estão dispersos em relação ao seu valor central em 1,28.

Tecnologia da informação		EA	QA	D	QD	ED	T	SD
As tecnologias da informação (TI) alteraram o estilo de fazer negócios	Frequência	57	31	4	7	1	100	0.93
	%	57	31	4	7	1	100	
As TI incluem o hardware, o software e as suas aplicações	Frequência	55	28	12	4	1	100	0.91
	%	55	28	12	4	1	100	
A banca eletrónica é uma aplicação do comércio eletrónico	Frequência	49	36	10	4	1	100	0.88
	%	49	36	10	4	1	100	
As mudanças	Frequência	56	31	7	6	0	100	0.86

revolucionárias na tecnologia obrigaram os bancos a introduzir a banca eletrónica	%	56	31	7	6	0	100	
Estou a utilizar computadores e a Internet desde há dois anos	Frequência	65	19	5	7	4	100	1.11
	%	65	19	5	7	4	100	
As TI tornaram-se um dos factores críticos de sucesso para as organizações nos dias de hoje	Frequência	56	28	10	5	1	100	0.92
	%	56	28	10	5	1	100	
Estou equipado com todos os aparelhos electrónicos mais recentes, como i-phone, i-pad, i-pod, etc.	Frequência	28	22	14	25	11	100	1.4
	%	28	22	14	25	11	100	
A banca eletrónica é uma forma fácil de realizar actividades bancárias em comparação com a banca convencional	Frequência	55	29	8	7	1	100	0.96
	%	55	29	8	7	1	100	

Quadro 3.8 Distribuição de frequências

Entre os 100 inquiridos, 57 (57%) concordam totalmente que *as Tecnologias da Informação (TI) alteraram o estilo de fazer negócios,* 31 (31%) concordam bastante, 4 (4%) estão indecisos, 7 (7%) discordam bastante e 1 (1%) discorda totalmente. O desvio padrão dos dados é de 0,93, o que indica que os dados estão dispersos em relação ao seu valor central em 0,93. Entre os 100 inquiridos, 55 (55%) concordam totalmente que *as TI incluem o hardware, o software e as suas aplicações,* 28 (28%) concordam totalmente, 12 (12%) estão indecisos, 4 (4%) discordam totalmente e 1 (1%) discorda totalmente. O desvio-padrão dos dados é de 0,91, o que indica que os dados estão dispersos em relação ao seu valor central em 0,91. Entre 100 inquiridos, 49 (49%) concordam totalmente que *a Banca Eletrónica é uma aplicação do comércio eletrónico,* 36 (36%) concordam totalmente, 10 (10%) estão indecisos, 4 (4%) discordam totalmente e 1 (1%) discorda totalmente. O desvio padrão dos dados é de 0,88, o que indica que os dados estão dispersos em relação ao seu valor central em 0,88. Entre 100 inquiridos, 56(56%) inquiridos estão extremamente de acordo que *as mudanças revolucionárias na tecnologia obrigaram os bancos a introduzir a banca eletrónica,* 31(31%) estão bastante de acordo, 7(7%) estão indecisos, 6(6%) estão bastante em desacordo e 0(0%) estão extremamente em desacordo. O desvio padrão dos dados é de 0,86, o que indica que os dados estão dispersos em relação ao seu valor central em 0,86. Entre 100 inquiridos, 65(65%) concordam totalmente que *utilizo computadores e a Internet desde há dois anos,* 19(19%) concordam bastante, 5(5%) estão indecisos, 7(7%) discordam bastante e 4(4%) discordam extremamente. O desvio-padrão dos dados é de 1,11, o que indica que os dados estão dispersos em relação ao seu valor central em 1,11. Entre os 100 inquiridos, 56 (56%) concordam totalmente que *as TI se tornaram um dos factores críticos de sucesso para as organizações atualmente,* 28 (28%) concordam totalmente, 10 (10%) estão indecisos, 5 (5%) discordam totalmente e 1 (1%) discorda totalmente. O desvio padrão dos dados é de 0,92, o que indica que os dados estão dispersos em relação ao seu valor central em 0,92. Entre 100 inquiridos, 28(28%) concordam totalmente que *estou equipado com todos os aparelhos electrónicos mais recentes, como i-phone, i-pad, i-pod, etc.,* 22(22%) concordam totalmente, 14(14%) estão indecisos, 25(25%) discordam totalmente e 11(11%) discordam totalmente. O desvio padrão dos dados é de 1,4, o que indica que os dados estão dispersos em relação ao seu valor central em 1,4. Entre 100 inquiridos, 55 (55%) concordam totalmente que *a banca eletrónica é uma forma fácil de realizar actividades bancárias em comparação com a banca convencional,* 29 (29%) concordam totalmente, 8 (8%) estão indecisos, 7 (7%) discordam totalmente e 1 (1%) discorda totalmente. O desvio padrão dos dados é de 0,96, o que indica que os dados estão dispersos em relação ao seu valor central em 0,96.

Serviços electrónicos		EA	QA	D	QD	ED	T	SD
Informo-me sobre o saldo da minha conta através de vários meios electrónicos disponibilizados pelo banco	Frequência	76	14	5	1	4	100	0.95
	%	76	14	5	1	4	100	
O pagamento das facturas é efectuado através da Internet Banking	Frequência	41	28	18	9	4	100	1.15
	%	41	28	18	9	4	100	

Os cheques e os saques são encomendados em linha	Frequência	15	23	37	14	11	100	1.18
	%	15	23	37	14	11	100	
As informações sobre cartões de crédito são obtidas em linha	Frequência	20	16	41	13	10	100	1.2
	%	20	16	41	13	10	100	
A transferência de fundos entre contas é efectuada através da banca via Internet	Frequência	28	37	26	4	5	100	1.06
	%	28	37	26	4	5	100	
A reconciliação do livro de cheques é efectuada em linha	Frequência	15	18	49	12	6	100	1.05
	%	15	18	49	12	6	100	
Vejo os cheques digitais em linha	Frequência	14	19	45	14	8	100	1.09
	%	14	19	45	14	8	100	
Emito a ordem de suspensão de pagamentos através da Internet	Frequência	13	19	48	13	7	100	1.05
	%	13	19	48	13	7	100	
Utilizo os serviços electrónicos fornecidos pelo banco porque poupam tempo e energia	Frequência	69	21	5	1	4	100	1.18
	%	69	21	5	1	4	100	
Utilizo os serviços electrónicos fornecidos pelo banco porque são mais seguros do que os serviços bancários convencionais	Frequência	46	27	14	7	6	100	0.95
	%	46	27	14	7	6	100	
Utilizo os serviços electrónicos fornecidos pelo banco porque os pedidos são processados rapidamente	Frequência	52	31	7	8	2	100	1.2
	%	52	31	7	8	2	100	
Utilizo os serviços electrónicos fornecidos pelo banco porque a acessibilidade aos serviços é	Frequência	55	22	11	7	5	100	1.02
	%	55	22	11	7	5	100	

24x7								
Normalmente, faço transacções através de caixas multibanco	Frequência	62	16	12	4	6	100	1.18
	%	62	16	12	4	6	100	
Costumo comprar os produtos utilizando o cartão de débito e de crédito	Frequência	21	31	18	19	11	100	1.3
	%	21	31	18	19	11	100	
Estou disposto a fornecer informações sobre cartões de crédito e compras através da Internet quando essas informações são encriptadas	Frequência	29	22	30	12	7	100	1.23
	%	29	22	30	12	7	100	

Quadro 3.9 Distribuição de frequências

Entre os 100 inquiridos, 76(76%) concordam totalmente que *consulto o saldo da minha conta através de vários meios electrónicos disponibilizados pelo banco,* 14(14%) concordam totalmente, 5(5%) estão indecisos, 1(1%) discordam totalmente e 4(4%) discordam totalmente. O desvio-padrão dos dados é de 0,95, o que indica que os dados estão dispersos em relação ao seu valor central em 0,95. Entre 100 inquiridos, 41 (41%) concordam totalmente com o facto de *o pagamento das contas ser efectuado através da banca via Internet,* 28 (28%) concordam totalmente, 18 (18%) estão indecisos, 9 (9%) discordam totalmente e 4 (4%) discordam totalmente. O desvio-padrão dos dados é de 1,15, o que indica que os dados estão dispersos em relação ao seu valor central em 1,15. Entre 100 inquiridos, 15(15%) concordam totalmente com o facto de *os cheques e saques serem encomendados em linha,* 23(23%) concordam totalmente, 37(37%) estão indecisos, 14(14%) discordam totalmente e 11(11%) discordam totalmente. O desvio padrão dos dados é de 1,18, o que indica que os dados estão dispersos em relação ao seu valor central em 1,18. Entre 100 inquiridos, 20 (20%) concordam totalmente com o facto de *as informações do cartão de crédito serem adquiridas em linha,* 16 (16%) concordam bastante, 41 (41%) estão indecisos, 13 (13%) discordam bastante e 10 (10%) discordam extremamente. O desvio padrão dos dados é de 1,2, o que indica que os dados estão dispersos em relação ao seu valor central em 1,2. Entre 100 inquiridos, 28 (28%) concordam totalmente que *a transferência de fundos entre contas é feita através da banca via Internet,* 37 (37%) concordam totalmente, 26 (26%) estão indecisos, 4 (4%) discordam totalmente e 5 (15%) discordam totalmente. O desvio-padrão dos dados é de 1,06, o que indica que os dados estão dispersos em relação ao seu valor central em 1,06. Entre 100 inquiridos, 15 (15%) concordam totalmente que *a reconciliação do livro de cheques é feita em linha,* 18 (18%) concordam bastante, 49 (49%) estão indecisos, 12 (12%) discordam bastante e 6 (6%) discordam extremamente. O desvio-padrão dos dados é de 1,05, o que indica que os dados estão dispersos em relação ao seu valor central em 1,05. Entre os 100 inquiridos, 14(14%) concordam totalmente que *vêem os cheques digitais online,* 19(19%) concordam bastante, 45(45%) estão indecisos, 14(14%) discordam bastante e 8(8%) discordam extremamente. O desvio padrão dos dados é de 1,09, o que indica que os dados estão dispersos em relação ao seu valor central em 1,09. Entre os 100 inquiridos, 13 (13%) concordam totalmente que emitem *a ordem de suspensão de pagamentos através da Internet,* 19 (19%) concordam totalmente, 48 (48%) estão indecisos, 13 (13%) discordam totalmente e 7 (7%) discordam totalmente. O desvio padrão dos dados é de 1,05, o que indica que os dados estão dispersos em relação ao seu valor central em 1,05. Entre os 100 inquiridos, 69 (69%) concordam totalmente que *utilizam os serviços electrónicos fornecidos pelo banco porque poupam tempo e energia,* 21 (21%) concordam totalmente, 5 (5%) estão indecisos, 1 (1%) discordam totalmente e 4 (4%) discordam totalmente. O desvio-padrão dos dados é de 1,18, o que indica que os dados estão dispersos em relação ao seu valor central em 1,18. Entre os 100 inquiridos, 46 (46%) concordam totalmente que *utilizam os serviços electrónicos fornecidos pelo banco porque são mais seguros do que os serviços bancários convencionais,* 27 (27%) concordam totalmente, 14 (14%) estão indecisos, 7 (7%) discordam totalmente e 6 (6%) discordam totalmente. O desvio padrão dos dados é de 0,95, o que indica que os dados estão dispersos em relação ao seu valor central em 0,95. Entre os 100 inquiridos, 52 (52%) concordam totalmente que *utilizam os serviços electrónicos fornecidos pelo banco porque os pedidos são processados rapidamente,* 31 (31%) concordam totalmente, 7 (7%) estão indecisos, 8 (8%) discordam totalmente e 2 (2%) discordam totalmente. O desvio-padrão dos dados é de 1,2, o que indica que os dados estão dispersos em relação ao seu valor central em 1,2. Entre os 100 inquiridos, 55 (55%) concordam totalmente que *utilizam os serviços electrónicos fornecidos pelo banco porque a acessibilidade aos serviços é 24x7,* 22 (22%) concordam totalmente, 11 (11%) estão indecisos, 7 (7%) discordam totalmente e 5 (5%) discordam totalmente. O desvio padrão dos dados é de 1,02, o que indica que os dados estão dispersos em relação ao seu valor central em 1,02. Entre 100 inquiridos, 62(62%) inquiridos estão extremamente de acordo que *costumam fazer transacções através de ATM,* 16(16%) estão bastante de acordo, 12(12%) estão indecisos, 4(4%) estão bastante em desacordo e 6(6%) estão extremamente em desacordo. O desvio-padrão dos dados é de 1,18, o que indica que os dados estão dispersos em relação ao seu valor central em 1,18. Entre os 100 inquiridos, 21(21%) concordam totalmente que costumam *fazer compras com cartão de débito e crédito,* 31(31%) concordam totalmente, 18(18%) estão indecisos, 19(19%) discordam totalmente e 11(11%) discordam totalmente. O desvio-padrão dos dados é de 1,3, o que indica que os dados estão dispersos em relação ao seu valor central em 1,3. Entre os 100 inquiridos, 29 (29%) concordam totalmente que estão dispostos *a fornecer informações sobre cartões de crédito e compras através da Internet quando essas informações são encriptadas,* 22 (22%) concordam totalmente, 30 (30%) estão indecisos, 12 (12%) discordam totalmente e 7 (7%) discordam totalmente. O desvio-padrão dos dados é de 1,23, o que indica que os dados estão dispersos em relação ao seu valor central em 1,23.

Cibercrime		EA	QA	D	QD	ED	T	SD
Qualquer atividade ilegal através de equipamentos electrónicos é designada por Cibercrime	Frequência	49	25	11	11	4	100	1.19
	%	49	25	11	11	4	100	
Os utilizadores em linha são sobretudo vítimas dos cibercriminosos	Frequência	40	26	16	14	4	100	1.21
	%	40	26	16	14	4	100	
Fui vítima de roubo de identidade online	Frequência	31	13	28	8	20	100	1.48
	%	31	13	28	8	20	100	
Fui vítima de pirataria informática	Frequência	30	9	27	11	23	100	1.53
	%	30	9	27	11	23	100	

Fui vítima de código malicioso (worms, vírus, malware, spyware, etc.)	Frequência	33	21	19	5	22	100	1.53
	%	33	21	19	5	22	100	
Fui vítima de um ataque DOS	Frequência	22	17	31	10	20	100	1.4
	%	22	17	31	10	20	100	
Fui vítima de fraudes com cartões de crédito e multibanco	Frequência	22	18	26	11	23	100	1.45
	%	22	18	26	11	23	100	
Fui vítima de Phishing/ Vishing/ Spoofing	Frequência	36	9	31	7	17	100	1.46
	%	36	9	31	7	17	100	
Os incidentes de cibercriminalidade ocorrem devido à falta de conhecimentos técnicos dos clientes	Frequência	58	21	14	4	3	100	1.04
	%	58	21	14	4	3	100	
Os incidentes de cibercrime ocorrem devido ao desemprego	Frequência	34	34	21	4	7	100	1.15
	%	34	34	21	4	7	100	
Os incidentes de cibercriminalidade ocorrem devido à facilidade de acesso	Frequência	39	25	28	5	3	100	1.07
	%	39	25	28	5	3	100	
Os incidentes de cibercriminalidade ocorrem devido à utilização frequente da tecnologia	Frequência	40	27	23	6	4	100	1.11
	%	40	27	23	6	4	100	
Os incidentes de cibercriminalidade ocorrem devido ao ritmo acelerado da vida	Frequência	38	35	17	4	6	100	1.12
	%	38	35	17	4	6	100	
Os incidentes de cibercrime ocorrem devido a cibercriminosos altamente qualificados	Frequência	59	21	14	4	2	100	0.99
	%	59	21	14	4	2	100	
Os incidentes de cibercrime ocorrem devido a lacunas na tecnologia	Frequência	51	21	23	5	0	100	0.96
	%	51	21	23	5	0	100	

Os incidentes de cibercrime ocorrem devido à aplicação da legislação cibernética	Frequência	36	22	27	10	5	100	
	%	36	22	27	10	5	100	1.19

Quadro 3.10 Distribuição de frequências

Entre os 100 inquiridos, 49 (49%) concordam totalmente que *qualquer atividade ilegal através de equipamentos electrónicos é designada por cibercrime,* 25 (25%) concordam totalmente, 11 (11%) estão indecisos, 11 (11%) discordam totalmente e 4 (4%) discordam totalmente. O desvio padrão dos dados é de 1,19, o que indica que os dados estão dispersos em relação ao seu valor central em 1,19. Entre os 100 inquiridos, 40(40%) concordam extremamente que *os utilizadores online são vítimas de cibercriminosos,* 26(26%) concordam bastante, 16(16%) estão indecisos, 14(14%) discordam bastante e 4(4%) discordam extremamente. O desvio padrão dos dados é de 1,21, o que indica que os dados estão dispersos em relação ao seu valor central em 1,21. Entre 100 inquiridos, 31(31%) inquiridos estão extremamente de acordo com o facto de *terem sido vítimas de roubo de identidade online,* 13(13%) estão bastante de acordo, 28(28%) estão indecisos, 8(8%) estão bastante em desacordo e 20(20%) estão extremamente em desacordo. O desvio padrão dos dados é 1,48, o que indica que os dados estão dispersos em relação ao seu valor central em 1,48. Entre os 100 inquiridos, 30 (30%) concordam totalmente com o facto de *terem sido vítimas de pirataria informática,* 9 (9%) concordam bastante, 27 (27%) estão indecisos, 11 (11%) discordam totalmente e 23 (23%) discordam totalmente. O desvio-padrão dos dados é 1,53, o que indica que os dados estão dispersos em relação ao seu valor central em 1,53. Entre 100 inquiridos, 33(33%) inquiridos concordam extremamente com o facto de *terem sido vítimas de código malicioso (worms, vírus, malware, spyware, etc.),* 21(21%) concordam bastante, 19(19%) estão indecisos, 5(5%) discordam bastante e 12(12%) discordam extremamente. O desvio padrão para os dados é 1,53, o que indica que os dados estão dispersos em relação ao seu valor central em 1,53. Entre 100 inquiridos, 22(22%) inquiridos estão extremamente de acordo com o facto de *terem sido vítimas de um ataque DOS,* 17(17%) estão bastante de acordo, 31(31%) estão indecisos, 10(10%) estão bastante em desacordo e 20(20%) estão extremamente em desacordo. O desvio padrão para os dados é 1,4, o que indica que os dados estão dispersos em relação ao

108

seu valor central em 1,4. Entre 100 inquiridos, 22(22%) inquiridos estão extremamente de acordo com o facto de *terem sido vítimas de fraudes com cartões de crédito/ multibanco,* 18(18%) estão bastante de acordo, 26(26%) estão indecisos, 11(11%) estão bastante em desacordo e 23(23%) estão extremamente em desacordo. O desvio-padrão dos dados é de 1,45, o que indica que os dados estão dispersos em relação ao seu valor central em 1,45. Entre os 100 inquiridos, 36(36%) concordam totalmente que *foram vítimas de Phishing/ Vishing/ Spoofing,* 9(9%) concordam bastante, 31(31%) estão indecisos, 7(7%) discordam bastante e 17(17%) discordam extremamente. O desvio padrão dos dados é 1,46, o que indica que os dados estão dispersos em relação ao seu valor central em 1,46. Entre os 100 inquiridos, 58 (58%) concordam totalmente que *os incidentes de cibercrime ocorrem devido à falta de conhecimentos técnicos dos clientes,* 21 (21%) concordam totalmente, 14 (14%) estão indecisos, 4 (4%) discordam totalmente e 3 (3%) discordam totalmente. O desvio padrão dos dados é de 1,04, o que indica que os dados estão dispersos em relação ao seu valor central em 1,04. Entre os 100 inquiridos, 34(34%) concordam totalmente que *os incidentes de cibercrime ocorrem devido ao desemprego,* 34(34%) concordam bastante, 21(21%) estão indecisos, 4(4%) discordam bastante e 7(7%) discordam extremamente. O desvio padrão dos dados é de 1,15, o que indica que os dados estão dispersos em relação ao seu valor central em 1,15. Entre os 100 inquiridos, 39 (39%) concordam totalmente que *os incidentes de cibercrime ocorrem devido à facilidade de acesso,* 25 (25%) totalmente, 28 (28%) estão indecisos, 5 (5%) discordam totalmente e 3 (3%) discordam totalmente. O desvio-padrão dos dados é de 1,07, o que indica que os dados estão dispersos em relação ao seu valor central em 1,07. Entre os 100 inquiridos, 40 (40%) concordam totalmente que *os incidentes de cibercrime ocorrem devido à utilização frequente da tecnologia,* 27 (27%) concordam totalmente, 23 (23%) estão indecisos, 6 (6%) discordam totalmente e 4 (4%) discordam totalmente. O desvio-padrão dos dados é de 1,11, o que indica que os dados estão dispersos em relação ao seu valor central em 1,11. Entre os 100 inquiridos, 38 (38%) concordam totalmente que *os incidentes de cibercrime ocorrem devido à vida rápida,* 35 (35%) concordam totalmente, 17 (17%) estão indecisos, 4 (4%) discordam totalmente e 6 (6%) discordam totalmente. O desvio padrão dos dados é de 1,12, o que indica que os dados estão dispersos em relação ao seu valor central em 1,12. Entre os 100 inquiridos, 59 (59%) concordam totalmente que *os incidentes de cibercrime ocorrem devido a cibercriminosos altamente qualificados*, 21 (21%) concordam totalmente, 14 (14%) estão indecisos, 4 (4%) discordam totalmente e 2 (2%) discordam totalmente. O desvio-padrão dos dados é de 0,99, o que indica que os dados estão dispersos em relação ao seu valor central em 0,99. Entre 100 inquiridos, 51 (51%) concordam totalmente que *os incidentes de cibercrime ocorrem devido a lacunas na tecnologia*, 21 (21%) concordam totalmente, 23 (23%) estão indecisos, 5 (5%) discordam totalmente e 0 (0%) discordam totalmente. O desvio padrão dos dados é de 0,96, o que indica que os dados estão dispersos em relação ao seu valor central em 0,96. Entre os 100 inquiridos, 36 (36%) concordam totalmente que *os incidentes de cibercrime ocorrem devido à aplicação da lei cibernética*, 22 (22%) concordam totalmente, 27 (27%) estão indecisos, 10 (10%) discordam totalmente e 5 (5%) discordam totalmente. O desvio-padrão dos dados é de 1,19, o que indica que os dados estão dispersos em relação ao seu valor central em 1,19.

Política bancária		EA	QA	D	QD	ED	T	SD
A segurança dos dados foi incorporada no processo de planeamento estratégico global da organização	Frequência	27	34	35	2	2	100	0.93
	%	27	34	35	2	2	100	
O acesso à rede e aos servidores é conseguido através de logins únicos e requer autenticação, que inclui palavras-passe, cartões inteligentes, dados biométricos, etc.	Frequência	42	29	25	2	2	100	0.97
	%	42	29	25	2	2	100	
O banco mantém topologias, diagramas ou esquemas que descrevem os ambientes operacionais físicos e lógicos	Frequência	23	33	37	4	3	100	0.97
	%	23	33	37	4	3	100	

O Banco protege os dados dos clientes de uma forma adequada à sua classificação	Frequência	25	39	31	2	3	100	0.94
	%	25	39	31	2	3	100	
O Banco é responsável pela criação de repositórios de dados e de procedimentos de transferência de dados que protejam os dados de forma adequada à sua classificação	Frequência	33	36	29	1	1	100	0.87
	%	33	36	29	1	1	100	
Os dados confidenciais e de alto risco são encriptados durante a transmissão através de canais inseguros	Frequência	20	30	44	4	2	100	0.92
	%	20	30	44	4	2	100	
É feita uma cópia de segurança de todos os dados adequados e as cópias de segurança são testadas periodicamente	Frequência	23	21	49	4	3	100	0.99
	%	23	21	49	4	3	100	
As cópias de segurança dos dados são tratadas com as mesmas precauções de segurança que os próprios dados	Frequência	20	30	44	5	1	100	0.9
	%	20	30	44	5	1	100	
Foi realizado um inquérito para determinar o nível de conhecimento dos clientes sobre as ciberameaças e os serviços electrónicos	Frequência	21	21	33	9	16	100	1.32
	%	21	21	33	9	16	100	
São organizados programas de sensibilização para	Frequência	18	30	27	8	17	100	1.32
introduzir novas tecnologias e serviços	%	18	30	27	8	17	100	
O programa de	Frequência	26	22	29	4	19	100	1.41

sensibilização inclui material de referência que pode ser utilizado durante e após o programa	%	26	22	29	4	19	100

Quadro 3.11

Entre 100 inquiridos, 27 (27%) inquiridos estão extremamente de acordo que *a segurança dos dados foi incorporada no processo de planeamento estratégico global da organização,* 34 (34%) estão bastante de acordo, 35 (35%) estão indecisos, 2 (2%) estão bastante em desacordo e 2 (2%) estão extremamente em desacordo. O desvio-padrão dos dados é de 0,93, o que indica que os dados estão dispersos em relação ao seu valor central em 0,93. Entre 100 inquiridos, 42 (42%) concordam totalmente que *o acesso à rede e aos servidores é conseguido através de logins únicos e requer autenticação, que inclui palavras-passe, cartões inteligentes, biometria, etc.*, enquanto 29 (29%) concordam totalmente, 25 (25%) estão indecisos, 2 (2%) discordam totalmente e 2 (2%) discordam totalmente. O desvio-padrão dos dados é de 0,97, o que indica que os dados estão dispersos em relação ao seu valor central em 0,97. Entre os 100 inquiridos, 23 (23%) concordam totalmente que *o banco mantém topologias, diagramas ou esquemas que descrevem os ambientes operacionais físicos e lógicos,* 33 (33%) concordam totalmente, 37 (37%) estão indecisos, 4 (4%) discordam totalmente e 3 (3%) discordam totalmente. O desvio-padrão dos dados é de 0,97, o que indica que os dados estão dispersos em relação ao seu valor central em 0,97. Entre 100 inquiridos, 25(25%) inquiridos estão extremamente de acordo que *o Banco protege os dados dos clientes de uma forma adequada à sua classificação,* 39(39%) estão bastante de acordo, 31(31%) estão indecisos, 2(2%) estão bastante em desacordo e 3(3%) estão extremamente em desacordo. O desvio padrão para os dados é de 0,94, o que indica que os dados estão dispersos em relação ao seu valor central em 0,94. Entre os 100 inquiridos, 33 (33%) concordam totalmente que *o Banco é responsável pela criação de repositórios de dados e de procedimentos de transferência de dados que protegem os dados de forma adequada à sua classificação,* 36 (36%) concordam totalmente, 29 (29%) estão indecisos, 1 (1%) discorda totalmente e 1 (1%) discorda totalmente. O desvio padrão dos dados é de 0,87, o que indica que os dados estão dispersos em relação ao seu valor central em 0,87.

Entre 100 inquiridos, 20 (20%) concordam totalmente que *os dados confidenciais e de alto risco são encriptados durante a transmissão através de canais inseguros,* 30 (30%) concordam totalmente, 44 (44%) estão indecisos, 4 (4%) discordam totalmente e 2 (2%) discordam totalmente. O desvio-padrão dos dados é de 0,92, o que indica que os dados estão dispersos em relação ao seu valor central em 0,92. Entre os 100 inquiridos, 23 (23%) concordam totalmente que *é feita uma cópia de segurança de todos os dados adequados e* que *as cópias de segurança são testadas periodicamente,* 21 (21%) concordam totalmente, 49 (49%) estão indecisos, 4 (4%) discordam totalmente e 3 (3%) discordam totalmente. O desvio-padrão dos dados é de 0,99, o que indica que os dados estão dispersos em relação ao seu valor central em 0,99. Entre 100 inquiridos, 20 (20%) concordam totalmente que *as cópias de segurança dos dados são tratadas com as mesmas precauções de segurança que os próprios dados,* 30 (30%) concordam totalmente, 44 (44%) estão indecisos, 5 (5%) discordam totalmente e 1 (1%) discorda totalmente. O desvio padrão dos dados é 0,9, o que indica que os dados estão dispersos em relação ao seu valor central em 0,9. Entre 100 inquiridos, 21(21%) concordam totalmente que *Foi realizado um inquérito para determinar o nível de conhecimento dos clientes sobre as ciberameaças e os serviços electrónicos,* 21(21%) concordam totalmente, 33(33%) estão indecisos, 9(9%) discordam totalmente e 16(16%) discordam totalmente. O desvio-padrão dos dados é de 1,32, o que indica que os dados estão dispersos em relação ao seu valor central em 1,32. Entre os 100 inquiridos, 18 (18%) concordam totalmente que *os programas de sensibilização são organizados para introduzir novas tecnologias e serviços,* 30 (30%) concordam totalmente, 27 (27%) estão indecisos, 8 (8%) discordam totalmente e 17 (17%) discordam totalmente. O desvio padrão dos dados é de 1,32, o que indica que os dados estão dispersos em relação ao seu valor central em 1,32. Entre os 100 inquiridos, 26 (26%) concordam totalmente que *o programa de sensibilização inclui material de referência que pode ser utilizado durante e após o programa,* 22 (22%) concordam totalmente, 29 (29%) estão indecisos, 4 (4%) discordam totalmente e 19 (19%) discordam totalmente. O desvio padrão dos dados é de 1,41, o que indica que os dados estão dispersos em relação ao seu valor central em 1,41.

Política governamental		EA	QA	D	QD	ED	T	SD
A proteção de dados na Índia é conseguida através da aplicação dos direitos de privacidade e de propriedade	Frequência	23	33	41	1	2	100	
	%	23	33	41	1	2	100	0.89
A lei IT Act 2000 penaliza as infracções e os delitos cibernéticos	Frequência	21	28	40	8	3	100	
	%	21	28	40	8	3	100	1.01
A lei sobre as tecnologias da informação abrange igualmente as infracções e as violações cometidas fora da Índia	Frequência	17	22	50	7	4	100	
	%	17	22	50	7	4	100	0.99

Quadro 3.12 Distribuição de frequências

Entre os 100 inquiridos, 23 (23%) concordam totalmente que *a proteção de dados na Índia é conseguida através da aplicação dos direitos de privacidade e de propriedade,* 33 (33%) concordam totalmente, 1 (1%) está indeciso, 2 (2%) discordam totalmente e 41 (41%) discordam totalmente. O desvio padrão para os dados é de 0,89, o que indica que os dados estão dispersos em relação ao seu valor central em 0,89. 21 (21%) inquiridos estão extremamente de acordo com o facto de *a Lei TI 2000 penalizar as infracções e os crimes informáticos,* 28 (28%) estão bastante de acordo, 8 (8%) estão indecisos, 3 (3%) estão bastante em desacordo, enquanto 40 (40%) estão extremamente em desacordo. O desvio-padrão dos dados é de 1,01, indicando a dispersão dos dados em relação ao seu valor central em 1,01. Entre 100 inquiridos, 17 (17%) concordam totalmente que *a lei sobre as TI também abrange as infracções cometidas fora da Índia,* 22 (22%) concordam totalmente, 50 (50%) estão indecisos, 7 (7%) discordam totalmente e 4 (4%) discordam totalmente. O desvio-padrão dos dados é de 0,99, o que indica que os dados estão dispersos em relação ao seu valor central em 0,99.

Perfil demográfico (Executivos bancários)

O perfil demográfico é constituído pela designação do executivo, qualificações, rendimentos, idade, experiência no banco, tipo de banco e nome do banco. O quadro seguinte apresenta a distribuição demográfica. Entre os 50 inquiridos, 40 (80%) trabalham em bancos do sector público, enquanto 10 (20%) trabalham em bancos do sector privado. O valor do desvio-padrão é de 0,40, o que mostra que os dados estão dispersos em relação ao seu valor central em 0,40. Dos 50 inquiridos, 2 (4%) trabalham com o Banco Estatal da Índia, 4 (8%) trabalham com o Punjab National Bank, 4 (8%) trabalham com o Bank of Baroda, 3 (6%) trabalham com o Oriental Bank of Commerce, 3 (6%) trabalham com o Union Bank of India, 3 (6%) trabalham com o Indian Overseas Bank, 3 (6%) trabalham com o Indian Bank, 3 (6%) trabalham com o Dena Bank, 2 (4%) trabalham com o Central Bank of India, 2 (4%) trabalham com o Syndicate Bank, 2 (4%) trabalham com o United Bank of India, 1 (2%) trabalham com o Allahabad Bank, 3 (6%) trabalham com o Corporation Bank, 3 (6%) trabalham com o Canara Bank, 2 (4%) trabalham com o Uttaranchal Gramin Bank, 1 (2%) trabalham com o ING Vsya Bank, 3 (6%) trabalham com o ICICI, 6 (12%) trabalham com o HDFC. O valor do desvio-padrão é de 5,65, o que mostra a dispersão dos dados em relação ao seu valor central de 5,65.

Perfil demográfico		Frequência	%	SD
Tipo de banco	Público	40	80	
	Privado	10	20	0.40
	Total	50	100	
Nome do banco	Banco Estatal da Índia	2	4	
	Banco Nacional do Punjab	4	8	
	Banco de Baroda	4	8	
	Banco Oriental de Comércio	3	6	
	Banco da União da Índia	3	6	5.65
	Banco Indiano Ultramarino	3	6	
	Banco Indiano	3	6	
	Banco Dena	3	6	
	Banco Central da Índia	2	4	
	Banco Syndicate	2	4	
	Banco Unido da Índia	2	4	

	Banco Allahabad	1	2	
	Banco de Empresas	3	6	
	Banco Canara	3	6	
	Uttaranchal Gramin Banco	2	4	
	Banco ING Vsya	1	2	
	ICICI	3	6	
	HDFC	6	12	
	Total	50	100	
Designação	Nível superior	1	2	0.52
	MMGS	32	64	
	JMGS	17	34	
	Total	50	100	
Qualificação	Mestres	31	62	0.57
	Bacharelato	17	34	
	Diploma	2	4	
	Total	50	100	
Rendimento	Menos de 15000	5	10	0.68
	15001-30000	14	28	
	Mais de 30000	31	62	
	Total	50	100	
Idade	20-30	15	30	0.72
	31-40	27	54	
	41-50	7	14	
	>50	1	2	
	Total	50	100	
Experiência (em anos)	0-10	22	44	0.84
	11-20	19	38	
	21-30	7	14	
	Mais de 30	2	4	
	Total	50	100	

Quadro 3.13 Perfil demográfico dos executivos dos bancos

Dos 50 inquiridos, 1 (2%) executivo detém designações de nível superior, 32 (64%) executivos detêm o nível MMGS e 17 (34%) executivos detêm o nível JMGS. O valor do desvio-padrão é de 0,52, mostrando a dispersão dos dados em relação ao seu valor central de 0,52. Dos 50 inquiridos, 31 (62%) concluíram o mestrado, 17 (34%) concluíram o bacharelato e 2 (4%) concluíram o diploma. O valor do desvio-padrão é de 0,57, mostrando a dispersão dos dados em relação ao seu valor central em 0,57. Dos 50 inquiridos, o rendimento mensal de 5 (10%) inquiridos é inferior a 15000, 14 (28%) ganham mais de 30000 por mês, enquanto 31 (62%) inquiridos ganham entre 15001 e 30000. O valor do desvio-padrão é de 0,68, mostrando a dispersão dos dados em relação ao seu valor central de 0,68. Dos 50 inquiridos, 15 (30%) têm uma idade compreendida entre 20 e 30 anos, 27 (54%) entre 31 e 40 anos, 7 (14%) entre 41 e 50 anos e 1 (2%) entre os 50 inquiridos tem uma idade superior a 50 anos. O valor do desvio-padrão é de 0,72, mostrando a dispersão dos dados em relação ao seu valor central de 0,72. Dos 50 executivos, 22 (44%) trabalham no banco desde os últimos 0-10 anos, 19 (38%) trabalham no banco desde os últimos 11-20 anos, 7 (14%) trabalham no banco desde os últimos 21-30 anos e 2 (4%) trabalham no banco há mais de 30 anos. O valor do desvio-padrão é de 0,84, mostrando a dispersão dos dados em relação ao seu valor central de 0,84.

Gestão de bases de dados		EA	QA	D	QD	ED	T	SD
Foi mantido um armazém central de dados ou um repositório de dados para uma apresentação correta da informação e para evitar conflitos	Frequência	30	12	5	2	1	50	0.96
	%	60	24	10	4	2	100	
O armazém de dados é atualizado regularmente	Frequência	27	17	2	4	0	50	0.89
	%	54	34	4	8	0	100	
A qualidade dos dados é rápida e actualizada	Frequência	31	16	1	1	1	50	0.81
	%	62	32	2	2	2	100	
Todos os dados significativos do cliente são captados em linha/métodos offline e convertidos em informação para planeamento futuro	Frequência	13	17	15	1	4	50	1.13
	%	26	34	30	2	8	100	

O banco compreende o valor inestimável das informações armazenadas	Frequência	36	12	1	1	0	50	0.63
	%	72	24	2	2	0	100	
O armazém de dados desempenha um papel vital na defesa dos sistemas contra ameaças cibernéticas e intrusos	Frequência	27	8	6	5	4	50	1.35
	%	54	16	12	10	8	100	

Quadro 3.14 Distribuição de frequências

Entre os 50 inquiridos, 30 (60%) concordam totalmente que *foi mantido um armazém central de dados ou um repositório de dados para uma apresentação adequada da informação e para evitar conflitos,* 12 (24%) concordam totalmente, 5 (10%) estão indecisos, 2 (4%) discordam totalmente e 1 (2%) discorda totalmente. O desvio-padrão dos dados é de 0,96, o que indica que os dados estão dispersos em relação ao seu valor central em 0,96. Entre os 50 inquiridos, 27 (54%) concordam totalmente que *o armazém de dados é atualizado regularmente,* 17 (34%) concordam totalmente, 2 (4%) estão indecisos, 4 (8%) discordam totalmente e 0 (0%) discordam totalmente. O desvio-padrão dos dados é de 0,89, o que indica que os dados estão dispersos em relação ao seu valor central em 0,89. Entre os 50 inquiridos, 31 (62%) concordam totalmente que *a qualidade dos dados é rápida e actualizada,* 16 (32%) concordam totalmente, 1 (2%) está indeciso, 1 (2%) discorda totalmente e 1 (2%) discorda totalmente. O desvio padrão dos dados é de 0,81, o que indica que os dados estão dispersos em relação ao seu valor central em 0,81. Entre os 50 inquiridos, 13 (%) concordam totalmente que *todos os dados significativos dos clientes são captados através de métodos online/offline e convertidos em informação para planeamento futuro,* 17 (34%) concordam totalmente, 15 (30%) estão indecisos, 1 (2%) discordam totalmente e 4 (8%) discordam totalmente. O desvio-padrão dos dados é de 1,13, o que indica que os dados estão dispersos em relação ao seu valor central em 1,13. Entre os 50 inquiridos, 36 (72%) concordam totalmente que *o banco compreende o valor inestimável da informação armazenada,* 12 (24%) concordam totalmente, 1 (2%) estão indecisos, 1 (2%) discordam totalmente e 0 (0%) estão extremamente discordantes. O desvio padrão dos dados é de 0,63, o que indica que os dados estão dispersos em relação ao seu valor central em 0,63. Entre os 50 inquiridos, 27 (54%) concordam plenamente que *o armazém de dados desempenha um papel vital na defesa dos sistemas contra ciberameaças e intrusos*, 8 (16%) concordam bastante, 6 (12%) estão indecisos, 5 (10%) discordam bastante e 4 (8%) discordam extremamente. O desvio-padrão dos dados é de 1,35, o que indica que os dados estão dispersos em relação ao seu valor central em 1,35.

Ocorrência de cibercrime		EA	QA	D	QD	ED	T	SD
Cibercriminosos tentam invadir a rede de informação do banco	Frequência	20	16	2	8	4	50	1.34
	%	40	32	4	16	8	100	
Os utilizadores em linha são sobretudo vítimas dos cibercriminosos	Frequência	12	23	4	10	1	50	1.11
	%	24	46	8	20	2	100	
O roubo de identidade em linha foi identificado/relatado no nosso banco	Frequência	21	9	7	2	11	50	1.59
	%	42	18	14	4	22	100	
A pirataria informática foi identificada/comunicada no nosso banco	Frequência	22	11	5	3	9	50	1.53
	%	44	22	10	6	18	100	
Código malicioso (worms, vírus, malware e spyware) foram identificados/relatados no nosso banco	Frequência	17	10	8	1	14	50	1.63
	%	34	20	16	2	28	100	
O ataque DOS foi identificado por/relatado no nosso banco	Frequência	15	12	6	4	13	50	1.6
	%	30	24	12	8	26	100	
Fraudes com cartões de crédito/ caixas automáticos foram identificadas/ comunicadas no nosso banco	Frequência	13	9	3	4	21	50	1.73
	%	26	18	6	8	42	100	
Phishing/Vishing/Spoofing foram identificados/relatados no nosso banco	Frequência	26	12	4	1	7	50	1.41
	%	52	24	8	2	14	100	

Os incidentes de cibercrime ocorrem devido à falta de conhecimentos técnicos dos clientes	Frequência	40	6	1	1	2	50	0.95
	%	80	12	2	1	4	100	
Os incidentes de cibercrime ocorrem devido ao desemprego	Frequência	32	9	3	1	5	50	1.29
	%	64	18	6	2	10	100	
Os incidentes de cibercriminalidade ocorrem devido à facilidade de acesso	Frequência	28	8	5	2	7	50	1.46
	%	56	16	10	4	14	100	
Os incidentes de cibercriminalidade ocorrem devido à utilização frequente da tecnologia	Frequência	28	14	3	3	2	50	1.08
	%	56	28	6	6	4	100	
Os incidentes de cibercriminalidade ocorrem devido ao ritmo acelerado da vida	Frequência	16	16	6	3	9	50	1.46
	%	32	32	12	6	18	100	
Os incidentes de cibercrime ocorrem devido a cibercriminosos altamente qualificados	Frequência	32	10	4	2	2	50	1.06
	%	64	20	8	4	4	100	
Os incidentes de cibercriminalidade ocorrem devido a lacunas na tecnologia	Frequência	21	9	4	4	12	50	1.66
	%	42	18	8	8	24	100	
Os incidentes de cibercrime ocorrem devido à aplicação da legislação cibernética	Frequência	12	9	7	7	15	50	1.59
	%	25	18	14	14	30	100	

Quadro 3.15 Distribuição de frequências

Entre os 50 inquiridos, 20 (40%) concordam totalmente que *os cibercriminosos tentam invadir a rede de informação do banco,* 16 (32%) concordam bastante, 2 (4%) estão indecisos, 8 (16%) discordam bastante e 4 (8%) discordam totalmente. O desvio-padrão dos dados é de 1,34, o que indica que os dados estão dispersos em relação ao seu valor central em 1,34. Entre os 50 inquiridos, 12 (24%) concordam totalmente que *os utilizadores online são vítimas de cibercriminosos*, 23 (46%) concordam totalmente, 4 (8%) estão indecisos, 10 (20%) discordam totalmente e 1 (2%) discorda totalmente. O desvio-padrão dos dados é de 1,11, o que indica que os dados estão dispersos em relação ao seu valor central em 1,11. Entre os 50 inquiridos, 21 (42%) concordam totalmente com o facto de *o furto de identidade em linha ter sido identificado/relatado no nosso banco,* 9 (18%) concordam totalmente, 7 (14%) estão indecisos, 2 (4%) discordam totalmente e 11 (22%) discordam totalmente. O desvio-padrão dos dados é de 1,59, o que indica que os dados estão dispersos em relação ao seu valor central em 1,59. Entre os 50 inquiridos, 22 (44%) concordam totalmente com o facto de *a pirataria informática ter sido identificada/relatada no nosso banco,* 11 (22%) concordam totalmente, 5 (10%) estão indecisos, 3 (6%) discordam totalmente e 9 (18%) discordam totalmente. O desvio padrão dos dados é de 1,53, o que indica que os dados estão dispersos em relação ao seu valor central em 1,53. Entre os 50 inquiridos, 17 (34%) concordam totalmente que *os códigos maliciosos (worms, vírus, malware e spyware) foram identificados/relatados no nosso banco*, 10 (20%) concordam bastante, 8 (16%) estão indecisos, 1 (2%) discorda bastante e 14 (28%) discordam extremamente. O desvio padrão dos dados é de 1,63, o que indica que os dados estão dispersos em relação ao seu valor central em 1,63. Entre os 50 inquiridos, 15 (30%) concordam totalmente que *o ataque DOS foi identificado/relatado no nosso banco*, 12 (24%) concordam totalmente, 6 (12%) estão indecisos, 4 (8%) discordam totalmente e 13 (26%) discordam totalmente. O desvio-padrão dos dados é de 1,6, o que indica que os dados estão dispersos em relação ao seu valor central em 1,6. Entre os 50 inquiridos, 13 (26%) concordam totalmente com o facto de *as fraudes com cartões de crédito/ caixas multibanco terem sido identificadas/ comunicadas no nosso banco,* 9 (18%) concordam totalmente, 3 (6%) estão indecisos, 4 (8%) discordam totalmente e 21 (42%) discordam totalmente. O desvio-padrão dos dados é de 1,73, o que indica que os dados estão dispersos em relação ao seu valor central em 1,73. Entre os 50 inquiridos, 26 (52%) concordam totalmente que *o Phishing/Vishing/Spoofing foi identificado/relatado no nosso banco*, 12 (4%) concordam totalmente, 4 (8%) estão indecisos, 1 (2%) discorda totalmente e 7 (14%) discordam totalmente. O desvio-padrão dos dados é de 1,41, o que indica que os dados estão dispersos em relação ao seu valor central em 1,41. Entre os 50 inquiridos, 40 (80%) concordam totalmente que *os incidentes de cibercrime ocorrem devido à falta de conhecimentos técnicos dos clientes*, 6 (12%) concordam totalmente, 1 (2%) está indeciso, 1 (2%) discorda totalmente e 2 (4%) discordam totalmente. O desvio-padrão dos dados é de 0,95, o que indica que os dados estão dispersos em relação ao seu valor central em 0,95. Entre os 50 inquiridos, 32 (64%) concordam totalmente que *os incidentes de cibercrime ocorrem devido ao desemprego*, 9 (18%) concordam totalmente, 3 (6%) estão indecisos, 1 (2%) discorda totalmente e 5 (10%) discordam totalmente. O desvio padrão dos dados é de 1,29, o que indica que os dados estão dispersos em relação ao seu valor central em 1,29. Entre os 50 inquiridos, 28(%) inquiridos concordam totalmente que *os incidentes de cibercrime ocorrem devido à facilidade de acesso,* 8(16%) concordam totalmente, 5(10%) estão indecisos, 2(4%) discordam totalmente e 7(14%) discordam totalmente. O desvio-padrão dos dados é de 1,46, o que indica que os dados estão dispersos em relação ao seu valor central em 1,46. Entre os 50 inquiridos, 28 (56%) concordam totalmente que *os incidentes de cibercrime ocorrem devido à utilização frequente da tecnologia,* 14 (28%) concordam totalmente, 3 (6%) estão indecisos, 3 (6%) discordam totalmente e 2 (4%) discordam totalmente. O desvio padrão dos dados é de 1,08, o que indica que os dados estão dispersos em relação ao seu valor central em 1,08. Entre os 50 inquiridos, 16 (32%) concordam totalmente que *os incidentes de cibercrime ocorrem devido à vida rápida,* 16 (32%) concordam totalmente, 6 (2%) estão indecisos, 3 (6%) discordam totalmente e 9 (18%) discordam totalmente. O desvio padrão dos dados é de 1,46, o que indica que os dados estão dispersos em relação ao seu valor central em 1,46. Entre os 50 inquiridos, 32 (%) concordam totalmente que *os incidentes de cibercrime ocorrem devido a cibercriminosos altamente qualificados,* 10 (20%) concordam totalmente, 4 (8%) estão indecisos, 2 (4%) discordam totalmente e 2 (4%) discordam totalmente. O desvio-padrão dos dados é de 1,06, o que indica que os dados estão dispersos em relação ao seu valor central em 1,06. Entre os 50 inquiridos, 21 (42%) concordam totalmente que *os incidentes de cibercrime ocorrem devido a lacunas na tecnologia,* 9 (18%) concordam totalmente, 4 (8%) estão indecisos, 4 (8%) discordam totalmente e 12 (24%) discordam totalmente. O desvio-padrão dos dados é de 1,66, o que indica que os dados estão dispersos em relação ao seu valor central em 1,66. Entre os 50 inquiridos, 12 (24%) concordam totalmente com a ideia de que *os incidentes de cibercrime ocorrem devido à aplicação da lei cibernética*, 9 (18%) concordam totalmente, 7 (14%) estão indecisos, 7 (14%) discordam totalmente e 15 (30%) discordam totalmente. O desvio-padrão dos dados é de 1,59, o que indica que os dados estão dispersos em relação ao seu valor central em 1,59.

Estratégias de ataque cibernético		EA	QA	D	QD	ED	T	SD
O nosso banco identificou um excesso de memória (buffer overflow)	Frequência	17	9	14	0	10	50	1.47
	%	34	18	28	0	20	100	
A entrada artesanal foi identificada pelo nosso banco	Frequência	12	8	18	1	11	50	1.42
	%	24	16	36	2	22	100	
O nosso banco identificou a falsificação	Frequência	29	11	8	0	2	50	1.02
	%	58	22	16	0	4	100	
O pedido direto a um recurso foi identificado pelo nosso banco	Frequência	4	9	20	5	12	50	1.24
	%	8	18	40	10	24	100	
A cadeia de formatos foi identificada pelo nosso banco	Frequência	8	6	19	3	14	50	1.4
	%	16	12	38	6	28	100	
A travessia de diretórios foi identificada pelo nosso banco	Frequência	9	8	18	2	13	50	1.41
	%	18	16	36	4	26	100	
O ataque de força bruta foi identificado pelo nosso banco	Frequência	24	9	6	2	9	50	1.54
	%	48	18	12	4	18	100	
A inclusão remota de ficheiros PHP foi identificada pelo nosso banco	Frequência	15	10	15	1	9	50	1.42
	%	30	20	30	2	18	100	
O nosso banco identificou a existência de scripts transversais	Frequência	23	12	6	1	8	50	1.45
	%	46	24	12	2	16	100	
O nosso banco identificou uma vulnerabilidade de injeção de SQL	Frequência	18	13	7	3	9	50	1.49
	%	36	26	14	6	18	100	

O envenenamento da cache web foi identificado pelo nosso banco	Frequência	10	8	16	3	13	50	1.45
	%	20	16	32	6	26	100	
Os meta-caracteres foram identificados pelo nosso banco	Frequência	7	6	23	2	12	50	1.3
	%	14	12	46	4	24	100	
Outras estratégias de ataque foram identificadas pelo nosso banco	Frequência	2	4	26	1	17	50	1.16
	%	4	8	52	2	34	100	
A negação de serviço foi identificada como uma consequência das vulnerabilidades identificadas ou comunicadas	Frequência	30	8	4	1	7	50	1.43
	%	60	16	8	2	14	100	
O comprometimento de contas foi identificado como uma consequência das vulnerabilidades identificadas ou comunicadas em	Frequência	23	12	4	3	8	50	1.49
	%	46	24	8	6	16	100	
O Root Compromise foi identificado como uma consequência das vulnerabilidades identificadas ou comunicadas	Frequência	19	12	10	1	8	50	1.42
	%	38	24	20	2	16	100	
A execução de código malicioso/arbitrário foi identificada como uma consequência das vulnerabilidades identificadas ou comunicadas	Frequência	10	3	15	0	22	50	1.58
	%	20	6	30	0	44	100	
Foram identificadas consequências desconhecidas das vulnerabilidades identificadas ou comunicadas	Frequência	3	2	19	3	23	50	1.24
	%	6	4	38	6	46	100	

Quadro 3.16 Distribuição de frequências

Entre os 50 inquiridos, 17(34%) concordam totalmente com o facto de *o nosso banco ter identificado o Buffer Overflow,* 9(18%) concordam bastante, 14(28%) estão indecisos, 0(0%) discordam bastante e 10(20%) discordam extremamente. O desvio-padrão dos dados é de 1,47, o que indica que os dados estão dispersos em relação ao seu valor central em 1,47. Entre os 50 inquiridos, 12 (24%) concordam totalmente com o facto de *o nosso banco ter identificado os inputs artesanais,* 8 (16%) concordam totalmente, 18 (36%) estão indecisos, 1 (1%) discorda totalmente e 11 (22%) discordam totalmente. O desvio-padrão dos dados é de 1,42, o que indica que os dados estão dispersos em relação ao seu valor central em 1,42. Entre os 50 inquiridos, 29 (58%) concordam totalmente que *o nosso banco identificou o Spoofing,* 11 (22%) concordam totalmente, 8 (16%) estão indecisos, 0 (0%) discordam totalmente e 2 (4%) discordam totalmente. O desvio-padrão dos dados é de 1,02, o que indica que os dados estão dispersos em relação ao seu valor central em 1,02. Entre os 50 inquiridos, 4 (8%) concordam totalmente que *o nosso banco identificou o pedido direto a um recurso,* 9 (18%) concordam totalmente, 20 (40%) estão indecisos, 5 (%) discordam totalmente e 12 (%) discordam totalmente. O desvio-padrão dos dados é de 1,24, o que indica que os dados estão dispersos em relação ao seu valor central em 1,24. Entre os 50 inquiridos, 8 (16%) concordam totalmente que *a cadeia de formatos foi identificada pelo nosso banco,* 6 (12%) concordam totalmente, 19 (38%) estão indecisos, 3 (6%) discordam totalmente e 14 (28%) discordam totalmente. O desvio-padrão dos dados é de 1,4, o que indica que os dados estão dispersos em relação ao seu valor central em 1,4. Entre os 50 inquiridos, 9 (18%) concordam em absoluto que *o Diretory traversal foi identificado pelo nosso banco,* 8 (16%) concordam bastante, 18 (36%) estão indecisos, 2 (4%) discordam bastante e 13 (26%) discordam em absoluto. O desvio-padrão dos dados é de 1,41, o que indica que os dados estão dispersos em relação ao seu valor central em 1,41. Entre os 50 inquiridos, 24 (48%) concordam totalmente que *o ataque de força bruta foi identificado pelo nosso banco,* 9 (%) concordam totalmente, 6 (12%) estão indecisos, 2 (4%) discordam totalmente e 9 (18%) discordam totalmente. O desvio-padrão dos dados é de 1,54, o que indica que os dados estão dispersos em relação ao seu valor central em 1,54. Entre os 50 inquiridos, 15 (30%) concordam totalmente que *a inclusão de ficheiros remotos PHP foi identificada pelo nosso banco,* 10 (20%) concordam bastante, 15 (30%)

estão indecisos, 1 (2%) discordam bastante e 9 (18%) discordam extremamente. O desvio-padrão dos dados é de 1,42, o que indica que os dados estão dispersos em relação ao seu valor central em 1,42. Entre os 50 inquiridos, 23 (46%) concordam em absoluto que *o nosso banco identificou a utilização de scripts transversais*, 12 (24%) concordam em absoluto, 6 (12%) estão indecisos, 1 (2%) discorda em absoluto e 8 (16%) discordam em absoluto. O desvio padrão dos dados é de 1,45, o que indica que os dados estão dispersos em relação ao seu valor central em 1,45. Entre os 50 inquiridos, 18 (36%) concordam totalmente que *o nosso banco identificou uma vulnerabilidade de injeção de SQL,* 13 (26%) concordam totalmente, 7 (14%) estão indecisos, 3 (6%) discordam totalmente e 9 (%) discordam totalmente. O desvio-padrão dos dados é de 1,49, o que indica que os dados estão dispersos em relação ao seu valor central em 1,49. Entre os 50 inquiridos, 10 (20%) concordam totalmente que *o envenenamento da cache da Web foi identificado pelo nosso banco*, 8 (16%) concordam totalmente, 16 (32%) estão indecisos, 3 (6%) discordam totalmente e 13 (26%) discordam totalmente. O desvio-padrão dos dados é de 1,45, o que indica que os dados estão dispersos em relação ao seu valor central em 1,45. Entre os 50 inquiridos, 7 (%) concordam totalmente que *as personagens Meta foram identificadas pelo nosso banco,* 6 (12%) concordam totalmente, 23 (46%) estão indecisos, 2 (4%) discordam totalmente e 12 (24%) discordam totalmente. O desvio-padrão dos dados é de 1,3, o que indica que os dados estão dispersos em relação ao seu valor central em 1,3. Entre os 50 inquiridos, 2(4%) concordam totalmente que *o nosso banco identificou outras estratégias de ataque,* 4(8%) concordam totalmente, 26(52%) estão indecisos, 1(2%) discordam totalmente e 17(%) discordam totalmente. O desvio padrão dos dados é de 1,16, o que indica que os dados estão dispersos em relação ao seu valor central em 1,16. Entre os 50 inquiridos, 30 (60%) concordam totalmente que *a negação de serviço foi identificada como uma consequência das vulnerabilidades identificadas ou comunicadas*, 8 (16%) concordam totalmente, 4 (8%) estão indecisos, 1 (2%) discorda totalmente e 7 (14%) discordam totalmente. O desvio padrão dos dados é de 1,43, o que indica que os dados estão dispersos em relação ao seu valor central em 1,43. Entre os 50 inquiridos, 23 (46%) concordam totalmente que *o comprometimento de contas foi identificado como uma consequência das vulnerabilidades identificadas ou comunicadas,* 12 (24%) concordam totalmente, 4 (%) estão indecisos, 3 (6%) discordam totalmente e 8 (16%) discordam totalmente. O desvio-padrão dos dados é de 1,49, o que indica que os dados estão dispersos em relação ao seu valor central em 1,49. Entre os 50 inquiridos, 19 (38%) concordam totalmente que *o Root Compromise foi identificado como consequência das vulnerabilidades identificadas ou comunicadas*, 12 (24%) concordam totalmente, 10 (20%) estão indecisos, 1 (2%) discordam totalmente e 8 (16%) discordam totalmente. O desvio padrão dos dados é de 1,42, o que indica que os dados estão dispersos em relação ao seu valor central em 1,42. Entre os 50 inquiridos, 10 (20%) concordam extremamente que *a execução de código malicioso/arbitrário foi identificada como consequência das vulnerabilidades identificadas ou comunicadas*, 3 (6%) concordam bastante, 15 (30%) estão indecisos, 0 (0%) discordam bastante e 22 (44%) discordam extremamente. O desvio-padrão dos dados é de 1,58, o que indica que os dados estão dispersos em relação ao seu valor central em 1,58. Entre os 50 inquiridos, 3 (6%) concordam extremamente que *foram identificadas consequências desconhecidas das vulnerabilidades identificadas ou comunicadas*, 2 (4%) concordam bastante, 19 (38%) estão indecisos, 3 (6%) discordam bastante e 23 (46%) discordam extremamente. O desvio padrão dos dados é de 1,24, o que indica que os dados estão dispersos em relação ao seu valor central em 1,24.

Tratamento das queixas		EA	QA	D	QD	ED	T	SD
É da responsabilidade do banco proteger os clientes do de ameaças cibernéticas	Frequência	29	12	2	5	2	50	1.17
	%	58	24	4	10	4	100	
O Banco é o único responsável por qualquer tipo de ataque informático ao seu cliente	Frequência	8	7	2	20	13	50	1.43
	%	16	14	4	40	26	100	
As sucursais locais e regionais tratam das questões relativas às ciberameaças ao seu próprio nível	Frequência	6	10	4	10	20	50	1.49
	%	12	20	8	20	40	100	
O banco criou uma unidade	Frequência	29	10	9	0	2	50	1.03

especificamente encarregada de dirigir e desenvolver a investigação de crimes cibernéticos	ia							
	%	58	20	18	0	4	100	
O banco criou uma unidade cujas funções são exclusivamente dedicadas à investigação de crimes cibernéticos	Frequênc ia	25	13	9	0	3	50	1.11
	%	50	26	18	0	6	100	
O banco criou uma unidade especificamente encarregada de dirigir e desenvolver a ação penal contra a cibercriminalidade	Frequênc ia	24	14	9	1	2	50	1.05
	%	48	28	18	2	4	100	
O banco criou uma unidade cujas funções são exclusivamente dedicadas à repressão da criminalidade informática	Frequênc ia	20	17	8	2	3	50	1.13
	%	40	34	16	4	6	100	
A vulnerabilidade do ataque pode ser tão grave que o banco não consegue lidar com o problema e a polícia cibernética pode ser introduzida	Frequênc ia	26	11	4	6	3	50	1.29
	%	52	22	8	12	6	100	

Quadro 3.17 Distribuição de frequências

Entre os 50 inquiridos, 29 (58%) concordam totalmente que *é da responsabilidade do banco proteger os clientes das ciberameaças,* 12 (24%) concordam totalmente, 2 (4%) estão indecisos, 5 (10%) discordam totalmente e 2 (4%) discordam totalmente. O desvio-padrão dos dados é de 1,17 , o que indica que os dados estão dispersos em relação ao seu valor central em 1,17. Entre os 50 inquiridos, 8 (16%) concordam plenamente que *o banco é o único responsável por qualquer tipo de ataque informático aos seus clientes,* 7 (14%) concordam bastante, 2 (4%) estão indecisos, 20 (40%) discordam bastante e 13 (26%) discordam extremamente. O desvio-padrão dos dados é de 1,43, o que indica que os dados estão dispersos em relação ao seu valor central em 1,43. Entre os 50 inquiridos, 6 (12%) concordam totalmente que *os serviços locais e regionais tratam das questões relacionadas com as ciberameaças ao seu próprio nível,* 10 (20%)

concordam totalmente, 4 (8%) estão indecisos, 10 (20%) discordam totalmente e 20 (40%) discordam totalmente. O desvio-padrão dos dados é de 1,49, o que indica que os dados estão dispersos em relação ao seu valor central em 1,49. Entre os 50 inquiridos, 29 (58%) concordam totalmente que *o banco criou uma unidade especificamente encarregada de dirigir e desenvolver a investigação do cibercrime*, 10 (20%) concordam totalmente, 9 (18%) estão indecisos, 0 (0%) discordam totalmente e 2 (4%) discordam totalmente. O desvio-padrão dos dados é de 1,03, o que indica que os dados estão dispersos em relação ao seu valor central em 1,03. Entre os 50 inquiridos, 25 (50%) concordam totalmente que *o banco criou uma unidade cujas funções são dedicadas exclusivamente à investigação do cibercrime*, 13 (26%) concordam totalmente, 9 (18%) estão indecisos, 0 (0%) discordam totalmente e 3 (6%) discordam totalmente. O desvio-padrão dos dados é de 1,11, o que indica que os dados estão dispersos em relação ao seu valor central em 1,11. Entre os 50 inquiridos, 24 (48%) concordam totalmente que *o banco criou uma unidade cujas funções são exclusivamente dedicadas à repressão do cibercrime*, 14 (28%) concordam totalmente, 9 (18%) estão indecisos, 1 (2%) discorda totalmente e 2 (4%) discordam totalmente. O desvio-padrão dos dados é de 1,05, o que indica que os dados estão dispersos em relação ao seu valor central em 1,05. Entre os 50 inquiridos, 20 (40%) concordam totalmente que *o banco criou uma unidade cujas funções se dedicam exclusivamente à repressão do cibercrime*, 17 (34%) concordam totalmente, 8 (16%) estão indecisos, 2 (4%) discordam totalmente e 3 (6%) discordam totalmente.

O desvio-padrão dos dados é de 1,13, o que indica que os dados estão dispersos em relação ao seu valor central em 1,13. Entre os 50 inquiridos, 26 (52%) concordam extremamente com a ideia de que *a vulnerabilidade do ataque pode ser tão grave que o banco não consegue lidar com a questão e que pode ser introduzida uma polícia cibernética,* 11 (22%) concordam bastante, 4 (8%) estão indecisos, 6 (12%) discordam bastante e 3 (6%) discordam extremamente. O desvio-padrão dos dados é de 1,29, o que indica que os dados estão dispersos em relação ao seu valor central em 1,29.

Viabilidade		EA	QA	D	QD	ED	T	SD
Os serviços electrónicos do banco estão facilmente disponíveis através de caixas automáticos e computadores públicos	Frequência	35	8	2	2	3	50	1.14
	%	70	16	4	4	6	100	
O sítio Web do banco fornece todas as informações úteis e actualizadas sobre os seus serviços e políticas	Frequência	37	11	2	0	0	50	0.54
	%	74	22	4	0	0	100	
As caixas automáticas do banco estão facilmente disponíveis e em boas condições de funcionamento	Frequência	33	9	1	5	2	50	1.17
	%	66	18	2	10	4	100	
Todos os browsers e sistemas operativos populares suportam o nosso conteúdo Web	Frequência	37	9	2	0	2	50	0.91
	%	74	18	4	0	4	100	
O banco acolhe e adopta as últimas tendências tecnológicas	Frequência	35	10	3	0	2	50	0.93
	%	70	20	6	0	4	100	
O sítio Web é altamente seguro para efetuar transacções, tendo em conta as últimas ameaças cibernéticas	Frequência	27	9	13	0	1	50	0.97
	%	54	18	26	0	2	100	
A informação sobre o crédito e o débito da conta é imediatamente enviada por SMS para o número de telemóvel registado do cliente	Frequência	13	12	15	0	10	50	1.41
	%	26	24	30	0	20	100	

Quadro 3.18 Distribuição de frequências

Entre os 50 inquiridos, 35 (70%) concordam totalmente que *os serviços electrónicos do banco estão facilmente disponíveis nos ATM e nos computadores públicos,* 8 (16%) concordam totalmente, 2 (4%) estão indecisos, 2 (4%) discordam totalmente e 3 (6%) discordam totalmente. O desvio padrão para os dados é de 1,14, o que indica que os dados estão dispersos em torno do seu valor central em 1,14. Entre os 50 inquiridos, 37 (74%) concordam totalmente que *o sítio Web do banco fornece todas as informações úteis e actualizadas sobre os seus serviços e políticas*, 11 (22%) concordam totalmente, 2 (4%) estão indecisos, 0 (0%) discordam totalmente e 0 (0%) discordam totalmente. O desvio-padrão dos dados é de 0,54, o que indica que os dados estão dispersos em relação ao seu valor central em 0,54. Entre os 50 inquiridos, 33 (66%) concordam totalmente que *os ATM do banco estão facilmente disponíveis e em boas condições de funcionamento,* 9 (18%) concordam totalmente, 1 (1%) está indeciso, 5 (10%) discordam totalmente e 2 (4%) discordam totalmente. O desvio padrão dos dados é de 1,17, o que indica que os dados estão dispersos em relação ao seu valor central em 1,17. Entre os 50 inquiridos, 37 (74%) concordam totalmente que *Todos os browsers e sistemas operativos populares suportam o nosso conteúdo Web,* 9 (18%) concordam totalmente, 2 (4%) estão indecisos, 0 (0%) discordam totalmente e 2 (4%) discordam totalmente. O desvio padrão dos dados é 0,91, o que indica que os dados estão dispersos em relação ao seu valor central em 0,91. Entre os 50 inquiridos, 35 (70%) concordam totalmente que *o Banco acolhe e adopta as últimas tendências tecnológicas,* 10 (20%) concordam totalmente, 3 (6%) estão indecisos, 0 (0%) discordam totalmente e 2 (4%) discordam totalmente. O desvio padrão dos dados é de 0,93, o que indica que os dados estão dispersos em relação ao seu valor central em 0,93. Entre os 50 inquiridos, 27 (54%) concordam totalmente que *o sítio Web é altamente seguro para efetuar transacções, tendo em conta as mais recentes ameaças informáticas,* 9 (18%) concordam totalmente, 13 (26%) estão indecisos, 0 (0%) discordam totalmente e 1 (2%) discorda totalmente. O desvio-padrão dos dados é de 0,97, o que indica que os dados estão dispersos em relação ao seu valor central em 0,97. Entre os 50 inquiridos, 13(26%) concordam extremamente que *a informação relativa ao crédito e débito da conta é imediatamente enviada por SMS para o número de telemóvel registado dos clientes,* 12(24%) concordam bastante, 15(30%) estão indecisos, 0(0%) discordam bastante e 10(20%) discordam extremamente. O desvio-padrão dados é de 1,41, o que indica que os dados estão dispersos em relação ao seu valor central em 1,41.

Apoio		EA	QA	D	QD	ED	T	SD
O banco mantém os clientes do constantemente actualizados através de correio, correio eletrónico e outros meios de comunicação disponíveis	Frequência	27	14	4	1	4	50	
	%	54	28	8	2	8	100	1.18
O banco comunica constantemente aos meios de comunicação social e ao público sobre a segurança das operações bancárias	Frequência	24	16	3	3	4	50	
	%	48	32	6	6	8	100	1.23
O Banco e os seus colaboradores mantêm sempre um elevado nível de serviço	Frequência	44	4	1	0	1	50	
	%	88	8	2	0	2	100	0.67
A facilidade de personalização também está disponível para os utilizadores da Internet para actividades em linha	Frequência	10	6	12	6	16	50	
	%	20	12	24	12	32	100	1.52
Os nossos serviços têm preços competitivos e estão em igualdade de circunstâncias com os da concorrência	Frequência	25	12	11	0	2	50	
	%	50	24	22	0	4	100	1.04

Quadro 3.19 Distribuição de frequências

Entre os 50 inquiridos, 27 (54%) concordam totalmente que *o banco mantém os clientes constantemente actualizados através de correio, e-mail e outros meios de comunicação disponíveis,* 14 (28%) concordam totalmente, 4 (8%) estão indecisos, 1 (2%) discorda totalmente e 1 (2%) discorda totalmente. O desvio-padrão dos dados é de 1,18, o que indica que os dados estão dispersos em relação ao seu valor central em 1,18. Entre os 50 inquiridos, 24 (48%) concordam totalmente que *o Banco comunica de forma consistente aos meios de comunicação social e ao público sobre operações bancárias seguras e protegidas,* 16 (32%) concordam totalmente, 3 (6%) estão indecisos, 3 (6%) discordam totalmente e 4 (8%) discordam totalmente. O desvio padrão dos dados é de 1,23, o que indica que os dados estão dispersos em relação ao seu valor central em 1,23. Entre os 50 inquiridos, 44 (88%) estão extremamente de acordo com o facto de *o Banco e os seus funcionários manterem sempre um nível elevado de padrões de serviço*, 4 (8%) estão bastante de acordo, 1 (2%) está indeciso, 0 (0%) está bastante em desacordo e 1 (2%) está extremamente em desacordo. O desvio padrão dos dados é de 0,67, o que indica que os dados estão dispersos em relação ao seu valor central em 0,67. Entre os 50 inquiridos, 10 (20%) concordam totalmente que *a facilidade de personalização também está disponível para os utilizadores da Internet para actividades online,* 6 (12%) concordam totalmente, 12 (24%) estão indecisos, 6 (12%) discordam totalmente e 16 (%) discordam totalmente. O desvio padrão dos dados é de 1,52, o que indica que os dados estão dispersos em relação ao seu valor central em 1,52. Entre os 50 inquiridos de , 25 (50%) inquiridos estão extremamente de acordo com o facto de *os seus serviços terem preços competitivos e corresponderem uniformemente às caraterísticas da concorrência,* 12 (24%) estão bastante de acordo, 11 (22%) estão indecisos, 0 (0%) estão bastante em desacordo e 2 (4%) estão extremamente em desacordo. O desvio-padrão dos dados é 1,04, o que indica que os dados estão dispersos em relação ao seu valor central em 1,04.

Estratégia organizacional		EA	QA	D	QD	ED	T	SD
Foi realizado um inquérito para determinar o nível de competências dos funcionários e os métodos para garantir que todos os funcionários têm um conhecimento atualizado da tecnologia e das ciberameaças	Frequência	22	8	5	3	12	50	1.66
	%	44	16	10	6	24	10 0	
Os formadores foram certificados e os materiais de formação e a abordagem estão bem documentados	Frequência	19	14	3	3	11	50	1.58
	%	38	28	6	6	22	10 0	
A formação inclui material	Frequênc	19	12	2	5	12	50	1.64

de referência que pode ser utilizado durante e após a formação	ia							
	%	38	24	4	10	24	10 0	
As elaborações técnicas estão bem documentadas e são claramente compreendidas	Frequênc ia	15	12	2	7	14	50	1.65
	%	30	24	4	14	28	10 0	
Os estudos de caso e as discussões em grupo são a parte vital do programa de formação	Frequênc ia	14	11	2	8	15	50	1.66
	%	28	22	4	16	30	10 0	
Foi realizado um inquérito para determinar o nível de conhecimento dos clientes sobre as ciberameaças e os serviços electrónicos	Frequênc ia	14	7	1	5	23	50	1.78
	%	28	14	2	10	46	10 0	
Os formadores foram certificados e os materiais de formação e a abordagem estão bem documentados	Frequênc ia	10	5	1	6	28	50	1.66
	%	20	10	2	12	56	10 0	
O programa de sensibilização inclui material de referência que pode ser utilizado durante e após a formação	Frequênc ia	8	5	1	6	30	50	1.58
	%	16	10	2	12	60	10 0	
As elaborações técnicas estão bem documentadas e são claramente compreendidas	Frequênc ia	8	8	0	6	28	50	1.62
	%	16	16	0	12	56	10 0	
As demonstrações ao vivo são a parte vital do programa para uma melhor compreensão dos conceitos técnicos	Frequênc ia	4	5	3	4	34	50	1.37
	%	8	10	6	8	68	10 0	

Quadro 3.20 Distribuição de frequências

Entre os 50 inquiridos, 22 (44%) concordam totalmente com o facto de *ter sido realizado um inquérito para determinar o nível de competências dos funcionários e os métodos para garantir que todos os funcionários têm conhecimentos actualizados sobre tecnologia e ciberameaças, 8 (16%)*

concordam totalmente, 5 (10%) estão indecisos, 3 (6%) discordam totalmente e 12 (24%) discordam totalmente. O desvio-padrão dos dados é de 1,66, o que indica que os dados estão dispersos em relação ao seu valor central em 1,66. Entre os 50 inquiridos, 19 (38%) concordam totalmente que *os formadores foram certificados e* que *os materiais de formação e a abordagem estão bem documentados*, 14 (28%) concordam totalmente, 3 (6%) estão indecisos, 3 (6%) discordam totalmente e 11 (22%) discordam totalmente. O desvio padrão dos dados é de 1,58, o que indica que os dados estão dispersos em relação ao seu valor central em 1,58. Entre os 50 inquiridos, 19 (38%) concordam totalmente que *a formação inclui material de referência que pode ser utilizado durante e após a formação,* 12 (24%) concordam totalmente, 2 (4%) estão indecisos, 5 (10%) discordam totalmente e 12 (24%) discordam totalmente. O desvio-padrão dos dados é de 1,64, o que indica que os dados estão dispersos em relação ao seu valor central em 1,64. Entre os 50 inquiridos, 15 (30%) concordam totalmente que *as elaborações técnicas estão bem documentadas e são claramente compreendidas*, 12 (24%) concordam totalmente, 2 (4%) estão indecisos, 7 (14%) discordam totalmente e 14 (28%) discordam totalmente. O desvio padrão dos dados é de 1,65, o que indica que os dados estão dispersos em relação ao seu valor central em 1,65. Entre os 50 inquiridos, 14(%) concordam totalmente que *os estudos de caso e as discussões em grupo são a parte vital do programa de formação,* 11(22%) concordam totalmente, 2(4%) estão indecisos, 8(%) discordam totalmente e 15(30%) discordam totalmente. O desvio padrão dos dados é de 1,66, o que indica que os dados estão dispersos em relação ao seu valor central em 1,66. Entre os 50 inquiridos, 14 (28%) concordam totalmente com o facto de *ter sido realizado um inquérito para determinar o nível de conhecimento dos clientes sobre as ciberameaças e os serviços electrónicos*, 7 (14%) concordam totalmente, 1 (2%) está indeciso, 5 (10%) discordam totalmente e 23 (46%) discordam totalmente. O desvio-padrão dos dados é de 1,78, o que indica que os dados estão dispersos em relação ao seu valor central em 1,78. Entre os 50 inquiridos, 10(20%) inquiridos estão extremamente de acordo com o facto de *os formadores terem sido certificados e* de *os materiais de formação e a abordagem estarem bem documentados*, 5(10%) estão bastante de acordo, 1(2%) estão indecisos, 6(12%) estão bastante em desacordo e 28(56%) estão extremamente em desacordo. O desvio-padrão dos dados é de 1,66, o que indica que os dados estão dispersos em relação ao seu valor central em 1,66. Entre os 50 inquiridos, 8 (16%) concordam totalmente que *o programa de sensibilização inclui material de referência que pode ser utilizado durante e após a formação*, 5 (10%) concordam totalmente, 1 (2%) está indeciso, 6 (12%) discordam totalmente e 30 (%) discordam totalmente. O desvio padrão dos dados é de 1,58, o que indica que os dados estão dispersos em relação ao seu valor central em 1,58. Entre os 50 inquiridos, 8 (16%) concordam extremamente que *as elaborações técnicas estão bem documentadas e são claramente compreendidas*, 8 (16%) concordam bastante, 0 (0%) estão indecisos, 6 (12%) discordam bastante e 28 (56%) extremamente. O desvio-padrão dos dados é de 1,62, o que indica que os dados estão dispersos em relação ao seu valor central em 1,62. Entre os 50 inquiridos, 4(8%) concordam extremamente que *as demonstrações ao vivo são a parte vital do programa para uma melhor compreensão dos conceitos técnicos*, 5(10%) concordam bastante, 3(6%) estão indecisos, 4(8%) discordam bastante e 34(68%) discordam extremamente. O desvio-padrão dos dados é de 1,37, o que indica que os dados estão dispersos em relação ao seu valor central em 1,37.

Política de segurança		EA	QA	D	QD	ED	T	SD
A segurança foi incorporada no processo de planeamento estratégico global da organização	Frequência	29	9	10	1	1	50	0.99
	%	58	18	20	2	2	100	
O banco mantém topologias, diagramas ou esquemas que descrevem os ambientes operacionais físicos e lógicos do	Frequência	27	11	10	0	2	50	1.04
	%	54	22	20	0	4	100	
O programa de segurança da informação contém políticas, procedimentos e diretrizes escritas para proteger, manter e monitorizar o sistema bancário central	Frequência	44	4	2	0	0	50	0.47
	%	88	8	4	0	0	100	
O programa de segurança	Frequência	40	6	3	0	1	50	0.77

da informação contém políticas, procedimentos e diretrizes escritas para proteger, manter e monitorizar a rede local	%	80	12	6	0	2	100	
O programa de segurança da informação contém políticas, procedimentos e diretrizes escritas para proteger, manter e monitorizar a rede de área alargada	Frequência	36	9	3	1	1	50	0.86
	%	72	18	6	2	2	100	
O programa de segurança da informação contém políticas, procedimentos e diretrizes escritas para proteger, manter e monitorizar a Rede Privada Virtual	Frequência	30	11	6	1	2	50	1.04
	%	60	22	12	2	4	100	
O programa de segurança da informação contém políticas, procedimentos e diretrizes escritas para proteger, manter e monitorizar o sistema de telefonia VoIP	Frequência	28	4	14	1	3	50	1.22
	%	56	8	28	2	6	100	
O programa de segurança da informação contém políticas, procedimentos e diretrizes escritas para proteger, manter e monitorizar o serviço de mensagens instantâneas	Frequência	20	8	16	0	6	50	1.33
	%	40	16	32	0	12	100	
O programa de segurança da informação contém políticas, procedimentos e diretrizes escritas para proteger, manter e monitorizar os PDAs, computadores portáteis, telemóveis	Frequência	22	5	17	0	6	50	1.35
	%	44	10	34	0	12	100	
O programa de segurança	Frequência	26	5	16	0	3	50	1.19

da informação contém políticas, procedimentos e diretrizes escritas para proteger, manter e monitorizar os routers	%	52	10	32	0	6	100	
O programa de segurança da informação contém políticas, procedimentos e diretrizes escritas para proteger, manter e monitorizar os modems	Frequência	29	1	16	0	4	50	1.29
	%	58	2	32	0	8	100	
O programa de segurança da informação contém políticas, procedimentos e diretrizes escritas para proteger, manter e monitorizar a firewall ou os servidores proxy	Frequência	32	8	9	0	1	50	0.93
	%	64	16	18	0	2	100	
O programa de segurança da informação contém políticas, procedimentos e diretrizes escritas para proteger, manter e monitorizar a linha de alimentação e/ou a transferência eletrónica	Frequência	38	5	6	0	1	50	0.86
	%	76	10	12	0	2	100	
O nosso banco tem procedimentos formais de configuração e gestão de alterações para todas as plataformas aplicáveis	Frequência	16	10	21	1	2	50	1.07
	%	32	20	42	2	4	100	

Quadro 3.21 Distribuição de frequências

Entre os 50 inquiridos, 29 (58%) concordam totalmente que *a segurança foi incorporada no processo de planeamento estratégico global da organização,* 9 (18%) concordam bastante, 10 (20%) estão indecisos, 1 (2%) discorda bastante e 1 (2%) discorda extremamente. O desvio-padrão dos dados é de 0,99, o que indica que os dados estão dispersos em relação ao seu valor central em 0,99. Entre os 50 inquiridos, 27 (54%) concordam totalmente que *o banco mantém topologias, diagramas ou esquemas que descrevem os ambientes operacionais físicos e lógicos*, 11 (22%) concordam totalmente, 10 (%) estão indecisos, 0 (0%) discordam totalmente e 2 (4%) discordam totalmente. O desvio padrão dos dados é de 1,04, o que indica que os dados estão dispersos em relação ao seu valor central em 1,04. Entre os 50 inquiridos, 44 (88%) concordam totalmente que *o programa de segurança da informação contém políticas, procedimentos e diretrizes escritas para proteger, manter e monitorizar o sistema bancário central*, 4 (8%) concordam totalmente, 2 (4%) estão indecisos, 0 (0%) discordam totalmente e 0 (0%) discordam totalmente. O desvio-padrão dos dados é de 0,47, o que indica que os dados estão dispersos em relação ao seu valor central em 0,47. Entre os 50 inquiridos, 40 (80%) concordam totalmente que *o programa de segurança da informação contém políticas, procedimentos e diretrizes escritas para proteger, manter e monitorizar a rede local,* 6 (12%) concordam totalmente, 3 (6%) estão indecisos, 0 (0%) discordam totalmente e 12 (24%) discordam totalmente. O desvio-padrão dos dados é de 0,77, o que indica que os dados estão dispersos em relação ao seu valor central em 0,77. Entre os 50 inquiridos, 36 (72%) concordam totalmente que *o programa de segurança da informação contém políticas, procedimentos e diretrizes escritas para proteger, manter e monitorizar as redes de área alargada,* 9 (18%) concordam bastante, 3 (6%) estão indecisos, 1 (2%) discorda bastante e 1 (2%) discorda extremamente. O desvio padrão dos dados é de 0,86, o que indica que os dados estão dispersos em relação ao seu valor central em 0,86. Entre os 50 inquiridos, 30 (60%) concordam totalmente que *o programa de segurança da informação contém políticas, procedimentos e diretrizes escritas para proteger, manter e monitorizar as redes privadas virtuais,* 11 (22%) concordam totalmente, 6 (12%) estão indecisos, 1 (2%) discorda totalmente e 24 (%) discordam totalmente. O desvio padrão dos dados é de 1,04, o que indica que os dados estão dispersos em relação ao seu valor central em 1,04. Entre os 50 inquiridos, 28 (56%) concordam totalmente que *o programa de segurança das informações contém políticas, procedimentos e diretrizes escritas para proteger, manter e monitorizar a telefonia VoIP,* 4 (8%) concordam totalmente, 14 (28%) estão indecisos, 1 (2%) discorda totalmente e 3 (%) discorda totalmente. O desvio padrão dos dados é de 1,22, o que indica que os dados estão dispersos em relação ao seu valor central em 1,22. Entre os 50 inquiridos, 20 (40%) concordam totalmente que *o programa de segurança da informação contém políticas, procedimentos e diretrizes escritas para proteger, manter e monitorizar as mensagens instantâneas*, 8 (16%) concordam totalmente, 16 (32%) estão indecisos, 0 (0%) discordam totalmente e 6 (12%) discordam totalmente. O desvio padrão dos dados é de 1,33, o que indica que os dados estão dispersos em relação ao seu valor central em 1,33. Entre os 50 inquiridos, 22 (44%) concordam totalmente que *o programa de segurança da informação contém políticas, procedimentos e orientações escritas para proteger, manter e monitorizar os PDA, computadores portáteis e telemóveis*, 5 (10%) concordam totalmente, 17 (34%) estão indecisos, 0 (0%) discordam totalmente e 6 (12%) discordam totalmente. O desvio-padrão dos dados é de 1,35, o que indica que os dados estão dispersos em relação ao seu valor central em 1,35. Entre os 50 inquiridos, 26 (52%) concordam totalmente que *o programa de segurança da informação contém políticas, procedimentos e diretrizes escritas para proteger, manter e monitorizar os routers*, 5 (10%) concordam totalmente, 16 (32%) estão indecisos, 0 (0%) discordam totalmente e 3 (6%) discordam totalmente. O desvio padrão dos dados é de 1,19, o que indica que os dados estão dispersos em relação ao seu valor central em 1,19. Entre os 50 inquiridos, 29(%) concordam totalmente que *o programa de segurança da informação contém políticas, procedimentos e diretrizes escritas para proteger, manter e monitorizar os modems,* 1(%) concorda totalmente, 16(32%) estão indecisos, 0(0%) discordam totalmente e 4(8%) discordam totalmente. O desvio-padrão dos dados é de 1,29, o que indica que os dados estão dispersos em relação ao seu valor central em 1,29. Entre os 50 inquiridos, 32 (64%) concordam totalmente que *o programa de segurança da informação contém políticas, procedimentos e diretrizes escritas para proteger, manter e monitorizar a firewall ou os servidores proxy*, 8 (16%) concordam totalmente, 9 (18%) estão indecisos, 0 (0%) discordam totalmente e 1 (2%) discorda totalmente. O desvio padrão dos dados é 0,93, o que indica que os dados estão dispersos em relação ao seu valor central em 0,93. Entre os 50 inquiridos, 38 (76%) concordam totalmente que *o programa de segurança da informação contém políticas, procedimentos e diretrizes escritas para proteger, manter e monitorizar a linha de alimentação e/ou a transferência eletrónica*, 5 (10%) concordam totalmente, 6 (12%) estão indecisos, 0 (0%) discordam totalmente e 1 (2%) discordam totalmente. O desvio-padrão dos dados é de 0,86, o que indica que os dados estão dispersos em relação ao seu valor central em 0,86. Entre os 50 inquiridos, 16(32%) concordam totalmente que *o seu banco tem procedimentos formais de gestão da configuração e das alterações para todas as plataformas aplicáveis*, 10(20%) concordam totalmente, 21(42%) estão indecisos, 1(2%) discordam totalmente e 2(4%) discordam totalmente. O desvio-padrão dos dados é de 1,07, o que indica que os dados estão dispersos em relação ao seu valor central em 1,07.

Política de segurança dos dados		EA	QA	D	QD	ED	T	SD
O Banco protege os dados dos clientes de uma forma adequada à sua classificação	Frequência	28	8	12	1	1	50	1.02
	%	56	12	24	2	2	100	
O Banco é responsável pela criação de repositórios de dados e de procedimentos de transferência de dados que protejam os dados de forma	Frequência	35	9	4	0	2	50	0.95
	%	70	18	8	0	4	100	
Os dados confidenciais e de alto risco são encriptados durante a transmissão através de canais inseguros	Frequência	13	23	11	0	3	50	1.01
	%	26	46	22	0	6	100	
É feita uma cópia de segurança de todos os dados adequados e as cópias de segurança são testadas periodicamente	Frequência	17	16	14	1	2	50	1.04
	%	34	32	28	2	4	100	
As cópias de segurança dos dados são tratadas com as mesmas precauções de segurança que os próprios dados	Frequência	16	7	21	1	5	50	1.25
	%	32	14	42	2	10	100	
É permitida uma granularidade suficiente dos dados para um acesso autorizado adequado	Frequência	27	6	10	1	6	50	1.39
	%	54	12	20	2	12	100	
O acesso à rede e aos	Frequência	37	9	1	2	1	50	0.88

servidores é conseguido através de logins únicos e requer autenticação, que inclui palavras-passe, cartões inteligentes, dados biométricos, etc.	%	74	18	2	4	2	100	
A monitorização é implementada em todos os sistemas, incluindo o registo das tentativas e falhas de início de sessão, dos inícios de sessão bem sucedidos e da data e hora de início e fim de sessão	Frequência	29	8	9	2	2	50	1.12
	%	58	16	18	4	4	100	
Existe um procedimento documentado para a revisão do registo do sistema	Frequência	14	11	15	3	7	50	1.34
	%	28	22	30	6	14	100	
Todos os sistemas informáticos, servidores e estações de trabalho da rede estão protegidos por um produto de software antivírus aprovado e licenciado, com actualizações regulares	Frequência	42	1	3	0	4	50	1.16
	%	84	2	6	0	8	100	
Todos os cabeçalhos dos dados de entrada e de saída são verificados quanto à presença de vírus pelo servidor de correio eletrónico	Frequência	17	10	19	1	3	50	1.14
	%	34	20	38	2	6	100	
O registo de verificação de vírus é bem mantido	Frequência	13	8	19	3	7	50	1.32
	%	26	16	38	6	14	100	
A deteção de intrusos é implementada em todos os servidores e estações de trabalho que contêm	Frequência	24	4	15	2	5	50	1.36
	%	48	8	30	4	10	100	

dados classificados como de alto risco							
Os registos críticos do sistema são revistos com frequência	Frequência	7	8	26	3	6	50	1.13
	%	14	16	52	6	12	100	
Os alertas são transmitidos para o administrador quando é detectada uma intrusão grave na segurança	Frequência	24	2	11	2	11	50	1.63
	%	48	4	22	4	22	100	
Todas as ligações da Internet passam por um ponto de ligação seguro para garantir a proteção da rede	Frequência	41	4	4	0	1	50	0.79
	%	82	8	8	0	2	100	
Todos os sistemas ligados na rede estão instalados com uma versão do sistema operativo suportada pelo fornecedor	Frequência	32	9	3	2	4	50	1.24
	%	64	18	6	4	8	100	
Patches de segurança actualizados são instalados em todos os sistemas	Frequência	16	8	3	7	16	50	1.71
	%	32	16	6	14	32	100	
Os recursos informáticos do Banco são utilizados de forma a cumprir a Política do Banco,	Frequência	32	11	4	2	1	50	0.95
	%	64	22	8	4	2	100	
A desencriptação de palavras-passe não é permitida, exceto por pessoal autorizado que efectue análises ou investigações de segurança	Frequência	26	14	6	2	2	50	1.07
	%	52	28	12	4	4	100	

Quadro 3.22 Distribuição de frequências

Entre os 50 inquiridos, 28(56%) inquiridos estão extremamente de acordo com o facto de *o Banco proteger os dados dos clientes de uma forma adequada à sua classificação,* 8(16%) estão bastante de acordo, 12(24%)

estão indecisos, 1(2%) estão bastante em desacordo e 1(2%) estão extremamente em desacordo. O desvio padrão dos dados é de 1,02, o que indica que os dados estão dispersos em relação ao seu valor central em 1,02. Entre os 50 inquiridos, 35 (70%) concordam totalmente que *o Banco é responsável pela criação de repositórios de dados e de procedimentos de transferência de dados que protegem os dados de forma adequada à sua classificação*, 9 (18%) concordam totalmente, 4 (8%) estão indecisos, 0 (0%) discordam totalmente e 2 (4%) discordam totalmente. O desvio padrão para os dados é de 0,95, o que indica que os dados estão dispersos em relação ao seu valor central em 0,95. Entre os 50 inquiridos, 13 (26%) concordam totalmente que *os dados confidenciais e de alto risco são encriptados durante a transmissão através de canais inseguros*, 23 (46%) concordam totalmente, 11 (22%) estão indecisos, 0 (0%) discordam totalmente e 3 (6%) discordam totalmente. O desvio padrão dos dados é de 1,01, o que indica que os dados estão dispersos em relação ao seu valor central em 1,01. Entre os 50 inquiridos, 17 (34%) concordam totalmente que *é feita uma cópia de segurança de todos os dados adequados e* que *as cópias de segurança são testadas periodicamente*, 16 (32%) concordam totalmente, 14 (28%) estão indecisos, 1 (2%) discordam totalmente e 2 (4%) discordam totalmente. O desvio-padrão dos dados é de 1,04, o que indica que os dados estão dispersos em relação ao seu valor central em 1,04. Entre os 50 inquiridos, 16 (32%) concordam totalmente que *as cópias de segurança dos dados são tratadas com as mesmas precauções de segurança que os próprios dados*, 7 (14%) concordam totalmente, 21 (42%) estão indecisos, 1 (2%) discorda totalmente e 5 (10%) discordam totalmente. O desvio padrão dos dados é de 1,25, o que indica que os dados estão dispersos em relação ao seu valor central em 1,25. Entre os 50 inquiridos, 27 (54%) concordam totalmente que *a granularidade suficiente dos dados é permitida para um acesso autorizado adequado*, 6 (12%) concordam totalmente, 10 (20%) estão indecisos, 1 (2%) discordam totalmente e 6 (2%) discordam totalmente. O desvio padrão dos dados é de 1,39, o que indica que os dados estão dispersos em relação ao seu valor central em 1,39. Entre os 50 inquiridos, 37 (74%) concordam totalmente que *o acesso à rede e aos servidores é conseguido através de logins únicos e requer autenticação, que inclui palavras-passe, cartões inteligentes, biometria, etc.*, 9 (18%) concordam totalmente, 1 (2%) está indeciso, 2 (4%) discordam totalmente e 1 (%) discorda totalmente. O desvio-padrão dos dados é de 0,88, o que indica que os dados estão dispersos em relação ao seu valor central em 0,88. Entre os 50 inquiridos, 29 (58%) concordam totalmente que *a monitorização é implementada em todos os sistemas, incluindo o registo das tentativas e falhas de início de sessão, os inícios de sessão bem sucedidos e a data e hora do início e do fim de sessão*, 8 (16%) concordam totalmente, 9 (18%) estão indecisos, 2 (4%) discordam totalmente e 2 (4%) discordam totalmente. O desvio padrão dos dados é de 1,12, o que indica que os dados estão dispersos em relação ao seu valor central em 1,12. Entre os 50 inquiridos, 14 (28%) concordam totalmente que *existe um procedimento documentado para a revisão do registo do sistema*, 11 (22%) concordam totalmente, 15 (30%) estão indecisos, 3 (6%) discordam totalmente e 7 (11%) discordam totalmente. O desvio-padrão dos dados é de 1,34, o que indica que os dados estão dispersos em relação ao seu valor central em 1,34. Entre os 50 inquiridos, 42 (84%) concordam totalmente que *Todos os sistemas informáticos, servidores e estações de trabalho na rede estão protegidos com um produto de software antivírus aprovado e licenciado, com actualizações regulares*, 12 (%) concordam totalmente, 3 (6%) estão indecisos, 0 (0%) discordam totalmente e 4 (8%) discordam totalmente. O desvio-padrão dos dados é 1,16, o que indica que os dados estão dispersos em relação ao seu valor central em 1,16. Entre os 50 inquiridos, 17 (34%) concordam totalmente que *o servidor de correio eletrónico analisa todos os cabeçalhos dos dados recebidos e enviados em busca de vírus*, 10 (20%) concordam totalmente, 19 (38%) estão indecisos, 1 (2%) discorda totalmente e 3 (6%) discordam totalmente. O desvio-padrão dos dados é de 1,14, o que indica que os dados estão dispersos em relação ao seu valor central em 1,14. Entre os 50 inquiridos, 13 (26%) concordam totalmente que *o registo de verificação de vírus é bem mantido*, 8 (%) concordam totalmente, 19 (38%) estão indecisos, 3 (6%) discordam totalmente e 7 (14%) discordam totalmente. O desvio-padrão dos dados é 1,32, o que indica que os dados estão dispersos em relação ao seu valor central em 1,32. Entre os 50 inquiridos, 24 (48%) concordam totalmente que *a deteção de intrusos está implementada em todos os servidores e estações de trabalho que contêm dados classificados como de alto risco,* 4 (8%) concordam totalmente, 15 (30%) estão indecisos, 2 (4%) discordam totalmente e 5 (10%) discordam totalmente. O desvio padrão dos dados é de 1,36, o que indica que os dados estão dispersos em relação ao seu valor central em 1,36. Entre os 50 inquiridos, 7 (14%) concordam totalmente que *os registos de sistemas críticos são revistos frequentemente*, 8 (16%) concordam bastante, 26 (52%) estão indecisos, 3 (6%) discordam bastante e 6 (12%) discordam extremamente. O desvio-padrão dos dados é de 1,13, o que indica que os dados estão dispersos em relação ao seu valor central em 1,13. Entre os 50 inquiridos, 24 (48%) concordam extremamente que *os alertas são transmitidos ao administrador quando é detectada uma intrusão grave na segurança*, 2 (4%) concordam bastante, 11 (22%) estão indecisos, 2 (4%) discordam bastante e 11 (22%) discordam extremamente. O desvio-padrão dos dados é de 1,63, o que indica que os dados estão dispersos em relação ao seu valor central em 1,63. Entre os 50 inquiridos, 41 (82%) concordam totalmente que *todas as ligações da Internet passam por um ponto de ligação seguro para garantir a proteção da rede*, 4 (8%) concordam bastante, 48 (%) estão indecisos, 0 (0%) discordam bastante e 1 (2%) discorda extremamente. O desvio-padrão dos dados é de 0,79, o que indica que os dados estão dispersos em relação ao seu valor central em 0,79. Entre os 50 inquiridos, 32 (64%) concordam totalmente que *todos os sistemas ligados à rede estão instalados com uma versão do sistema operativo suportada pelo fornecedor*, 9 (18%) concordam totalmente, 3 (6%) estão indecisos, 2 (4%) discordam totalmente e 4 (8%) discordam totalmente. O desvio padrão dos dados é 1,24, o que indica que os dados estão dispersos em relação ao seu valor central em 1,24. Entre os 50 inquiridos, 16 (32%) concordam totalmente que *os patches de segurança actualizados estão instalados em todos os sistemas*, 8 (16%) concordam totalmente, 3 (6%) estão indecisos, 7 (14%) discordam totalmente e 16 (32%) discordam totalmente. O desvio-padrão dos dados é de 1,71, o que indica que os dados estão dispersos em relação ao seu valor central em 1,71. Entre os 50 inquiridos, 32 (64%) concordam totalmente que *os recursos informáticos do Banco são utilizados de forma a cumprir a política, as regras e os regulamentos do Banco*, 11 (22%) concordam totalmente, 4 (8%) estão indecisos, 2 (4%) discordam totalmente e 1 (2%) discorda totalmente. O desvio padrão dos dados é de 0,95, o que indica que os dados estão dispersos em relação ao seu valor central em 0,95. Entre os 50 inquiridos, 26 (52%) concordam extremamente que *a desencriptação de palavras-passe não é permitida, exceto por pessoal autorizado que efectue análises ou investigações de segurança*, 14 (28%) concordam bastante, 6 (12%) estão indecisos, 2 (4%) discordam bastante e 2 (4%) discordam extremamente. O desvio padrão dos dados é 1,07, o que indica que os dados estão dispersos em relação ao seu valor central em 1,07.

Política governamental		EA	QA	D	QD	ED	T	SD
A proteção de dados na Índia é conseguida através da aplicação dos direitos de privacidade e de propriedade	Frequência	13	13	20	2	2	50	1.04
	%	26	26	40	4	4	100	
A lei IT Act 2000 penaliza as infracções e os delitos cibernéticos	Frequência	6	17	24	1	2	50	0.89
	%	12	34	48	2	4	100	
A lei sobre as tecnologias da informação abrange igualmente as infracções e as violações cometidas fora da Índia	Frequência	7	15	25	2	1	50	0.86
	%	14	30	50	4	2	100	

Quadro 3.23 Distribuição de frequências

Entre os 50 inquiridos, 13 (26%) concordam plenamente que *a proteção de dados na Índia é conseguida através da aplicação da privacidade e dos direitos de propriedade,* 13 (26%) concordam bastante, 20 (40%) estão indecisos, 2 (4%) discordam bastante e 2 (4%) discordam extremamente. O desvio padrão dos dados é de 1,04, o que indica que os dados estão dispersos em relação ao seu valor central em 1,04. Entre os 50 inquiridos, 6 (12%) concordam totalmente com o facto de *a Lei TI 2000 penalizar as infracções e os crimes informáticos,* 17 (34%) concordam totalmente, 24 (48%) estão indecisos, 1 (2%) discorda totalmente e 2 (4%) discordam totalmente. O desvio padrão dos dados é de 0,89, o que indica que os dados estão dispersos em relação ao seu valor central em 0,89. Entre os 50 inquiridos, 7 (14%) concordam totalmente que *a lei sobre as TI também abrange as infracções cometidas fora da Índia,* 15 (30%) concordam totalmente, 25 (50%) estão indecisos, 2 (4%) discordam totalmente e 1 (2%) discorda totalmente. O desvio-padrão dos dados é de 0,86, o que indica que os dados estão dispersos em relação ao seu valor central em 0,86.

Resumo

Ao longo dos últimos anos, os consumidores fizeram da banca pela Internet o seu modo preferido de efetuar operações bancárias. Ao poderem aceder a informações sobre a conta e efetuar transacções sem necessitarem de acesso a agências bancárias, caixas automáticas ou computadores, os consumidores podem "fazer operações bancárias" onde e quando quiserem e estão a aprender a esperar essa comodidade. A maioria dos grandes bancos fez investimentos substanciais em serviços bancários pela Internet e em capacidades bancárias móveis, e as instituições financeiras mais pequenas não estão muito atrás. Além disso, as operadoras de redes móveis, os processadores de cartões de crédito e os serviços financeiros pessoais em linha que permitem aos consumidores agregar as suas contas num único sítio Web ou aplicação estão entre as muitas instituições não bancárias que disputam uma posição neste espaço em rápido crescimento. A banca móvel está prestes a transformar-se de um serviço de nicho para a elite tecnológica num serviço de mercado de massas exigido por todos os segmentos de clientes. 90% dos clientes do banco concordam que o serviço de consulta do saldo da conta do seu banco é excelente, 69% dos clientes concordam que o serviço de pagamento de facturas do banco é excelente. Por outro lado, os vários serviços electrónicos, nomeadamente o serviço de suspensão de pagamentos, a visualização de cheques digitais em linha, a reconciliação de livros de cheques em linha, etc., só foram utilizados por raros clientes ou não foram amplamente adoptados. 58% dos clientes concordam que o software e os serviços fornecidos nos ATM do banco estão actualizados. O banco introduziu os serviços electrónicos nas suas operações devido à concorrência selvagem no sector bancário, o que foi aceite por 54% dos clientes. O sítio Web do banco é compatível com todos os browsers mais recentes, o que é aceite por 55% dos clientes. A prestação dos serviços do banco é única e corresponde às suas expectativas, o que é aceite por 53% dos clientes.

Referências

APWG (2010). Relatório de tendências da atividade de phishing, 2.º n.º trimestre de 2010, Anti Phishing Working Group, 1-11.

Deloitte (2010). Cibercrime: um perigo claro e presente combater a ameaça à segurança cibernética que mais cresce. Center for Security & Privacy Solutions, Deloitte Development LLC, 1-15.

Deloitte (2010). Mobile banking a catalyst for improving bank performance. Obtido em 11 de janeiro de 2011, do sítio Web http://www.deloitte.com/assets/Dcom-UnitedStates/Local%20Assets/Documents/us_consulting_MobileBanking_010711.pdf.

RBI (2010). Operation and performance of commercial banks. Banco Central da Índia, 59-101.

RBI (2010). Global banking developments. Report on trend and progress of banking in India 2009-10, Reserve Bank of India, 15-28.

RBI (2010). Report on Internet Banking. Recuperado em 21 de julho de 2010, do sítio Web rbidocs.rbi.org.in/rdocs/PublicationReport/Pdfs/21595.pdf.

Tecnologia da Informação e Banca - Uma Agenda Contínua. Banco de Reserva da Índia. Obtido em 3 de dezembro de 2010, do sítio Web http://www.cab.org.in/ ICTPortal/Lists/Policy%20Initiative/Attachments/23/ITandBkg- Gvnr.pdf

Bancos em Uttaranchal. Recuperado em 03 de dezembro de 2010, do site http://www. uttaranchal-india.com/uttarakhand/banks-in-uttaranchal.html.

CAPÍTULO 4

AMEAÇAS DA CIBERCRIMINALIDADE, ESTRATÉGIAS PARA AS ULTRAPASSAR E TENDÊNCIAS FUTURAS

A banca eletrónica, com as suas vantagens inerentes tanto para o sector bancário como para o cliente, é uma área com um enorme potencial de crescimento. Neste domínio, assistiu-se também a um aumento correspondente das violações da segurança das redes, dos roubos/perdas de dados, dos roubos de identidade e de outros crimes de colarinho branco, que resultaram em enormes prejuízos para o sector bancário e para a sua clientela. Os prejuízos sofridos pelo sector bancário em todo o mundo devido a crimes de colarinho branco ascendem a milhares de milhões de dólares e ultrapassam largamente os métodos convencionais de assalto a bancos. A velocidade sem precedentes a que o net banking evoluiu, a natureza omnipresente e global das redes abertas e a crescente dependência das tecnologias da informação contribuíram para criar um ambiente de desafios de segurança acrescidos. As alterações à lei das tecnologias da informação, a regulamentação bancária e a próxima explosão do WAP são questões que devem ser tidas em conta pelo sector.

Ameaças da cibercriminalidade

1. Estouro da memória intermédia

O transbordamento da memória intermédia ocorre quando uma área de armazenamento temporário é preenchida com mais dados do que aqueles para que foi concebida. Os dados estranhos podem transbordar para o armazenamento adjacente, causando falhas no software ou, se os dados forem cuidadosamente concebidos para se comportarem como instruções que desencadeiam acções indesejadas.

2. Entrada artesanal

As entradas artificiais são cuidadosamente concebidas para perturbar a execução normal de um sistema. Por exemplo, uma imagem JPG pode ser concebida para colocar o descodificador de imagem num ciclo infinito.

3. Falsificação

A falsificação é um logro de identidade utilizado para obter acesso a recursos restritos. Exemplos de itens a serem falsificados são endereços IP, números de porta e nomes de usuário. Os programas Secure Shell nem sequer são imunes a spoofing.

4. Pedido direto a um recurso

O pedido direto a um recurso acede a dados sensíveis através de meios válidos. O acesso é permitido devido a uma limitação do software ou a uma má configuração do software e não devido à esperteza do atacante.

5. Formato da cadeia

Os ataques de formatação de cadeias de caracteres tiram partido de software que aceita entradas não filtradas do utilizador. Se a entrada for passada para uma função de formatação, como printf() em C, então tokens como %s, %x e %n podem ser usados para obter informações armazenadas na pilha de tempo de execução.

6. Travessia de diretórios

Os ataques de travessia de diretórios visam normalmente servidores Web que têm a capacidade de apresentar páginas dinâmicas. Em vez de um simples nome de página, é pedido um nome de caminho relativo que pode levar à aquisição de dados sensíveis.

7. Força bruta

Os ataques de força bruta utilizam uma abordagem de tentativa e erro para obter informações ou direitos. Em vez de estratégias intelectuais, o atacante utiliza uma técnica de pesquisa exaustiva.

8. Inclusão remota de ficheiros PHP

A inclusão remota de ficheiros em PHP permite a um utilizador remoto carregar e possivelmente executar um ficheiro arbitrário num servidor Web. No caso geral, é passado ao servidor um valor cuidadosamente construído que contém o nome do ficheiro remoto a que se pretende aceder.

9. Scripting entre sítios

O scripting entre sítios é outra forma de atacar um servidor Web que fornece páginas dinâmicas aos clientes. Os scripts incorporados nos pedidos HTML podem induzir um utilizador desprevenido a executar os scripts. Estes ataques são normalmente utilizados para a aquisição de informações que conduzem ao sequestro de ligações.

10. Injeção de SQL

As vulnerabilidades de injeção SQL são exploradas através da colocação de consultas à base de dados sob a forma de instruções SQL em pedidos ao servidor Web. O resultado é a execução da instrução SQL no servidor e a devolução dos resultados da consulta ao cliente.

11. Envenenamento da cache Web

O envenenamento da cache Web é conseguido alterando o conteúdo da cache de páginas de um servidor Web . Em vez de devolver a página pedida, é devolvida a versão modificada na cache, que pode conter redireccionamentos ou scripts arbitrários.

12. Metacaracteres

Os metacaracteres (como ? ou *) não são corretamente verificados antes de serem passados para o sistema subjacente num sistema vulnerável a um ataque de metacaracteres. Estes caracteres, interpretados pelo sistema subjacente, podem ser utilizados para executar comandos arbitrários.

Consequências

Cada vulnerabilidade forneceu um resultado específico do domínio do ataque. As categorias seguintes dão uma ideia do tipo de consequências que os atacantes tentam obter.

1. Negação de serviço

Os ataques que resultam numa negação de serviço são concebidos para impedir que um fornecedor de serviços forneça o que é normalmente esperado. Por exemplo, ao fazer com que um programa entre num ciclo de processamento infinito, o atacante pode ser capaz de impedir a execução de outras instalações, negando assim os serviços que essas instalações fornecem.

2. Compromisso da conta

O comprometimento da conta ocorre quando um atacante obtém acesso não autorizado à conta de um utilizador. O acesso não envolve privilégios ao nível do sistema, mas pode expor o utilizador ao roubo ou modificação de informações restritas. Embora os danos possam ser contidos devido aos privilégios ao nível do utilizador, o acesso é normalmente utilizado como ponto de entrada para outros ataques.

3. Compromisso da raiz

O comprometimento da raiz ocorre quando um atacante obtém acesso não autorizado ao sistema com privilégios ao nível do sistema. O atacante tem controlo total sobre a funcionalidade do sistema e pode causar uma grande quantidade de danos.

4. Execução de código arbitrário malicioso

O código malicioso inclui vírus, cavalos de Troia e worms. Estes programas não são facilmente vistos pelo utilizador, mas funcionam de forma dissimulada até que os danos sejam notados. Este código pode levar a um maior comprometimento do sistema através de uma negação de serviço, comprometimento da conta ou comprometimento da raiz.

Estratégias para superar as ciberameaças

Quando o sistema de um banco está ligado à Internet ou à intranet, um ataque pode ter origem em qualquer altura e em qualquer lugar. É necessário estabelecer um nível aceitável de segurança antes de se poderem efetuar negócios na Internet de forma fiável. Um ataque pode ser de qualquer tipo:

- O intruso pode obter acesso não autorizado

- O intruso pode destruir, corromper ou alterar de outra forma os dados

- O intruso não obtém acesso, mas falsifica mensagens do sistema do utilizador

- O intruso não obtém acesso, mas implementa procedimentos maliciosos que fazem com que a rede falhe, reinicie ou fique suspensa

As técnicas de segurança modernas tornaram o cracking muito difícil, mas não impossível. Além disso, se o sistema não estiver corretamente configurado ou se não estiverem instalados os patches actualizados, os piratas informáticos podem violar o sistema utilizando uma falha de segurança. Existe uma vasta gama de informações sobre falhas de segurança e respectivas correcções disponíveis na Internet.

1. Técnicas de autenticação

A autenticação é o ato de estabelecer a genuinidade ou originalidade de um assunto. Pode ser dividida em vários tipos, consoante a forma como é efectuada. As técnicas de autenticação evoluíram e foram reforçadas por aperfeiçoamentos contínuos, de modo a reduzir os ataques a domínios privados Radha (2010).

1.1 Autenticação de fator único

Uma solução bem conhecida e fiável nos primeiros tempos da informatização era a validação por um único atributo. Era eficaz nos dias de processamento localizado e ambientes de utilizador único. Mas, à medida que as redes e as aplicações baseadas na Internet se espalharam por todo o lado e os utilizadores foram obrigados a manter palavras-passe para muitos sites e aplicações diferentes, tiveram tendência para utilizar uma única palavra-passe para todas as aplicações em diferentes sites. Há vários casos relatados em que os atacantes entraram em sítios Web de baixa segurança e recuperaram milhares de pares nome de utilizador/palavra-passe e tentaram utilizá-los diretamente por métodos de tentativa e erro para entrar em sítios de comércio eletrónico de alta segurança, como o eBay, com a intenção de cometer fraudes.

1.2 Hashing de palavras-passe da Web

O PwdHash é uma extensão do browser que converte de forma transparente a palavra-passe de um utilizador numa palavra-passe específica de um domínio. O PwdHash substitui automaticamente o conteúdo destes campos de palavra-passe por um hash unidirecional do par (palavra-passe, nome do domínio). Isto faz com que o programa no sítio Web processe apenas o hash específico do domínio da palavra-passe, e não a própria palavra-passe. Uma invasão num sítio Web de baixa segurança expõe os hashes da palavra-passe em vez da palavra-passe propriamente dita. Apesar de ser uma técnica muito eficaz, exigia a adição de extensões aos browsers. Esta funcionalidade, se for incorporada em todos os programas de navegação, evitará a necessidade de instalar quaisquer extensões.

1.3 Autenticação em duas fases

Não se pode esperar que todos os utilizadores carreguem extensões para as suas senhas, uma vez que isso requer algum conhecimento de processamento e também porque os ataques de roubo de senhas se tornaram tão comuns que a indústria de software observou que a autenticação em duas fases pode controlar o roubo de identidade apenas até certo ponto. As empresas escolheram diferentes métodos para a autenticação de segunda fase, para além das palavras-passe. A segunda entrada para a autenticação deve, de preferência, ser dinâmica e estar na posse do utilizador autorizado. As senhas de uso único fornecidas através de tokens, os números de transação através de telemóveis, as grelhas impressas no verso dos cartões, os dígitos dinâmicos dos números dos cartões multibanco, etc., são todos introduzidos como segunda entrada para autenticação e vêm por ordem crescente de complexidade e custo. Embora estes métodos sejam vagamente designados como autenticação de segundo fator, na realidade são utilizados como dados baseados no conhecimento e, por conseguinte, podem ser roubados ou partilhados.

1.4 Autenticação Multifactor

O FFIEC - Federal Financial Institutions Examination Council, emitiu orientações suplementares sobre autenticação em agosto de 2006, nas quais esclareceu que "por definição, a verdadeira autenticação multifactor requer a utilização de soluções de duas ou mais das três categorias de factores". A utilização de várias soluções da mesma categoria não se qualificaria como uma autenticação multifactor.

1.5 Autenticação multicanal

A senha de transação única enviada por um banco ao seu cliente por telemóvel antes de a transação ser efectuada tornou-se muito popular. Em , foi introduzida esta fase adicional, partindo do pressuposto de que a segurança no canal Internet poderia ser violada e que o canal telemóvel é mais seguro. No entanto, com a convergência de diferentes canais de comunicação (Internet no telemóvel) e a convergência de dispositivos (iPod) implementada, estas soluções têm de ser continuamente revistas e têm de ser incorporadas mais camadas. O processo de autenticação utiliza sempre servidores de autenticação e os tipos mais comuns de servidores de autenticação incluem

1.2.1 RADIUS (Serviço de Autenticação Remota do Utilizador)

O Remote Authentication Dial in User Service (RADIUS) é um protocolo de rede que fornece uma gestão centralizada de autenticação, autorização e contabilidade (AAA) para que os computadores se liguem e utilizem um serviço de rede. O RADIUS foi desenvolvido pela Livingston Enterprises, Inc., em 1991, como um protocolo de autenticação e contabilidade de servidor de acesso e, mais tarde, integrado nas normas da Internet Engineering Task Force (IETF). Devido ao amplo suporte e à natureza omnipresente do protocolo RADIUS, é frequentemente utilizado por ISPs e empresas para gerir o acesso à Internet ou a redes internas, redes sem fios e serviços de correio eletrónico integrados. Estas redes podem incorporar modems, DSL, pontos de acesso, VPNs, portas de rede, servidores Web, etc. É um protocolo cliente/servidor que funciona na camada de aplicação, utilizando o UDP como transporte. O servidor de acesso remoto, o servidor de rede privada virtual, o comutador de rede com autenticação baseada em portas e o servidor de acesso à rede (NAS) são todos gateways que controlam o acesso à rede e todos têm um componente cliente RADIUS que comunica com o servidor RADIUS.

1.2.2 Kerberos

O Kerberos é um protocolo de autenticação de redes informáticas que permite que os nós que comunicam através de uma rede não segura provem a sua identidade uns aos outros de forma segura. Os seus criadores visavam principalmente um modelo cliente-servidor e fornece autenticação mútua, em que tanto o utilizador como o servidor verificam a identidade um do outro. As mensagens do protocolo Kerberos estão protegidas contra ataques de interceção e repetição. O Kerberos baseia-se na criptografia de chave simétrica e requer um terceiro de confiança e, opcionalmente, pode utilizar a criptografia de chave pública, recorrendo à criptografia de chave assimétrica durante determinadas fases da autenticação. O Kerberos utiliza como base o protocolo simétrico Needham-Schroeder. Utiliza um terceiro de confiança, denominado centro de distribuição de chaves (KDC), que consiste em duas partes logicamente separadas: um servidor de autenticação (AS) e um servidor de concessão de bilhetes (TGS). O Kerberos funciona com base em "bilhetes" que servem para provar a identidade dos utilizadores.

O KDC mantém uma base de dados de chaves secretas; cada entidade na rede - quer seja um cliente ou um servidor - partilha uma chave secreta conhecida apenas por si e pelo KDC. O conhecimento desta chave serve para provar a identidade de uma entidade. Para a comunicação entre duas entidades, o KDC gera uma chave de sessão que estas podem utilizar para proteger as suas interações. A segurança do protocolo depende em grande medida do facto de os participantes manterem uma sincronização de tempo pouco rigorosa e de afirmações de autenticidade de curta duração, denominadas bilhetes Kerberos. O cliente autentica-se junto do servidor de autenticação e recebe um bilhete. Em seguida, contacta o servidor de concessão de bilhetes e, utilizando o bilhete, demonstra a sua identidade e solicita um serviço. Se o cliente for elegível para o serviço, o servidor de concessão de bilhetes envia outro bilhete para o cliente. O cliente contacta então o servidor de serviços e, utilizando este bilhete, prova que foi aprovado para receber o serviço.

1.2.3 TACACS+

O protocolo TACACS+ fornece controlo de acesso a routers, servidores de acesso à rede e outros dispositivos informáticos em rede através de um ou mais servidores centralizados. O TACACS+ fornece serviços separados de autenticação, autorização e contabilidade. O TACACS permite que um cliente aceite um nome de utilizador e uma palavra-passe e envie uma consulta a um servidor de autenticação TACACS, por vezes designado por daemon TACACS ou simplesmente TACACSD. Este servidor era normalmente um programa executado num anfitrião. O anfitrião determinava se aceitava ou recusava o pedido e enviava uma resposta. O TIP permitiria então o acesso ou não, com base na resposta. Desta forma, o processo de tomada de decisão é "aberto" e os algoritmos e dados utilizados para tomar a decisão estão sob o controlo total de quem quer que esteja a executar o daemon TACACS. As extensões do protocolo prevêem mais tipos de pedidos de autenticação e mais tipos de códigos de resposta do que os previstos na especificação original.

1.2.4 Protocolo leve de acesso a diretórios

O Lightweight Diretory Access Protocol (LDAP) é um protocolo de serviço de diretório que funciona numa camada acima da pilha TCP/IP. Fornece um mecanismo utilizado para ligar, pesquisar e modificar diretórios da Internet. O serviço de diretório LDAP baseia-se num modelo cliente-servidor. A função do LDAP é permitir o acesso a um diretório existente. O modelo de dados (dados e espaço de nomes) do LDAP é semelhante ao do serviço de diretório X.500 OSI, mas com menores requisitos de recursos. A API LDAP associada simplifica a escrita de aplicações de serviços de diretórios na

1.3 Criptografia

A criptografia é a ciência da escrita em código secreto e é uma arte antiga; a primeira utilização documentada da criptografia na escrita remonta a cerca de 1900 a.C., quando um escriba egípcio utilizou hieróglifos não normalizados numa inscrição. Alguns especialistas argumentam que a criptografia surgiu espontaneamente algum tempo depois de a escrita ter sido inventada, com aplicações que vão desde as missivas diplomáticas até aos tempos de guerra 152

planos de batalha. Não surpreende, portanto, que novas formas de criptografia tenham surgido logo após o desenvolvimento generalizado das comunicações por computador. Nos dados e nas telecomunicações, a criptografia é necessária quando se comunica através de qualquer meio inseguro, o que inclui praticamente qualquer rede, em especial a Internet. Uma variedade de métodos criptográficos pode incluir a criptografia de chave secreta, a criptografia de chave pública ou as funções de hash.

1.4 Segurança da base de dados

Os sistemas de gestão de bases de dados são cada vez mais utilizados para armazenar informações sobre todos os aspectos de uma empresa. Os dados armazenados num SGBD são frequentemente vitais para os interesses comerciais da organização e são considerados como um ativo empresarial. Para além de proteger o valor intrínseco dos dados, o banco deve considerar formas de garantir a privacidade e controlar o acesso aos dados que não devem ser revelados a um determinado grupo de utilizadores por várias razões. Uma base de dados do banco contém uma grande quantidade de informação e tem normalmente vários grupos de utilizadores. A maioria dos utilizadores precisa de aceder apenas a uma pequena parte da base de dados para realizar as suas tarefas. Permitir aos utilizadores o acesso ilimitado a todos os dados pode ser indesejável e um SGBD deve fornecer mecanismos para controlar o acesso aos dados. Um SGBD utiliza duas abordagens principais para o controlo do acesso.

1.4.1 Controlo de acesso discricionário

O controlo de acesso discricionário é o princípio de restringir o acesso a objectos com base na identidade do sujeito (o utilizador ou o grupo a que o utilizador pertence). O controlo de acesso discricionário é implementado através de listas de controlo de acesso. Um perfil de recurso contém uma lista de controlo de acesso que identifica os utilizadores que podem aceder ao recurso e a autoridade (como ler ou atualizar) que o utilizador tem permissão para referenciar o recurso. O administrador de segurança define um perfil para cada objeto (um recurso ou grupo de recursos) e actualiza a lista de controlo de acesso para o perfil. Este tipo de controlo é discricionário no sentido em que os sujeitos podem manipulá-lo, porque o proprietário de um recurso, para além do administrador de segurança, pode identificar quem pode aceder ao recurso e com que autoridade.

1.4.2 Controlo de acesso obrigatório

O Controlo de Acesso Obrigatório (MAC) garante que a aplicação da política de segurança organizacional não depende da conformidade voluntária do utilizador da aplicação Web. O MAC protege a informação atribuindo rótulos de sensibilidade à informação e comparando-os com o nível de sensibilidade em que um utilizador está a operar. De um modo geral, os mecanismos de controlo de acesso MAC são mais seguros do que o DAC, mas têm compensações em termos de desempenho e conveniência para os utilizadores. Os mecanismos MAC atribuem um nível de segurança a todas as informações, atribuem uma autorização de segurança a cada utilizador e garantem que todos os utilizadores só têm acesso aos dados para os quais têm autorização. O MAC é geralmente adequado para sistemas extremamente seguros, incluindo aplicações militares seguras a vários níveis ou aplicações de dados de missão crítica. Um modelo de controlo de acesso MAC apresenta frequentemente um ou mais dos seguintes atributos

• Todos os utilizadores podem ler a partir de uma classificação inferior à que lhes é atribuída (um utilizador "secreto" pode ler um documento não classificado).

• Todos os utilizadores têm acesso de leitura/escrita apenas a objectos com a mesma classificação (um utilizador "secreto" só pode ler/escrever um documento secreto).

• Apenas os administradores, e não os proprietários dos dados, podem efetuar alterações à etiqueta de segurança de um recurso.

• Todos os utilizadores podem escrever para uma classificação superior (um utilizador "secreto" pode publicar informações num recurso Top Secret).

• A todos os dados é atribuído um nível de segurança que reflecte a sua sensibilidade, confidencialidade e valor de proteção relativos.

• O acesso é autorizado ou restringido a objectos com base na segurança caraterísticas do cliente HTTP (por exemplo, comprimento dos bits SSL, informações sobre a versão, endereço IP ou domínio de origem, etc.)

• O acesso é autorizado ou restringido a objectos com base na hora do dia, dependendo da etiquetagem do recurso e das credenciais do utilizador (orientadas pela política).

1.5 Segurança de rede

Dizemos que uma rede é segura se a ligação obedecer à propriedade CIA. Para garantir a segurança de uma rede, estão a ser concebidos periodicamente muitos protocolos de segurança pela Autoridade da Internet. A Web surgiu no início dos anos 90; os investigadores começaram a pensar em garantir a segurança da Web e das transacções na Web.

1.5.1 IPSEC

A Segurança do Protocolo Internet é um conjunto de protocolos para garantir a segurança das comunicações IP (Internet Protocol), autenticando e encriptando cada pacote IP de uma sessão de comunicação. Inclui protocolos para estabelecer a autenticação mútua entre agentes no início da sessão e a negociação de chaves criptográficas a utilizar durante a sessão. É um esquema de segurança extremo-a-extremo que funciona na camada Internet do conjunto de protocolos Internet. Pode ser utilizado para proteger os fluxos de dados entre um par de anfitriões (anfitrião a anfitrião), entre um par de portas de segurança (rede a rede) ou entre uma porta de segurança e um anfitrião (rede a anfitrião).

1.5.2 SSL

O protocolo Secure Sockets Layer (SSL) foi desenvolvido pela Netscape Communications para fornecer comunicação segura independente de aplicações através da Internet para protocolos como o Hypertext Transfer Protocol (HTTP). O SSL utiliza certificados RSA e X.509 durante um aperto de mão inicial utilizado para autenticar o servidor (a autenticação do cliente é opcional). O cliente e o servidor acordam então um esquema de encriptação; o SSL v2 suporta RC2 e RC4 com chaves de 40 bits, enquanto o SSL v3 adiciona suporte para DES, RC4 com uma chave de 128 bits e 3DES com uma chave de 168 bits, tudo juntamente com hashes de mensagem MD5 ou SHA-1. Atualmente, o SSL v3 é a versão mais comummente suportada nos servidores, embora ainda se encontrem algumas implementações do SSL v2; ambos são suportados pelos browsers mais comuns

1.5.3 DNSSEC (Extensão de Segurança DNS)

O DNSSEC foi concebido para proteger a Internet de certos ataques, como o envenenamento da cache do DNS. Trata-se de um conjunto de extensões do DNS que permitem: a) a autenticação da origem dos dados DNS, b) a integridade dos dados e c) a negação de existência autenticada.

Estes mecanismos exigem alterações ao protocolo DNS. O DNSSEC acrescenta quatro novos tipos de registos de recursos: Resource Record Signature (RRSIG), DNS Public Key (DNSKEY), Delegation Signer (DS) e Next Secure (NSEC).

1.5.4 WEP

Wired Equivalent Privacy (WEP) é o algoritmo de encriptação incorporado na norma 802.11 (Wi-Fi). A encriptação WEP utiliza a cifra de fluxo RC4 com chaves de 40 ou 104 bits e um vetor de inicialização de 24 bits. A maioria dos dispositivos 802.11 permite que as chaves WEP sejam introduzidas utilizando uma frase-chave ASCII ou em formato hexadecimal. A conversão entre estes dois formatos é uma norma da indústria que é partilhada por quase todos os fornecedores de equipamento 802.11.

1.5.5 WPA

O Wi-Fi Protected Access (WPA) e o Wi-Fi Protected Access II (WPA2) são dois protocolos de segurança e programas de certificação de segurança desenvolvidos pela Wi-Fi Alliance para proteger as redes de computadores sem fios. A Alliance definiu-os em resposta às graves deficiências que os investigadores tinham encontrado no sistema anterior, o WEP (Wired Equivalent Privacy). O protocolo WPA implementa a maior parte da norma IEEE 802.11i. A Wi-Fi Alliance pretendia que o WPA fosse uma medida intermédia para substituir o WEP enquanto se aguarda a preparação do 802.11i. Especificamente, o protocolo TKIP (Temporal Key Integrity

Protocol) foi introduzido no WPA. A encriptação TKIP substitui a pequena chave de encriptação de 40 bits do WEP, que tem de ser introduzida manualmente nos pontos de acesso e dispositivos sem fios e que não muda. O TKIP é uma chave de 128 bits por pacote, o que significa que gera dinamicamente uma nova chave para cada pacote, evitando assim as colisões.

1.5.6 RSN (REDE DE SEGURANÇA ROBUSTA)

A RSN é uma rede de segurança que apenas permite a criação de associações de rede de segurança robustas (RSNAs), que são um tipo de associação utilizada por um par de estações (STAs) se o procedimento para estabelecer a autenticação ou associação entre elas incluir o 4-Way Handshake. Também fornece dois protocolos de confidencialidade e integridade de dados RSNA, TKIP e CCMP, sendo obrigatória a implementação do CCMP.

1.6 Política de segurança

As organizações desenvolveram várias políticas de segurança da informação para ultrapassar o ataque das ciberameaças. A segurança da informação significa a proteção dos dados, aplicações, redes e sistemas informáticos dos bancos contra o acesso não autorizado, a alteração ou a destruição. O objetivo da segurança da informação é

• Estabelecer uma abordagem à segurança da informação que abranja toda a organização.

• Prescrever mecanismos que ajudem a identificar e prevenir o comprometimento da segurança da informação e a utilização indevida dos dados, aplicações, redes e recursos informáticos dos bancos.

• Definir mecanismos que protejam a reputação do banco e lhe permitam cumprir as suas responsabilidades legais e éticas no que respeita à conetividade das suas redes e recursos informáticos com as redes mundiais.

• Estabelecer um mecanismo eficaz para as queixas e questões externas relativas ao incumprimento real ou aparente da presente política.

O banco utiliza uma abordagem estratificada de controlos sobrepostos, monitorização e autenticação para garantir a segurança global.

1.6.1 Política de classificação de dados

É essencial que todos os dados do banco sejam protegidos. No entanto, existem gradações que exigem diferentes níveis de segurança. Todos os dados devem ser revistos periodicamente e classificados de acordo com a sua utilização, sensibilidade e importância. Activos de informação de *alto risco* para os quais existem requisitos legais que impedem a divulgação de sanções financeiras em caso de divulgação. Os dados abrangidos pela legislação federal e estatal, como a FERPA, a HIPAA ou a lei de proteção de dados, pertencem a esta classe. A folha de pagamento, o pessoal e as informações financeiras também estão nesta classe devido a requisitos de privacidade. Esta política reconhece que outros dados podem ter de ser tratados como de alto risco, porque causariam graves danos ao banco se fossem modificados ou divulgados. Dados *confidenciais* que não exporiam o banco a perdas se fossem divulgados, mas que o proprietário dos dados considera que devem ser protegidos para evitar a divulgação não autorizada. É da responsabilidade do proprietário dos dados implementar os requisitos de segurança necessários em . As informações *públicas* que podem ser divulgadas livremente devem ser categorizadas e protegidas de acordo com os requisitos estabelecidos para cada classificação. A classificação dos dados e o correspondente nível de proteção devem ser consistentes quando os dados são replicados e à medida que circulam no ambiente bancário.

1.6.2 Política de controlo de acesso

As sucursais e a gestão de topo devem ter uma política normalizada que se aplique aos direitos de acesso dos utilizadores. Isto será suficiente na maioria dos casos. Os proprietários ou responsáveis pelos dados podem adotar uma política mais restritiva para o acesso dos utilizadores finais aos seus dados. Existe um equilíbrio delicado entre proteger os dados e permitir o acesso àqueles que necessitam de utilizar os dados para fins autorizados. Este equilíbrio deve ser reconhecido.

1.6.3 Política de prevenção de vírus

A introdução intencional de vírus informáticos ou de programas perturbadores/destrutivos no banco é proibida e os infractores podem ser objeto de ação judicial. Todos os servidores e estações de trabalho que se ligam à rede e que são vulneráveis a ataques de vírus ou worms devem ser protegidos com um produto de software antivírus aprovado e licenciado, que é mantido atualizado de acordo com as recomendações do fornecedor. Os cabeçalhos de todos os dados recebidos, incluindo o correio eletrónico, devem ser verificados quanto à presença de vírus pelo servidor de correio eletrónico, sempre que tais produtos existam e sejam financeiramente viáveis de implementar. O correio eletrónico de saída deve ser verificado sempre que existam tais capacidades.

1.6.4 Política de deteção de intrusões

Os processos de registo do sistema operativo e do software de aplicação devem ser activados em todos os sistemas anfitriões e servidores. Sempre que possível, devem ser activadas as funções de alarme e alerta, bem como os sistemas de registo e monitorização. Os registos do servidor, da firewall e dos sistemas críticos devem ser revistos com frequência. Sempre que possível, deve ser activada a revisão automática e devem ser transmitidos alertas aos administradores quando for detectada uma intrusão grave na segurança.

1.6.5 Política de segurança do sistema

Devem ser efectuadas verificações da integridade do sistema dos sistemas anfitrião e servidor que alojam dados de alto risco. Todos os sistemas ligados à Internet devem ser actualizados com correcções de segurança.

1.6.6 Política de utilização aceitável

Os recursos informáticos do Banco devem ser utilizados de forma a cumprir as políticas do Banco e as leis e regulamentos estatais e federais. A utilização da infraestrutura informática e de rede deve ser limitada em termos de tempo e recursos e não deve interferir de forma alguma com as funções do banco ou com os deveres do funcionário.

1.6.7 Política governamental

As indústrias indianas de externalização de processos empresariais, de dados e de conhecimento têm vindo a crescer significativamente nos últimos anos. No entanto, vários incidentes de roubo de dados e utilização indevida de informações públicas e privadas suscitaram preocupações quanto à externalização para a Índia. Ao contrário dos EUA ou da União Europeia, a Índia não dispõe de uma lei de proteção de dados. Os direitos de privacidade são aplicados ao abrigo da Constituição indiana e da Lei das Tecnologias da Informação de 2000, enquanto a Lei dos Contratos indiana de 1872, a Lei dos Direitos de Autor de 1957 e o Código Penal indiano de 1860 protegem os direitos de propriedade.

Hipótese 1 (H1): Não existe uma diferença significativa entre a gestão das bases de dados dos bancos e os ataques informáticos

			Foi mantido um armazém central de dados ou um repositório de dados para uma apresentação correta da informação e para evitar conflitos				
			Acordo	Indecisos	Não concordo	Total	Valor
Roubo de identidade online	Concordo	Contagem	28	1	1	30	$\chi^2 =$ **14.4**
		%	56%	2%	2%	60%	
	Indecisos	Contagem	5	2	0	7	
		%	10%	4%	0%	14%	
	Não concordo	Contagem	9	2	2	13	R= 0.296
		%	18%	4%	4%	26%	
	Total	Contagem	42	5	3	50	
		%	84%	10%	6%	100%	
Hacking	Concordo	Contagem	28	3	2	33	$\chi^2 = 9.98$
		%	56%	6%	4%	66%	
	Indecisos	Contagem	4	1	0	5	
		%	8%	2%	0%	10%	
	Não concordo	Contagem	10	1	1	12	R= - 0.031
		%	20%	2%	2%	24%	
	Total	Contagem	42	5	3	50	
		%	84%	10%	6%	100%	
Malicioso Código	Concordo	Contagem	22	2	3	27	$\chi^2 =$ **10.44**
		%	44%	4%	6%	54%	
	Indecisos	Contagem	6	2	0	8	
		%	12%	4%	0%	16%	
	Não concordo	Contagem	14	1	0	15	R= - 0.2
		%	28%	2%	0%	30%	
	Total	Contagem	42	5	3	50	
		%	84%	10%	6%	100%	

DOS Ataque	Concordo	Contagem	23	1	3	27	$\chi^2 = $ **14.78**
		%	46%	2%	6%	54%	
	Indecisos	Contagem	5	1	0	6	
		%	10%	2%	0%	12%	
	Não concordo	Contagem	14	3	0	17	R= - 0.044
		%	28%	6%	0%	34%	
	Total	Contagem	42	5	3	50	
		%	84%	10%	6%	100%	
Fraudes com cartões de crédito e multibanco	Concordo	Contagem	19	2	1	22	$\chi^2 = $ **6.78**
		%	38%	4%	2%	44%	
	Indecisos	Contagem	3	0	0	3	
		%	6%	0%	0%	6%	
	Não concordo	Contagem	20	3	2	25	R= 0.159
		%	40%	6%	4%	50%	
	Total	Contagem	42	5	3	50	
		%	84%	10%	6%	100%	
Phishing/ Vishing/ Spoofing	De acordo	Contagem	32	4	2	38	$\chi^2 = $ **19.32**
		%	64%	8%	4%	76%	
	Indecisos	Contagem	4	0	0	4	
		%	8%	0%	0%	8%	
	Não concordo	Contagem	6	1	1	8	R= 0.051
		%	12%	2%	2%	16%	
	Total	Contagem	42	5	3	50	
		%	84%	10%	6%	100%	

Concordo = Concordo totalmente + Concordo totalmente; Discordo = Discordo totalmente + Discordo totalmente

Quadro 4.1 Tabulação cruzada do ciberataque e da apresentação correta das informações do armazém de dados

Do total de inquiridos, 30 (60%) concordam que identificaram um ataque de roubo de identidade em linha, entre os quais 28 (56%) concordam que foi mantido um armazém central de dados ou um repositório de dados para a correta apresentação da informação e para evitar conflitos, 1 (2%) está indeciso e 1 (2%) discorda. 7(14%) inquiridos estão indecisos quanto ao facto de terem identificado um ataque de roubo de identidade em linha, entre os quais 5(10%) inquiridos concordam que foi mantido um armazém central de dados ou um repositório de dados para a visualização adequada de informações e para evitar conflitos, enquanto 2(4%) inquiridos estão indecisos. 13(26%) inquiridos discordam que identificaram um ataque de roubo de identidade em linha, entre os quais 9(18%) inquiridos concordam que foi mantido um armazém central de dados ou um repositório de dados para a apresentação adequada de informações e para evitar conflitos, 2(4%) estão indecisos, enquanto 2(4%) estão indecisos (Quadro 4.1). O valor do coeficiente de correlação de Karl Pearson é de 0,296, o que conclui que existe uma correlação positiva entre o ataque de roubo de identidade em linha e a manutenção de um armazém de dados. O valor calculado de χ^2 para 16 graus de liberdade a um nível de significância de 5% é 14,4 e o valor tabelado de χ^2 é 26,296. Uma vez que o valor calculado do qui-quadrado é inferior ao valor tabelado, a hipótese nula é aceite ou pode concluir-se que não existe diferença entre o ataque de roubo de identidade em linha e a manutenção de um armazém de dados.

Do total de inquiridos, 33 (66%) concordam que identificaram um ataque de pirataria informática, entre os quais 28 (56%) concordam que foi mantido um armazém central de dados ou um repositório de dados para a apresentação adequada de informações e para evitar conflitos, 3 (6%) estão indecisos e 2 (4%) discordam. 5(10%) inquiridos estão indecisos quanto ao facto de terem identificado um ataque de pirataria informática, entre os quais 4(8%) inquiridos concordam que foi mantido um armazém central de dados ou um repositório de dados para a visualização adequada de informações e para evitar conflitos, enquanto 1(2%) inquiridos estão indecisos. 12 (24%) inquiridos discordam que identificaram um ataque de hackers, entre os quais 10 (20%) inquiridos concordam que foi mantido um armazém central de dados ou um repositório de dados para a visualização adequada da informação e para evitar conflitos, 1 (2%) estão indecisos e 1 (2%) discordam (Quadro 4.1). O valor do coeficiente de correlação de Karl Pearson é -0,031, o que conclui que existe uma correlação negativa entre o ataque de hackers e a manutenção de um armazém de dados. O valor calculado de χ^2 para 16 graus de liberdade a um nível de significância de 5% é 9,98 e o valor tabelado de χ^2 é 26,296. Uma vez que o valor calculado do qui-quadrado é inferior ao valor tabelado, a hipótese nula é aceite ou pode concluir-se que não há diferença entre um ataque de hackers e a manutenção de um armazém de dados.

Do total de inquiridos, 27 (54%) concordam que identificaram um ataque de código malicioso, entre os quais 22 (44%) concordam que foi mantido um armazém central de dados ou um repositório de dados para uma apresentação adequada da informação e para evitar conflitos, 2 (4%) estão indecisos e 3 (6%) discordam. 8(16%) inquiridos estão indecisos quanto ao facto de terem identificado um ataque de código malicioso, entre os quais 6(12%) inquiridos concordam que foi mantido um armazém central de dados ou um repositório de dados para a visualização adequada da informação e para evitar conflitos, enquanto 2(4%) inquiridos estão indecisos. 15(30%) inquiridos discordam que identificaram um ataque de código malicioso, entre os quais 14(28%) inquiridos concordam que foi mantido um armazém central de dados ou um repositório de dados para a visualização adequada da informação e para evitar conflitos, enquanto 1(2%) inquiridos estão indecisos (Quadro 4.1). O valor do coeficiente de correlação de Karl Pearson é -0,2, o que conclui que existe uma correlação negativa entre o ataque de código malicioso e a manutenção de um armazém de dados. O valor calculado de χ^2 para 16 graus de liberdade a um nível de significância de 5% é 10,44 e o valor tabelado de χ^2 é 26,296. Uma vez que o valor calculado do qui-quadrado é inferior ao valor tabelado, a hipótese nula é aceite ou pode concluir-se que não há diferença entre o ataque de código malicioso e a manutenção de um armazém de dados.

Do total de inquiridos, 27 (54%) concordam que identificaram o ataque DOS, entre os quais 23 (46%) concordam que foi mantido um armazém central de dados ou um repositório de dados para uma apresentação adequada da informação e para evitar conflitos, 1 (2%) estão indecisos e 3 (6%) estão discordam. 6(12%) inquiridos estão indecisos quanto ao facto de terem identificado um ataque DOS, entre os quais 5(10%) inquiridos concordam que foi mantido um armazém central de dados ou um repositório de dados para a visualização adequada da informação e para evitar conflitos, enquanto 1(2%) inquiridos estão indecisos. 17(34%) inquiridos discordam que identificaram o ataque DOS, entre os quais 14(28%) inquiridos concordam que foi mantido um armazém central de dados ou um repositório de dados para a visualização adequada da informação e para evitar conflitos, enquanto

3(6%) estão indecisos (Quadro 4.1). O valor do coeficiente de correlação de Karl Pearson é -0,044, o que conclui que existe uma correlação negativa entre o ataque DOS e a manutenção de um armazém de dados. O valor calculado de χ^2 para 16 graus de liberdade a um nível de significância de 5% é 14,78 e o valor tabelado de χ^2 é 26,296. Uma vez que o valor calculado do qui-quadrado é inferior ao valor tabelado, a hipótese nula é aceite ou pode concluir-se que não há diferença entre o ataque DOS e a manutenção de um armazém de dados.

Do total de inquiridos, 22 (44%) concordam que identificaram fraudes com cartões de crédito/extravios de caixas automáticos, entre os quais 19 (38%) concordam que foi mantido um armazém central de dados ou um repositório de dados para a correta apresentação das informações e para evitar conflitos, 2 (4%) estão indecisos e 1 (2%) discorda. 3(6%) inquiridos estão indecisos quanto ao facto de terem identificado fraudes com cartões de crédito/ATM, entre os quais 3(6%) inquiridos concordam que foi mantido um armazém central de dados ou um repositório de dados para a visualização adequada de informações e para evitar conflitos. 25(50%) inquiridos não concordam com a identificação de fraudes com cartões de crédito/extrafacções multibanco, entre os quais 20(40%) inquiridos concordam com a manutenção de um armazém central de dados ou de um repositório de dados para a apresentação adequada de informações e para evitar conflitos, 3(6%) estão indecisos e 2(4%) discordam (Quadro 4.1). O valor do coeficiente de correlação de Karl Pearson é de 0,159, o que permite concluir que existe uma correlação negativa entre as fraudes com cartões de crédito/ caixas automáticos e a manutenção de um armazém de dados. O valor calculado de χ^2 para 16 graus de liberdade a um nível de significância de 5% é 6,78 e o valor tabelado de χ^2 é 26,296. Uma vez que o valor calculado do qui-quadrado é inferior ao valor tabelado, a hipótese nula é aceite ou pode concluir-se que não há diferença entre as fraudes com cartões de crédito/ caixas multibanco e a manutenção de um armazém de dados.

Do total de inquiridos, 38 (76%) concordam que identificaram Phishing/ Vishing/ Spoofing, entre os quais 32 (64%) concordam que foi mantido um armazém central de dados ou um repositório de dados para a correta apresentação da informação e para evitar conflitos, 4 (8%) estão indecisos e 2 (4%) discordam. 4(8%) inquiridos estão indecisos quanto ao facto de terem identificado Phishing/ Vishing/ Spoofing, entre os quais todos os inquiridos concordam que foi mantido um armazém central de dados ou um repositório de dados para a visualização adequada da informação e para evitar conflitos. 8(16%) inquiridos discordam que identificaram Phishing/ Vishing/ Spoofing, entre os quais 6(12%) inquiridos concordam que foi mantido um armazém central de dados ou um repositório de dados para a correta visualização da informação e para evitar conflitos, 1(2%) estão indecisos e 1(2%) discordam (Quadro 4.1). O valor do coeficiente de correlação de Karl Pearson é 0,159, o que conclui que existe uma correlação negativa entre Phishing/ Vishing/ Spoofing e a manutenção de um armazém de dados. O valor calculado de χ^2 para 16 graus de liberdade a um nível de significância de 5% é 6,78 e o valor tabelado de χ^2 é 26,296. Uma vez que o valor calculado do qui-quadrado é inferior ao valor tabelado, a hipótese nula é aceite ou pode concluir-se que não há diferença entre Phishing/ Vishing/ Spoofing e a manutenção de um armazém de dados.

	O armazém de dados desempenha um papel vital na defesa dos sistemas contra ameaças cibernéticas e intrusos					
			Acordo	Indecisos	Não concordo	Total	Valor
Roubo de identidade online	Concordar	Contagem	22	2	6	30	$\chi^2=$ **13.37**
		%	44%	4%	12%	60%	
	Indecisos	Contagem	4	3	0	7	
		%	8%	6%	0%	14%	
	Não concordo	Contagem	9	1	3	13	R= 0.081
		%	18%	2%	6%	26%	
	Total	Contagem	35	6	9	50	
		%	70%	12%	18%	100%	
Hacking	De acordo	Contagem	24	2	7	33	$\chi^2=$ **15.3**
		%	48%	4%	14%	66%	
	Indecisos	Contagem	2	2	1	5	
		%	4%	4%	2%	10%	
	Não	Contagem	9	2	1	12	R= -
		%	18%	4%	2%	24%	

	concordo						0.072
	Total	Contagem	35	6	9	50	
		%	70%	12%	18%	100%	
Código malicioso	De acordo	Contagem	19	4	4	27	χ^2= 10.73
		%	38%	8%	8%	54%	
	Indecisos	Contagem	6	1	1	8	
		%	12%	2%	2%	16%	
	Não concordo	Contagem	10	1	4	15	R= 0.133
		%	20%	2%	8%	30%	
	Total	Contagem	35	6	9	50	
		%	70%	12%	18%	100%	
Ataque DOS	De acordo	Contagem	19	2	6	27	χ^2= 28.8
		%	38%	4%	12%	54%	
	Indecisos	Contagem	2	4	0	6	
		%	4%	8%	0%	12%	
	Não concordo	Contagem	14	0	3	17	R= - 0.074
		%	28%	0%	6%	34%	
	Total	Contagem	35	6	9	50	
		%	70%	12%	18%	100%	
Fraudes com cartões de crédito e multibanco	De acordo	Contagem	14	2	6	22	χ^2= 13.95
		%	28%	4%	12%	44%	
	Indecisos	Contagem	2	1	0	3	
		%	4%	2%	0%	6%	
	Não concordo	Contagem	19	3	3	25	R= - 0.177
		%	38%	6%	6%	50%	
	Total	Contagem	35	6	9	50	
		%	70%	12%	18%	100%	
Phishing/ Vishing/ Spoofing	De acordo	Contagem	27	5	6	38%	χ^2= 25.77
		%	54%	10%	12%	76	
	Indecisos	Contagem	3	0	1	4	
		%	6%	0%	1%	8%	

						R= 0.054
Não concordo	Contagem	5	1	2	8	
	%	10%	2%	4%	16%	
Total	Contagem	35	6	9	50	
	%	70%	12%	18%	100%	

Concordo = Concordo totalmente + Concordo totalmente; Discordo = Discordo totalmente + Discordo totalmente

Quadro 4.2 Tabulação cruzada dos ciberataques e do papel do armazém de dados na defesa dos sistemas

Do total de inquiridos, 30 (60%) concordam que identificaram um ataque de roubo de identidade em linha, entre os quais 22 (44%) concordam que o armazém de dados desempenha um papel vital na defesa dos sistemas contra ciberameaças e intrusos, 2 (4%) estão indecisos e 6 (12%) discordam. 7(14%) inquiridos estão indecisos quanto ao facto de terem identificado um ataque de roubo de identidade em linha, entre os quais 3(6%) inquiridos concordam que o armazém de dados desempenha um papel vital na defesa dos sistemas contra ciberameaças e intrusos, enquanto 3(6%) inquiridos estão indecisos. 13(26%) inquiridos discordam que identificaram um ataque de roubo de identidade em linha, entre os quais 9(18%) inquiridos concordam que o armazém de dados desempenha um papel vital na defesa dos sistemas contra ciberameaças e intrusos, 1(2%) estão indecisos, enquanto 3(6%) estão indecisos (Quadro 4.2). O valor do coeficiente de correlação de Karl Pearson é 0,081, o que conclui que existe uma correlação positiva entre o ataque de roubo de identidade em linha e o papel vital do armazém de dados na defesa dos sistemas contra as ciberameaças. O valor calculado de χ^2 para 16 graus de liberdade a um nível de significância de 5% é 13,37 e o valor tabelado de χ^2 é 26,296. Uma vez que o valor calculado do qui-quadrado é inferior ao valor tabelado, a hipótese nula é aceite ou pode concluir-se que não existe diferença entre o ataque de roubo de identidade em linha e o papel vital do armazém de dados na defesa dos sistemas contra ciberameaças.

Do total de inquiridos, 33 (66%) concordam que identificaram um ataque de pirataria informática, entre os quais 24 (48%) concordam que o armazém de dados desempenha um papel vital na defesa dos sistemas contra ciberameaças e intrusos, 2 (4%) estão indecisos e 7 (14%) discordam.

5(10%) inquiridos estão indecisos quanto ao facto de terem identificado um ataque de hackers, entre os quais 2(4%) inquiridos concordam que o armazém de dados desempenha um papel vital na defesa dos sistemas contra ciberameaças e intrusos, 2(4%) estão indecisos e 1(2%) inquiridos discorda. 12(24%) inquiridos discordam que identificaram um ataque de hackers, entre os quais 9(18%) inquiridos concordam que o armazém de dados desempenha um papel vital na defesa dos sistemas contra ciberameaças e intrusos, 2(4%) estão indecisos e 1(2%) discorda (Quadro 4.2). O valor do coeficiente de correlação de Karl Pearson é -0,072, o que conclui que existe uma correlação negativa entre a pirataria informática e o papel vital do armazém de dados na defesa dos sistemas contra as ciberameaças. O valor calculado de χ^2 para 16 graus de liberdade a um nível de significância de 5% é 15,3 e o valor tabelado de χ^2 é 26,296. Uma vez que o valor calculado do qui-quadrado é inferior ao valor tabelado, a hipótese nula é aceite ou pode concluir-se que não existe diferença entre o ataque de hackers e o papel vital do armazém de dados na defesa dos sistemas contra as ciberameaças.

Do total de inquiridos, 27 (54%) concordam que identificaram o ataque através de código malicioso, entre os quais 19 (18%) concordam que o armazém de dados desempenha um papel vital na defesa dos sistemas contra ciberameaças e intrusos, 4 (8%) estão indecisos e 4 (8%) discordam. 8(16%) inquiridos estão indecisos quanto ao facto de terem identificado um ataque através de código malicioso, entre os quais 6(12%) inquiridos concordam que o armazém de dados desempenha um papel vital na defesa dos sistemas contra ciberameaças e intrusos, 1(2%) estão indecisos e 1(2%) inquiridos discordam. 15(30%) inquiridos discordam que identificaram um ataque através de código malicioso, entre os quais 10(20%) inquiridos concordam que o armazém de dados desempenha um papel vital na defesa dos sistemas contra ciberameaças e intrusos, 1(2%) estão indecisos e 4(8%) discordam (Quadro 4.2). O valor do coeficiente de correlação de Karl Pearson é 0,133, o que conclui que existe uma correlação positiva entre o ataque através de código malicioso e o papel vital do armazém de dados na defesa dos sistemas contra as ciberameaças. O valor calculado de χ^2 para 16 graus de liberdade a um nível de significância de 5% é 10,73 e o valor tabelado de χ^2 é 26,296. Uma vez que o valor calculado do qui-quadrado é inferior ao valor tabelado, a hipótese nula é aceite ou pode concluir-se que não há diferença entre o ataque através de código malicioso e o papel vital do armazém de dados na defesa dos sistemas contra ciberameaças.

Do total de inquiridos, 27 (54%) concordam que identificaram o ataque DOS, entre os quais 19 (38%) concordam que o armazém de dados desempenha um papel vital na defesa dos sistemas contra ciberameaças e intrusos, 2 (4%) estão indecisos e 6 (12%) discordam. 6(12%) inquiridos estão indecisos quanto ao facto de terem identificado um ataque DOS, entre os quais 2(4%) inquiridos concordam que o armazém de dados desempenha um papel vital na defesa dos sistemas contra ciberameaças e intrusos, enquanto 4(8%) estão indecisos. 17(34%) inquiridos discordam que identificaram o ataque DOS, dos quais 14(28%) concordam que o armazém de dados desempenha um papel vital na defesa dos sistemas contra ciberameaças e intrusos, enquanto 3(6%) discordam (Quadro 4.2). O valor do coeficiente de correlação de Karl Pearson é -0,074, o que conclui que existe uma correlação negativa entre o ataque DOS e o papel vital do armazém de dados na defesa dos sistemas contra ciberameaças. O valor calculado de χ^2 para 16 graus de liberdade a um nível de significância de 5% é 28,8 e o valor tabelado de χ^2 é 26,296. Uma vez que o valor calculado do qui-quadrado é superior ao valor tabelado, a hipótese nula é rejeitada ou pode concluir-se que existe uma diferença entre o ataque DOS e o papel vital do armazém de dados na defesa dos sistemas contra ciberameaças.

Do total de inquiridos, 22 (44%) concordam que identificaram fraudes com cartões de crédito/extractoras de multibanco, 14 (8%) concordam que o armazém de dados desempenha um papel vital na defesa dos sistemas contra ciberameaças e intrusos, 2 (4%) estão indecisos e 6 (12%) discordam. 3(6%) inquiridos estão indecisos quanto ao facto de terem identificado fraudes com cartões de crédito/ATM, entre os quais 2(4%) inquiridos concordam que o armazém de dados desempenha um papel vital na defesa dos sistemas contra ciberameaças e intrusos, enquanto 1(2%) está indeciso. 25(50%) inquiridos discordam de que identificaram fraudes com cartões de crédito/ caixas automáticos, entre os quais 19(38%) inquiridos concordam que o armazém de dados desempenha um papel vital na defesa dos sistemas contra ciberameaças e intrusos, 3(6%) estão indecisos e 3(6%) discordam (Quadro 4.2). O valor do coeficiente de correlação de Karl Pearson é de -0,177, o que permite concluir que existe uma correlação negativa entre a fraude com cartões de crédito/ATM e o papel vital do armazém de dados na defesa dos sistemas contra as ciberameaças. O valor calculado de χ^2 para 16 graus de liberdade a um nível de significância de 5% é 13,95 e o valor tabelado de χ^2 é 26,296. Uma vez que o valor calculado do qui-quadrado é inferior ao valor tabelado, a hipótese nula é aceite ou pode concluir-se que não existe qualquer diferença entre a fraude com cartões de crédito/ caixas automáticos e o papel vital do armazém de dados na defesa dos sistemas contra ciberameaças.

Do total de inquiridos, 38 (76%) concordam que identificaram Phishing/Vishing/Spoofing, entre os quais 27 (54%) concordam que o armazém de dados desempenha um papel vital na defesa dos sistemas contra ciberameaças e intrusos, 5 (10%) estão indecisos e 6 (12%) discordam. 4(8%) inquiridos estão indecisos quanto ao facto de terem identificado Phishing/Vishing/Spoofing, entre os quais 3(6%) inquiridos concordam que o armazém de dados desempenha um papel vital na defesa dos sistemas contra ciberameaças e intrusos, enquanto 1(2%) está em desacordo. 8(16%) inquiridos discordam que identificaram Phishing/Vishing/Spoofing, entre os quais 5(10%) inquiridos concordam que o armazém de dados desempenha um papel vital na defesa dos sistemas contra ciberameaças e intrusos, 1(2%) estão indecisos, enquanto 2(4%) discordam (Quadro 4.2). O valor do coeficiente de correlação de Karl Pearson é 0,054, o que conclui que existe uma correlação positiva entre Phishing/Vishing/Spoofing e o papel vital do armazém de dados na defesa dos sistemas contra ciberameaças. O valor calculado de χ^2 para 16 graus de liberdade a um nível de significância de 5% é 25,77 e o valor tabelado de χ^2 é 26,296. Uma vez que o valor calculado do qui-quadrado é inferior ao valor tabelado, a hipótese nula é aceite ou pode concluir-se que não existe diferença entre Phishing/Vishing/Spoofing e o papel vital do armazém de dados na defesa dos sistemas contra ciberameaças.

	Relação proposta	Resultados
1	Apresentação correta das informações do armazém de dados - roubo de identidade em linha	+ve, Aceite
2	Apresentação correta das informações do armazém de dados - pirataria informática	-ve, Aceite
3	Apresentação correta das informações do armazém de dados - código malicioso	-ve, Aceite

4	Apresentação correta das informações do armazém de dados - Ataque DOS	-ve, Aceite
5	Apresentação correta das informações provenientes do armazém de dados - Fraudes com cartões de crédito/ATM	+ve, Aceite
6	Apresentação correta das informações do armazém de dados - Phishing/ Vishing/ Spoofing	+ve, Aceite
7	Papel vital do armazém de dados na defesa dos sistemas contra a ameaça cibernética - roubo de identidade em linha	+ve, Aceite
8	O papel vital do armazém de dados na defesa dos sistemas contra as ciberameaças - hacking	-ve, Aceite
9	Papel vital do armazém de dados na defesa dos sistemas contra a ameaça cibernética - código malicioso	+ve, Aceite
10	Papel vital do armazém de dados na defesa dos sistemas contra a ameaça cibernética - ataque DOS	-ve, Rejeitado
11	Papel vital do armazém de dados na defesa dos sistemas contra as ciberameaças - Fraudes com cartões de crédito e multibanco	-ve, Aceite
12	Papel vital do armazém de dados na defesa dos sistemas contra as ciberameaças - Phishing/ Vishing/ Spoofing	+ve, Aceite

Quadro 4.3 Resumo dos resultados da hipótese 1

Todas as variáveis "Online identify theft" (roubo de identidade em linha), "Malicious code" (código malicioso), "Credit card/ATM frauds" (fraudes com cartões de crédito/ATM) e "Phishing/Vishing/Spoofing" (phishing/Vishing/Spoofing) estão positivamente correlacionadas com a apresentação correta das informações do armazém de dados, enquanto as variáveis "Hacking" (pirataria informática) e "DOS attack" (ataque DOS) estão negativamente correlacionadas com a apresentação correta das informações do armazém de dados. As variáveis "Roubo de identidade em linha", "Código malicioso" e "Phishing/Vishing/Spoofing" estão positivamente correlacionadas com o papel vital do armazém de dados na defesa dos sistemas contra as ciberameaças, ao passo que as variáveis "Hacking", "Ataque DOS" e Fraudes com cartões de crédito/ATM estão negativamente correlacionadas (Quadro 4.3). Com base nos resultados do qui-quadrado apresentados no Quadro 3, existe uma diferença entre o ataque DOS e o papel vital do armazém de dados na defesa dos sistemas, enquanto os outros ciberataques não apresentam diferenças significativas entre a gestão da base de dados dos bancos e os ciberataques. Assim, pode concluir-se que não existe uma diferença significativa entre a gestão da base de dados dos bancos e os ciberataques.

Hipótese 2 (H2): Não existe diferença significativa entre as estratégias de ciberataque identificadas pelos bancos dos sectores público e privado

			Tipo de banco			Valor
			Governo	Privado	Total	
Estouro de buffer	De acordo	Contagem	21	5	26	χ^2= 1.74
		%	42%	10%	52%	
	Indecisos	Contagem	11	3	14	
		%	22%	6%	28%	
	Não concordo	Contagem	8	2	10	R= 0.055
		%	16%	4%	20%	
	Total	Contagem	40	10	50	
		%	80%	20%	100 %	
Falsificação	Concordo	Contagem	32	8	40	χ^2= 1.91
		%	64%	16%	80%	
	Indecisos	Contagem	7	1	8	
		%	14%	2%	16%	
	Não concordo	Contagem	1	1	2	R= 0.1
		%	2%	2%	4%	
	Total	Contagem	40	10	50	
		%	80%	20%	100 %	
	Concordo	Contagem	27	6	33	χ^2= 1.65

		%	54%	12%	66%	
	Indecisos	Contagem	4	2	6	
		%	8%	4%	12%	
Força bruta	Não concordo	Contagem	9	2	11	
		%	18%	4%	22%	
	Total	Contagem	40	10	50	R= 0.013
		%	80%	20%	100%	
Inclusão remota de ficheiros PHP	Concordo	Contagem	19	6	25	χ^2= 1.11
		%	38%	12%	50%	
	Indecisos	Contagem	12	3	15	
		%	24%	6%	30%	
	Não concordo	Contagem	9	1	10	
		%	18%	2%	20%	
	Total	Contagem	40	10	50	R=-0.14
		%	80%	20%	100%	
Scripting entre sítios	Concordo	Contagem	26	9	35	χ^2= 3.94
		%	52%	18%	70%	
	Indecisos	Contagem	5	1	6	
		%	10%	2%	12%	
	Não concordo	Contagem	9	0	9	
		%	18%	0%	18%	
	Total	Contagem	40	10	50	R= 0.271
		%	80%	20%	100%	
Vulnerabilidade de injeção de SQL	Concordo	Contagem	26	5	31	χ^2= 4.35
		%	52%	10%	62%	
	Indecisos	Contagem	4	3	7	
		%	8%	6%	14%	
	Não	Contagem	10	2	12	R= - 0.014

concordo	%	20%	4%	24%
Total	Contagem	40	10	50
	%	80%	20%	100%

Concordo = Concordo totalmente + Concordo totalmente; Discordo = Discordo totalmente + Discordo totalmente

Quadro 4.4 Tabulação cruzada das estratégias de ciberataque e dos tipos de banco

Do total de inquiridos, 26 (52%) concordam que identificaram o excesso de memória no seu banco, dos quais 21 (42%) trabalham em bancos públicos e 5 (10%) trabalham em bancos privados (Quadro 4.4). 142(8%) inquiridos estão indecisos quanto à identificação do estouro de memória intermédia, dos quais 11(22%) trabalham em bancos públicos e 3(6%) em bancos privados. 10(20%) inquiridos estão indecisos quanto à identificação do estouro de memória intermédia, dos quais 8(16%) trabalham em bancos públicos e 2(4%) trabalham em bancos privados. O valor do coeficiente de correlação de Karl Pearson é de 0,055, o que conclui que existe uma correlação positiva entre a identificação do excesso de memória intermédia e os tipos de banco. O valor calculado de χ^2 para 4 graus de liberdade a um nível de significância de 5% é 1,74 e o valor tabelado de χ^2 é 9,488. Uma vez que o valor calculado do qui-quadrado é inferior ao valor tabelado, a hipótese nula é aceite ou pode concluir-se que não há diferença entre os tipos de banco e a identificação do estouro da memória intermédia.

Do total de inquiridos, 40 (80%) concordam que identificaram a falsificação no seu banco, dos quais 32 (64%) trabalham em bancos públicos e 8 (16%) trabalham em bancos privados (Quadro 4.4). 8(16%) inquiridos estão indecisos quanto à identificação de falsificação, entre os quais 7(14%) inquiridos trabalham em bancos públicos e 1(2%) trabalha em bancos privados. 2(4%) inquiridos estão indecisos quanto à identificação de falsificação, entre os quais 1(1%) inquirido trabalha em bancos públicos e 1(2%) trabalha em bancos privados. O valor do coeficiente de correlação de Karl Pearson é de 0,1, o que conclui que existe uma correlação positiva entre a identificação de falsificação e os tipos de banco. O valor calculado de χ^2 para 4 graus de liberdade a um nível de significância de 5% é 1,91 e o valor tabelado de χ^2 é 9,488. Uma vez que o valor calculado do qui-quadrado é inferior ao valor tabelado, a hipótese nula é aceite ou pode concluir-se que não há diferença entre os tipos de banco e a identificação de falsificações.

Do total de inquiridos, 33 (66%) concordam que identificaram um ataque de força bruta no seu banco, dos quais 27 (54%) trabalham em bancos públicos e 6 (12%) trabalham em bancos privados (Quadro 4.4) . 6(12%) inquiridos estão indecisos quanto à identificação de ataques de força bruta, entre os quais 4(8%) inquiridos trabalham em bancos públicos e 2(4%) trabalham em bancos privados. 11(22%) inquiridos estão indecisos quanto à identificação de ataques de força bruta, entre os quais 9(18%) inquiridos trabalham em bancos públicos e 2(4%) trabalham em bancos privados. O valor do coeficiente de correlação de Karl Pearson é de 0,013, o que conclui que existe uma correlação positiva entre a identificação de ataques de força bruta e os tipos de banco. O valor calculado de χ^2 para 4 graus de liberdade a um nível de significância de 5% é 1,65 e o valor tabelado de χ^2 é 9,488. Uma vez que o valor calculado do qui-quadrado é inferior ao valor tabelado, a hipótese nula é aceite ou pode concluir-se que não há diferença entre os tipos de banco e a identificação do ataque de força bruta.

Do total de inquiridos, 25(50%) concordam que identificaram a inclusão de ficheiros remotos PHP no seu banco, entre os quais 19(38%) inquiridos trabalham em bancos públicos e 6(12%) inquiridos trabalham em bancos privados (Quadro 4.4). 15(30%) inquiridos estão indecisos quanto à identificação da inclusão de ficheiros remotos PHP, entre os quais 12(24%) inquiridos trabalham em bancos públicos e 3(6%) trabalham em bancos privados. 10(20%) inquiridos estão indecisos quanto à identificação da inclusão de ficheiros remotos PHP, entre os quais 9(18%) inquiridos trabalham em bancos públicos e 1(2%) trabalha em bancos privados. O valor do coeficiente de correlação de Karl Pearson é -0,14, o que conclui que existe uma correlação negativa entre a identificação da inclusão de ficheiros remotos PHP e os tipos de banco. O valor calculado de χ^2 para 4 graus de liberdade a um nível de significância de 5% é 1,11 e o valor tabelado de χ^2 é 9,488. Uma vez que o valor calculado do qui-quadrado é inferior ao valor tabelado, a hipótese nula é aceite ou pode concluir-se que não há diferença entre os tipos de banco e a identificação da inclusão de ficheiros remotos PHP.

Do total de inquiridos, 35 (70%) concordam que identificaram a utilização de scripts entre sítios no seu banco, dos quais 26 (52%) trabalham em bancos públicos e 9 (18%) em bancos privados (Quadro 4.4) . 6(12%) inquiridos estão indecisos quanto à identificação de scripts entre sítios, 5(10%) dos quais trabalham em bancos públicos e 1(2%) em bancos privados. 9(18%) inquiridos que trabalham em bancos públicos estão indecisos quanto à identificação de scripts entre sítios. O valor do coeficiente de correlação de Karl Pearson é de 0,271, o que conclui que existe uma correlação positiva entre a identificação de scripts entre sítios e os tipos de banco. O valor calculado de χ^2 para 4 graus de liberdade a um nível de significância de 5% é 3,94 e o valor tabelado de χ^2 é 9,488. Uma vez que o valor calculado do qui-quadrado é inferior ao valor tabelado, a hipótese nula é aceite ou pode concluir-se que não há diferença entre os tipos de banco e a identificação de scripts entre sítios.

Do total de inquiridos, 31 (62%) concordam que identificaram uma vulnerabilidade de injeção de SQL no seu banco, dos quais 26 (52%) trabalham em bancos públicos e 5 (10%) em bancos privados (Quadro 4.4). 7(14%) inquiridos estão indecisos quanto à identificação de uma vulnerabilidade de injeção de SQL, dos quais 4(8%) trabalham em bancos públicos e 3(6%) em bancos privados. 12 (24%) inquiridos estão indecisos quanto à identificação da vulnerabilidade da injeção de SQL, dos quais 10 (20%) trabalham em bancos públicos e 2 (4%) em bancos privados. O valor do coeficiente de correlação de Karl Pearson é -0,014, o que conclui que existe uma correlação negativa entre a identificação da vulnerabilidade à injeção de SQL e os tipos de banco. O valor calculado de χ^2 para 4 graus de liberdade a um nível de significância de 5% é 4,35 e o valor tabelado de χ^2 é 9,488. Uma vez que o valor calculado do qui-quadrado é inferior ao valor tabelado, a hipótese nula é aceite ou pode concluir-se que não há diferença entre os tipos de banco e a identificação da vulnerabilidade de injeção de SQL.

	Relação proposta	Resultados
1	Tipo de banco - Transbordamento da memória intermédia	+ve, Aceite
2	Tipo de banco - Spoofing	+ve, Aceite
3	Tipo de banco - Ataque de força bruta	+ve, Aceite

4	Tipo de banco - inclusão remota de ficheiros PHP	-ve, Aceite
5	Tipo de banco - Cross site scripting	+ve, Aceite
6	Tipo de banco - vulnerabilidade de injeção de SQL	-ve, Aceite

Quadro 4.5 Resumo dos resultados da hipótese 2

As variáveis "Buffer overflow", "Spoofing", "Brute force attack" e "Cross site scripting" estão positivamente correlacionadas com os bancos públicos e privados, enquanto as variáveis "PHP remote file inclusion" e "SQL injection vulnerability" estão negativamente correlacionadas com os bancos públicos e privados. Com base nos resultados do qui-quadrado, pode concluir-se que (Quadro 4.5) não existe uma diferença significativa entre as estratégias de ciberataque identificadas pelos bancos públicos e privados.

Hipótese 3 (H3): Não existe diferença significativa entre as estratégias de ciberdefesa e os ciberataques aos bancos

			Monitorização do sistema				
			Concordo	Indecisos	Não concordo	Total	Valor
Roubo de identidade online	De acordo	Contagem	25	3	2	30	$\chi^2=$ **14,97**
		%	50%	6%	4%	60%	
	Indecisos	Contagem	4	1	2	7	
		%	8%	2%	4%	14%	
	Não concordo	Contagem	8	5	0	13	R= 0.088
		%	16%	10%	0%	26%	
	Total	Contagem	37	9	4	50	
		%	74%	18%	8%	100%	
Hacking	De acordo	Contagem	24	5	4	33	$\chi^2=$ **15.13**
		%	48%	10%	8%	66%	
	Indecisos	Contagem	4	1	0	5	
		%	8%	2%	0%	10%	
	Discordar	Contagem	9	3	0	12	R= -0.057
		%	18%	6%	0%	24%	
	Total	Contagem	37	9	4	50	

		%	74%	18%	8%	100%	
Código malicioso	Concordo	Contagem	21	3	3	27	$\chi^2=$ **15.06**
		%	42%	6%	6%	54%	
	Indecisos	Contagem	6	1	1	8	
		%	12%	2%	2%	16%	
	Não concordo	Contagem	10	5	0	15	R= - 0.044
		%	20%	10%	0%	30%	
	Total	Contagem	37	9	4	50	
		%	74%	18%	8%	100%	
Ataque DOS	Concordo	Contagem	21	4	2	27	$\chi^2=$ **13.22**
		%	42%	8%	4%	54%	
	Indecisos	Contagem	3	2	1	6	
		%	6%	4%	2%	12%	
	Não concordo	Contagem	13	3	1	17	R= 0.018
		%	26%	6%	2%	34%	
	Total	Contagem	37	9	4	50	
		%	74%	18%	8%	100%	
Fraudes com cartões de crédito e multibanco	Concordo	Contagem	18	3	1	22	$\chi^2=$ **18.36**
		%	36%	6%	2%	44%	
	Indecisos	Contagem	1	1	1	3	
		%	2%	2%	2%	6%	
	Não concordo	Contagem	18	5	2	25	R= 0.086
		%	36%	10%	4%	50%	
	Total	Contagem	37	9	4	50	
		%	74%	18%	8%	100%	
Phishing /	Concordo	Contagem	28	8	2	38	$\chi^2=$ **21.58**
		%	56%	16%	4%	76%	

Vishing/ Falsificação	Indecisos	Contagem	3	0	1	4	
		%	6%	0%	2%	8%	
	Não concordo	Contagem	6	1	1	8	
		%	12%	2%	2%	16%	
	Total	Contagem	37	9	4	50	R= - 0.088
		%	74%	18%	8%	100%	

Concordo = Concordo totalmente + Concordo totalmente; Discordo = Discordo totalmente + Discordo totalmente

Quadro 4.6 Tabulação cruzada dos ciberataques e da monitorização do sistema

Do total de inquiridos, 30 (60%) concordam que identificaram a usurpação de identidade em linha, entre os quais 25 (50%) concordam que a monitorização do sistema foi implementada, 3 (6%) estão indecisos e 2 (4%) discordam. 7(14%) inquiridos estão indecisos quanto ao facto de terem identificado a usurpação de identidade em linha , entre os quais 4(8%) inquiridos concordam que a monitorização do sistema foi implementada, 1(2%) estão indecisos e 2(4%) discordam. 13(26%) inquiridos discordam que identificaram o furto de identidade em linha, entre os quais 8(16%) inquiridos concordam que a monitorização do sistema foi implementada, enquanto 5(10%) estão indecisos (Tabela 4.6). O valor do coeficiente de correlação de Karl Pearson é de 0,088, o que conclui que existe uma correlação positiva entre o furto de identidade em linha e a monitorização do sistema. O valor calculado de χ^2 para 16 graus de liberdade a um nível de significância de 5% é 14,97 e o valor tabelado de χ^2 é 26,296. Uma vez que o valor calculado do qui-quadrado é inferior ao valor tabelado, a hipótese nula é aceite ou pode concluir-se que não existe diferença entre o roubo de identidade em linha e a monitorização do sistema.

Do total de inquiridos, 33 (66%) concordam que identificaram a pirataria informática, entre os quais 24 (48%) concordam que a monitorização do sistema foi implementada, 5 (10%) estão indecisos e 4 (8%) discordam. 5(10%) inquiridos estão indecisos quanto ao facto de terem identificado a pirataria informática, entre os quais 4(8%) inquiridos concordam que a monitorização do sistema foi implementada, enquanto 1(2%) está indeciso.

12(24%) inquiridos discordam que identificaram a pirataria informática, entre os quais 9(18%) inquiridos concordam que a monitorização do sistema foi implementada, enquanto 5(10%) estão indecisos (Tabela 4.6). O valor do coeficiente de correlação de Karl Pearson é -0,057, o que conclui que existe uma correlação negativa entre a pirataria informática e a monitorização do sistema. O valor calculado de χ^2 para 16 graus de liberdade a um nível de significância de 5% é 15,13 e o valor tabelado de χ^2 é 26,296. Uma vez que o valor calculado do qui-quadrado é inferior ao valor tabelado, a hipótese nula é aceite ou pode concluir-se que não há diferença entre a pirataria informática e a monitorização do sistema.

Do total de inquiridos, 27 (54%) concordam que identificaram o ataque através de código malicioso, entre os quais 21 (42%) concordam que a monitorização do sistema foi implementada, 3 (6%) estão indecisos e 3 (6%) discordam. 8 (16%) inquiridos estão indecisos quanto ao facto de terem identificado o ataque através de código malicioso, entre os quais 6 (12%) inquiridos concordam que a monitorização do sistema foi implementada, 1 (2%) está indeciso e 1 (2%) está em desacordo. 15(30%) inquiridos discordam que identificaram o ataque através de código malicioso, entre os quais 10(20%) inquiridos concordam que a monitorização do sistema foi implementada, enquanto 5(10%) estão indecisos (Tabela 4.6). O valor do coeficiente de correlação de Karl Pearson é -0,044, o que conclui que existe uma correlação negativa entre o ataque através de código malicioso e a monitorização do sistema. O valor calculado de χ^2 para 16 graus de liberdade a um nível de significância de 5% é 15,06 e o valor tabelado de χ^2 é 26,296. Uma vez que o valor calculado do qui-quadrado é inferior ao valor tabelado, a hipótese nula é aceite ou pode concluir-se que não há diferença entre o ataque através de código malicioso e a monitorização do sistema.

Do total de inquiridos, 27 (54%) concordam que identificaram um ataque DOS, entre os quais 21 (42%) concordam que a monitorização do sistema foi implementada, 4 (8%) estão indecisos e 2 (4%) discordam. 6(12%) inquiridos estão indecisos quanto à identificação do ataque DOS, dos quais 3(6%) concordam que a monitorização do sistema foi implementada, 2(4%) estão indecisos e 1(2%) discorda. 17(34%) inquiridos discordam que identificaram o ataque DOS, entre os quais 13(26%) inquiridos concordam que a monitorização do sistema foi implementada, 3(6%) estão indecisos e

1(2%) discorda (Quadro 4.6). O valor do coeficiente de correlação de Karl Pearson é 0,018, o que conclui que existe uma correlação positiva entre o ataque DOS e a monitorização do sistema. O valor calculado de χ^2 para 16 graus de liberdade a um nível de significância de 5% é 13,22 e o valor tabelado de χ^2 é 26,296. Uma vez que o valor calculado do qui-quadrado é inferior ao valor tabelado, a hipótese nula é aceite ou pode concluir-se que não há diferença entre o ataque DOS e a monitorização do sistema.

Do total de inquiridos, 22 (44%) inquiridos concordam que identificaram fraudes com cartões de crédito/ATM, entre os quais 18 (36%) inquiridos concordam que a monitorização do sistema foi implementada, 3 (6%) estão indecisos e 1 (2%) discorda. 3(6%) inquiridos estão indecisos quanto ao facto de terem identificado fraudes com cartões de crédito/ATM, entre os quais 1(2%) inquirido concorda que a monitorização do sistema foi implementada, 1(2%) está indeciso e 1(2%) discorda. 25(50%) inquiridos discordam que identificaram fraudes com cartões de crédito/ATM, entre os quais 18(36%) inquiridos concordam que a monitorização do sistema foi implementada, 5(10%) estão indecisos e 2(4%) discordam (Quadro 4.6). O valor do coeficiente de correlação de Karl Pearson é de 0,086, o que conclui que existe uma correlação positiva entre as fraudes com cartões de crédito e a monitorização do sistema. O valor calculado de χ^2 para 16 graus de liberdade a um nível de significância de 5% é 18,36 e o valor tabelado de χ^2 é 26,296. Uma vez que o valor calculado do qui-quadrado é inferior ao valor tabelado, a hipótese nula é aceite ou pode concluir-se que não existe diferença entre as fraudes com cartões de crédito/ATM e a monitorização do sistema.

Do total de inquiridos, 38 (76%) concordam que identificaram Phishing/Vishing/Spoofing, entre os quais 28 (56%) concordam que a monitorização do sistema foi implementada, 8 (16%) estão indecisos e 2 (4%) discordam. 4(8%) inquiridos estão indecisos quanto ao facto de terem identificado Phishing/Vishing/Spoofing, entre os quais 3(6%) inquiridos concordam que a monitorização do sistema foi implementada, enquanto 1(2%) discorda. 8 (16%) inquiridos discordam que identificaram Phishing/Vishing/Spoofing, entre os quais 6 (12%) inquiridos concordam que a monitorização do sistema foi implementada, 1 (2%) está indeciso e 1 (2%) discorda (Quadro 4.6). O valor do coeficiente de correlação de Karl

Pearson é -0,088, o que conclui que existe uma correlação negativa entre Phishing/Vishing/Spoofing e a monitorização do sistema. O valor calculado de χ^2 para 16 graus de liberdade a um nível de significância de 5% é 21,58 e o valor tabelado de χ^2 é 26,296. Uma vez que o valor calculado do qui-quadrado é inferior ao valor tabelado, a hipótese nula é aceite ou pode concluir-se que não há diferença entre Phishing/Vishing/Spoofing e monitorização do sistema.

			Deteção de intrusos				
			De acordo	Indecisos	Não concordo	Total	Valor
Roubo de identidade online	Acordo	Contagem	17	8	5	30	χ^2= 11.6
		%	34%	16%	10%	60%	
	Indecisos	Contagem	4	3	0	7	
		%	8%	6%	0%	14%	
	Não concordo	Contagem	7	4	2	13	R= 0.013
		%	14%	8%	4%	26%	
	Total	Contagem	28	15	7	50	
		%	56%	30%	14%	100%	
Hacking	Concordo	Contagem	21	8	4	33	χ^2= 24.7
		%	42%	16%	8%	66%	
	Indecisos	Contagem	1	3	1	5	
		%	2%	6%	2%	10%	
	Não concordo	Contagem	6	4	2	12	R= 0.155
		%	12%	8%	4%	24%	
	Total	Contagem	28	15	7	50	
		%	56%	30%	14%	100%	
Código malicioso	Concordo	Contagem	17	7	3	27	χ^2= 12.3
		%	34%	14%	6%	54%	
	Indecisos	Contagem	5	2	1	8	
		%	10%	4%	2%	16%	
	Não concordo	Contagem	6	6	3	15	R= 0.212
		%	12%	12%	6%	30%	

	Total	Contagem	28	15	7	50
		%	56%	30%	14%	100%
DOS Ataque	Concordo	Contagem	16	7	4	27
		%	32%	14%	8%	54%
	Indecisos	Contagem	3	3	0	6
		%	6%	6%	0%	12%
	Não concordo	Contagem	9	5	3	17
		%	18%	10%	6%	34%
	Total	Contagem	28	15	7	50
		%	56%	30%	14%	100%
Fraudes com cartões de crédito e multibanco	De acordo	Contagem	11	9	2	22
		%	22%	18%	4%	44%
	Indecisos	Contagem	3	0	0	3
		%	6%	0%	0%	6%
	Não concordo	Contagem	14	6	5	25
		%	28%	12%	10%	50%
	Total	Contagem	28	15	7	50
		%	56%	30%	14%	100%
Phishing / Vishing/ Falsificação	Acordo	Contagem	20	11	7	38
		%	40%	22%	14%	76%
	Indecisos	Contagem	3	1	0	4
		%	6%	2%	0%	8%
	Não concordo	Contagem	5	3	0	8
		%	10%	6%	0%	16%
	Total	Contagem	28	15	7	50
		%	56%	30%	14%	100%

Valores adicionais por grupo:
- DOS Ataque: $\chi^2 = 12.05$; $R = 0.013$
- Fraudes com cartões de crédito e multibanco: $\chi^2 = 18.26$; $R = 0.016$
- Phishing / Vishing/ Falsificação: $\chi^2 = 16.28$; $R = -0.259$

Quadro 4.7 Tabulação cruzada dos ciberataques e da deteção de intrusos

Do total de inquiridos, 30 (60%) concordam que identificaram a usurpação de identidade em linha, entre os quais 17 (34%) concordam que a deteção de intrusos foi implementada, 8 (16%) estão indecisos e 5 (10%) discordam. 7(14%) inquiridos estão indecisos quanto ao facto de terem identificado a usurpação de identidade em linha, entre os quais 4(8%) inquiridos concordam que a deteção de intrusos foi implementada, enquanto 3(6%) estão indecisos. 13 (26%) inquiridos discordam que identificaram o furto de identidade em linha, entre os quais 7 (14%) inquiridos concordam que a deteção de intrusos foi implementada, 4 (8%) estão indecisos e 2 (4%) discordam (Tabela 4.7). O valor do coeficiente de correlação de Karl Pearson é de 0,013, o que conclui que existe uma correlação positiva entre o roubo de identidade em linha e a deteção de intrusos. O valor calculado de χ^2 para 16 graus de liberdade a um nível de significância de 5% é 11,6 e o valor tabelado de χ^2 é 26,296. Uma vez que o valor calculado do qui-quadrado é inferior ao valor tabelado, a hipótese nula é aceite ou pode concluir-se que não há diferença entre o roubo de identidade em linha e a deteção de intrusos.

Do total de inquiridos, 33 (66%) concordam que identificaram um ataque de pirataria informática, entre os quais 21 (42%) concordam que a deteção de intrusos foi implementada, 8 (16%) estão indecisos e 4 (8%) discordam. 5(10%) inquiridos estão indecisos quanto ao facto de terem identificado um ataque de pirataria informática, entre os quais 1(2%) inquirido concorda que a deteção de intrusos foi implementada, 3(6%) inquiridos estão indecisos e 1(2%) discorda. 12(24%) inquiridos discordam que identificaram um ataque de pirataria informática, entre os quais 6(12%) inquiridos concordam que a deteção de intrusos foi implementada, 4(8%) estão indecisos e 2(4%) discordam (Quadro 4.7). O valor do coeficiente de correlação de Karl Pearson é 0,155 , o que conclui que existe uma correlação positiva entre o ataque de hackers e a deteção de intrusos. O valor calculado de χ^2 para 16 graus de liberdade a um nível de significância de 5% é 24,7 e o valor tabelado de χ^2 é 26,296. Uma vez que o valor calculado do qui-quadrado é inferior ao valor tabelado, a hipótese nula é aceite ou pode concluir-se que não há diferença entre o ataque de hackers e a deteção de intrusos.

Do total de inquiridos, 27 (54%) concordam que identificaram o ataque através de código malicioso, entre os quais 17 (34%) concordam que a deteção de intrusos foi implementada, 7 (14%) estão indecisos e 3 (6%) discordam. 8 (16%) inquiridos estão indecisos quanto ao facto de terem identificado o ataque através de código malicioso, entre os quais 5 (10%) inquiridos concordam que a deteção de intrusos foi implementada, 2 (4%) inquiridos estão indecisos e 1 (2%) discorda. 15(30%) inquiridos discordam que identificaram o ataque através de código malicioso, entre os quais

6(12%) inquiridos concordam que a deteção de intrusos foi implementada, 6(12%) estão indecisos e 3(6%) discordam (Quadro 4.7). O valor do coeficiente de correlação de Karl Pearson é de 0,212, o que conclui que existe uma correlação positiva entre o ataque através de código malicioso e a deteção de intrusos. O valor calculado de χ^2 para 16 graus de liberdade a um nível de significância de 5% é 12,3 e o valor tabelado de χ^2 é 26,296. Uma vez que o valor calculado do qui-quadrado é inferior ao valor tabelado, a hipótese nula é aceite ou pode concluir-se que não há diferença entre o ataque através de código malicioso e a deteção de intrusos.

Do total de inquiridos, 27 (54%) concordam que identificaram um ataque DOS, entre os quais 16 (32%) concordam que a deteção de intrusos foi implementada, 7 (14%) estão indecisos e 4 (8%) discordam. 6(12%) inquiridos estão indecisos quanto ao facto de terem identificado um ataque DOS, entre os quais 3(6%) inquiridos concordam que a deteção de intrusos foi implementada, enquanto 3(6%) inquiridos estão indecisos. 17(34%) inquiridos discordam que identificaram o ataque DOS, entre os quais 9(18%) inquiridos concordam que a deteção de intrusos foi implementada, 5(10%) estão indecisos, enquanto 3(6%) estão discordantes (Quadro 4.7). O valor do coeficiente de correlação de Karl Pearson é 0,013, o que conclui que existe uma correlação positiva entre o ataque DOS e a deteção de intrusos. O valor calculado de χ^2 para 16 graus de liberdade a um nível de significância de 5% é 12,05 e valor tabelado de χ^2 é 26,296. Uma vez que o valor calculado do qui-quadrado é inferior ao valor tabelado, a hipótese nula é aceite ou pode concluir-se que não há diferença entre o ataque DOS e a deteção de intrusos.

Do total de inquiridos, 22 (44%) concordam que identificaram fraudes com cartões de crédito/ATM, dos quais 11 (22%) concordam que a deteção de intrusos foi implementada, 9 (18%) estão indecisos e 2 (4%) discordam. 3 (6%) inquiridos estão indecisos quanto ao facto de terem identificado a fraude com cartões de crédito/ATM, entre os quais todos os inquiridos concordam que a deteção de intrusos foi implementada. 25 (50%) inquiridos discordam que identificaram a fraude com cartões de crédito/ATM, entre os quais 14 (28%) inquiridos concordam que a deteção de intrusos foi implementada, 6 (12%) estão indecisos e 5 (10%) discordam (Quadro 4.7). O valor do coeficiente de correlação de Karl Pearson é de 0,016, o que conclui que existe uma correlação positiva entre a fraude com cartões de crédito/ATM e a deteção de intrusos. O valor calculado de χ^2 para 16 graus de liberdade a um nível de significância de 5% é 18,26 e o valor tabelado de χ^2 é 26,296. Uma vez que o valor calculado do qui-quadrado é inferior ao valor tabelado, a hipótese nula é aceite ou pode concluir-se que não há diferença entre a deteção de fraudes com cartões de crédito/ATM e a deteção de intrusos.

Do total de inquiridos, 38 (76%) concordam que identificaram Phishing/Vishing/Spoofing, entre os quais 20 (40%) concordam que a deteção de intrusos foi implementada, 11 (22%) estão indecisos e 7 (14%) discordam. 4(8%) inquiridos estão indecisos quanto ao facto de terem identificado Phishing/Vishing/Spoofing, entre os quais 3(6%) inquiridos concordam que a deteção de intrusos foi implementada, enquanto 1(2%) está indeciso. 8(16%) inquiridos discordam que identificaram Phishing/Vishing/Spoofing, entre os quais 5(10%) inquiridos concordam que a deteção de intrusos foi implementada, enquanto 3(6%) estão indecisos (Quadro 4.7). O valor do coeficiente de correlação de Karl Pearson é -0,259, o que conclui que existe uma correlação positiva entre Phishing/Vishing/Spoofing e deteção de intrusos. O valor calculado de χ^2 para 16 graus de liberdade a um nível de significância de 5% é 16,28 e o valor tabelado de χ^2 é 26,296. Uma vez que o valor calculado do qui-quadrado é inferior ao valor tabelado, a hipótese nula é aceite ou pode concluir-se que não há diferença entre Phishing/Vishing/Spoofing & deteção de intrusos.

	Relação proposta	Resultados
1	Monitorização do sistema - Roubo de identidade online	+ve, Aceite
2	Monitorização do sistema - Hacking	-ve, Aceite
3	Monitorização do sistema - Código malicioso	-ve, Aceite
4	Monitorização do sistema - ataque DOS	+ve, Aceite
5	Monitorização do sistema - Fraudes com cartões de crédito e caixas multibanco	+ve, Aceite
6	Monitorização do sistema - Phishing/ Vishing/ Spoofing	-ve, Aceite
7	Deteção de intrusos - Roubo de identidade online	+ve, Aceite

8	Deteção de intrusos - Hacking	+ve, Aceite
9	Deteção de intrusos - Código malicioso	+ve, Aceite
10	Deteção de intrusos - ataque DOS	+ve, Aceite
11	Deteção de intrusos - Fraudes com cartões de crédito e ATM	+ve, Aceite
12	Deteção de intrusos - Phishing/ Vishing/ Spoofing	-ve, Aceite

Quadro 4.8 Resumo dos resultados da hipótese 3

As variáveis "Online identify theft", "DOS attack" e "Credit card/ATM frauds" estão positivamente correlacionadas com a monitorização do sistema, enquanto as variáveis "Hacking", "Malicious code" & "Phishing/Vishing/Spoofing" estão negativamente correlacionadas com a monitorização do sistema. As variáveis "Online identify theft" (roubo de identidade em linha), "Hacking" (pirataria informática), "Malicious code" (código malicioso), "DOS attack" (ataque DOS) e "Credit card/ATM frauds" (fraudes com cartões de crédito/ATM) estão positivamente correlacionadas com a deteção de intrusos, enquanto "Phishing/Vishing/Spoofing" está negativamente correlacionada com a deteção de intrusos. Com base nos resultados do qui-quadrado apresentados no Quadro 4.8, pode concluir-se que não existe uma diferença significativa entre as estratégias de ciberdefesa (deteção de intrusos e monitorização do sistema) e os ciberataques aos bancos.

Hipótese 4 (H4): Não existe uma diferença significativa entre a ocorrência de cibercrime nos bancos do sector público e privado

			Tipos de bancos			Valor
			Governo	Privado	Total	
Roubo de identidade online	Acordo	Contagem	24	6	30	$\chi^2.$**10.4**
		%	48%	12%	60%	
	Indecisos	Contagem	6	1	7	
		%	12%	2%	14%	
	Não concordo	Contagem	10	3	13	R= 0.013
		%	20%	6%	26%	
	Total	Contagem	40	10	50	

		%	80%	20%	100 %	
Hacking	Concordo	Contagem	27	6	33	$\chi^2.=$**1.28**
		%	54%	12%	66%	
	Indecisos	Contagem	4	1	5	
		%	8%	2%	10%	
	Não concordo	Contagem	9	3	12	R= 0.092
		%	18%	6%	24%	
	Total	Contagem	40	10	50	
		%	80%	20%	100 %	
Código malicioso	Concordo	Contagem	21	6	27	$\chi^2.=$**7.70**
		%	42%	12%	54%	
	Indecisos	Contagem	7	1	8	
		%	14%	2%	16%	
	Não concordo	Contagem	12	3	15	R= 0.00
		%	24%	6%	30%	
	Total	Contagem	40	10	50	
		%	80%	20%	100 %	
DOS Ataque	De acordo	Contagem	20	7	27	$\chi^2.=$**2.55**
		%	40%	14%	54%	
	Indecisos	Contagem	5	1	6	
		%	10%	2%	12%	
	Não concordo	Contagem	15	2	17	R= -0.114
		%	30%	4%	34%	
	Total	Contagem	40	10	50	
		%	80%	20%	100 %	
Fraudes com	Concordo	Contagem	15	7	22	$\chi^2.=$**4.2**
		%	30%	14%	44%	

cartões de crédito e multibanco	Indecisos	Contagem	3	0	3	
		%	6%	0%	6%	
	Não concordo	Contagem	22	3	25	R= -0.239
		%	44%	6%	50%	
	Total	Contagem	40	10	50	
		%	80%	20%	100%	
Phishing/ Vishing/ Spoofing	Concordo	Contagem	29	9	38	χ^2=3.41
		%	58%	18%	76%	
	Indecisos	Contagem	3	1	4	
		%	6%	2%	8%	
	Não concordo	Contagem	8	0	8	
		%	16%	0%	16%	
	Total	Contagem	40	10	50	R= -0.151
		%	80%	20%	100%	

Concordo = Concordo totalmente + Concordo totalmente; Discordo = Discordo totalmente + Discordo totalmente

Quadro 4.9 Tabulação cruzada dos ciberataques e do tipo de bancos

Do total de inquiridos, 30(%) concordam que a usurpação de identidade em linha ocorreu no seu banco, dos quais 24(48%) trabalham em bancos públicos e 6(12%) trabalham em bancos privados (Tabela 4.9) . 7(14%) inquiridos estão indecisos quanto à ocorrência de furto de identidade em linha, entre os quais 6(12%) inquiridos trabalham em bancos públicos e 1(2%) trabalha em bancos privados. 13(6%) inquiridos estão indecisos quanto à ocorrência de furto de identidade em linha, entre os quais 10(20%) inquiridos trabalham em bancos públicos e 3(6%) trabalham em bancos privados. O valor do coeficiente de correlação de Karl Pearson é de 0,013, o que conclui que existe uma correlação positiva entre o furto de identidade em linha e os tipos de banco. O valor calculado de χ^2 para 4 graus de liberdade a um nível de significância de 5% é 10,4 e o valor tabelado de χ^2 é 9,488. Uma vez que o valor calculado do qui-quadrado é superior ao valor tabelado, a hipótese nula é rejeitada ou pode concluir-se que existe uma diferença entre os tipos de banco e o furto de identidade em linha.

Do total de inquiridos, 33 (66%) concordam com a ocorrência de pirataria informática no seu banco, dos quais 27 (54%) trabalham em bancos públicos e 6 (12%) trabalham em bancos privados (Quadro 4.9) . 5(10%) inquiridos estão indecisos quanto à ocorrência de pirataria informática, entre os quais 4(8%) inquiridos trabalham em bancos públicos e 1(2%) trabalha em bancos privados. 12(24%) inquiridos estão indecisos quanto à ocorrência de pirataria informática, entre os quais 9(18%) inquiridos trabalham em bancos públicos e 3(6%) trabalham em bancos privados. O valor do coeficiente de correlação de Karl Pearson é 0,092, o que conclui que existe uma correlação positiva entre a pirataria informática e os tipos de banco. O valor calculado de χ^2 para 4 graus de liberdade a um nível de significância de 5% é 1,28 e o valor tabelado de χ^2 é 9,488. Uma vez que o valor calculado do qui-quadrado é inferior ao valor tabelado, a hipótese nula é aceite ou pode concluir-se que não há diferença entre os tipos de banco e de hacking.

Do total de inquiridos, 27 (54%) concordam com a ocorrência de um ataque através de código malicioso no seu banco, dos quais 21 (42%) trabalham em bancos públicos e 6 (12%) trabalham em bancos privados (Quadro 4.9). 8(16%) inquiridos estão indecisos quanto à ocorrência de um ataque através de código malicioso, 7(14%) dos quais trabalham em bancos públicos e 1(2%) em bancos privados. 15(30%) inquiridos estão indecisos quanto à ocorrência de ataques através de código malicioso, entre os quais 12(24%) inquiridos trabalham em bancos públicos e 3(6%) trabalham em bancos privados. O valor do coeficiente de correlação de Karl Pearson é 0, o que conclui que não existe correlação entre o ataque através de código malicioso e os tipos de banco. O valor calculado de χ^2 para 4 graus de liberdade a um nível de significância de 5% é 7,7 e o valor tabelado de χ^2 é 9,488. Uma vez que o valor calculado do qui-quadrado é inferior ao valor tabelado, a hipótese nula é aceite ou pode concluir-se que não há diferença entre os tipos de banco e o ataque através de código malicioso.

Do total de inquiridos, 27 (54%) concordam que houve um ataque DOS no seu banco, dos quais 20 (40%) trabalham em bancos públicos e 7 (14%) em bancos privados (Quadro 4.9) . 6 (12%) inquiridos estão indecisos quanto à ocorrência de um ataque DOS, dos quais 5 (10%) trabalham em bancos públicos e 1 (2%) trabalha em bancos privados. 17(34%) inquiridos estão indecisos quanto à ocorrência de um ataque DOS, entre os quais 15(10%) inquiridos trabalham em bancos públicos e 2(4%) trabalham em bancos privados. O valor do coeficiente de correlação de Karl Pearson é - 0,114, o que conclui que existe uma correlação negativa entre o ataque DOS e os tipos de banco. O valor calculado de χ^2 para 4 graus de liberdade a um nível de significância de 5% é 2,55 e o valor tabelado de χ^2 é 9,488.

Uma vez que o valor calculado do qui-quadrado é inferior ao valor tabelado, a hipótese nula é aceite ou pode concluir-se que não há diferença entre os tipos de banco e o ataque DOS.

Do total de inquiridos, 22 (44%) concordam com a ocorrência de fraude com cartões de crédito/ATM no seu banco, dos quais 15 (30%) trabalham em bancos públicos e 7 (14%) em bancos privados (Quadro 4.9) . 3(6%) inquiridos estão indecisos quanto à ocorrência de fraudes com cartões de crédito/ATM, entre os quais todos os inquiridos trabalham em bancos públicos. 25 (50%) inquiridos estão indecisos quanto à ocorrência de fraude com cartões de crédito/ATM, dos quais 22 (44%) trabalham em bancos públicos e 3 (6%) trabalham em bancos privados. O valor do coeficiente de correlação de Karl Pearson é - 0,239, o que conclui que existe uma correlação negativa entre a fraude com cartões de crédito/ATM e os tipos de banco. O valor calculado de χ^2 para 4 graus de liberdade a um nível de significância de 5% é 4,2 e o valor tabelado de χ^2 é 9,488. Uma vez que o valor calculado do qui-quadrado é inferior ao valor tabelado, a hipótese nula é aceite ou pode concluir-se que não há diferença entre os tipos de fraude bancária e de fraude com cartões de crédito/ATM.

Do total de inquiridos, 38(76%) concordam que Phishing/Vishing/Spoofing ocorreu no seu banco, entre os quais 29(58%) inquiridos trabalham em bancos públicos, enquanto 9(18%) inquiridos trabalham em bancos privados (Tabela 4.9). 4(8%) inquiridos estão indecisos quanto à ocorrência de Phishing/Vishing/Spoofing, dos quais 3(6%) trabalham em bancos públicos e 1(2%) em bancos privados. 8 (16%) inquiridos que trabalham em bancos públicos estão indecisos quanto à ocorrência de Phishing/Vishing/Spoofing. O valor do coeficiente de correlação de Karl Pearson é - 0,151, o que conclui que existe uma correlação negativa entre Phishing/Vishing/Spoofing e tipos de banco. O valor calculado de χ^2 para 4 graus de liberdade a um nível de significância de 5% é 3,41 e o valor tabelado de χ^2 é 9,488. Uma vez que o valor calculado do qui-quadrado é inferior ao valor tabelado, a hipótese nula é aceite ou pode concluir-se que não há diferença entre os tipos de banco e o Phishing/Vishing/Spoofing.

	Relação proposta	Resultados
1	Tipo de banco - Roubo de identidade em linha	+ve, Rejeitado
2	Tipo de banco - Hacking	+ve, Aceite
3	Tipo de banco - Código malicioso	+ve, Aceite
4	Tipo de banco - ataque DOS	-ve, Aceite
5	Tipo de banco - Fraudes com cartões de crédito/ caixas automáticos	-ve, Aceite
6	Tipo de banco - Phishing/ Vishing/ Spoofing	-ve, Aceite

Quadro 4.10 Resumo dos resultados para a Hipótese 4

Todas as variáveis "Furto de identidade em linha", "Hacking" e "Código malicioso" estão positivamente correlacionadas com o "tipo de banco", ao passo que "Ataque DOS", "Fraudes com cartões de crédito/ATM" e "Phishing/Vishing/Spoofing" estão negativamente correlacionadas com o "tipo de banco". Com base nos resultados do qui-quadrado apresentados no Quadro 4.10, verificou-se que existe uma diferença entre o roubo de identidade em linha nos bancos do sector público e privado, enquanto os outros tipos de ataques não apresentam qualquer diferença em relação ao tipo de banco (Quadro 4.10). Assim, pode concluir-se que não existe uma diferença significativa entre a ocorrência de cibercrime nos bancos do sector público e privado.

Resumo

O capítulo aborda vários factores relacionados com a cibercriminalidade, as suas medidas e a sua relação. Prevê-se que a banca móvel e as redes sociais representem novas ameaças à segurança no sector dos pagamentos. Mas os especialistas em segurança afirmam que essas ameaças não irão substituir os ataques de malware e as ameaças de phishing, que durante anos atormentaram as instituições bancárias. As tentativas de fraude vão aumentar, e não diminuir, à medida que novas ameaças e canais forem surgindo no futuro. Existe uma diferença entre o ataque DOS e o papel vital do armazém de dados na defesa dos sistemas, enquanto outros ciberataques não apresentam diferenças significativas entre a gestão das bases de dados dos bancos e os ciberataques. Assim, não existe uma diferença significativa entre a gestão das bases de dados dos bancos e os ciberataques.

Buffer overflow, spoofing, Brute force attack" e cross site scripting estão positivamente correlacionados com os bancos públicos e privados, enquanto a inclusão remota de ficheiros PHP e a vulnerabilidade de injeção de SQL estão negativamente correlacionadas com os bancos públicos e privados. Assim, não existe uma diferença significativa entre as estratégias de ciberataque identificadas pelos bancos dos sectores público e privado. O roubo de identidade em linha, o ataque DOS e as fraudes com cartões de crédito/ATM estão positivamente correlacionados com a monitorização do sistema, enquanto a pirataria informática, o ataque através de código malicioso e o phishing/vishing/spoofing estão negativamente correlacionados com a monitorização do sistema. O roubo de identidade em linha, a pirataria informática, o ataque através de código malicioso, o ataque DOS e as fraudes com cartões de crédito/ATM estão positivamente correlacionados com a deteção de intrusos, enquanto o phishing/vishing/spoofing está negativamente correlacionado com a deteção de intrusos. Assim, verifica-se que não existe uma diferença significativa entre as estratégias de ciberdefesa (deteção de intrusos e monitorização do sistema) e os ciberataques aos bancos. Verificou-se ainda que existe uma diferença entre a usurpação de identidade em linha nos bancos do sector público e privado, enquanto os outros tipos de ataques não diferem consoante o tipo de banco. Assim, pode concluir-se que não existe uma diferença significativa entre a ocorrência de cibercrime nos bancos do sector público e privado.

Referências

Cibercrime. Recuperado em 10 de novembro de 2010, do sítio Web http://www.tech terms. com/definition/cybercrime.

Crimes cibernéticos. Recuperado em 17 de janeiro de 2010, do sítio Web http://www.cybercell mumbai.com/cyber-crimes.

Ataque DoS, recuperado em 17 de dezembro de 2010, do sítio Web http

://www.webopedia. com/TERM/D/DoS attack.html.

Serviços bancários electrónicos. Recuperado em 28 de dezembro de 2010, do sítio Web http ://cnx. org/content/m23094/latest/.

Fernando, L. P. & Jeffrey, S. D. (n.d.). Tecnologia de autenticação biométrica: From the movies to your desktop, http://www.itl.nist.gov/div893/biometrics/Biometric sfromthemovies.pdf.

Future trends in net banking security, recuperado em 11 de janeiro de 2011, do sítio Web http://www.financialexpress.com/news/future-trends-in-net-banking- security /154138/0.

Como os hackers bancários venceram o Barclays. Obtido em 26 de dezembro de 2010, do sítio Web   http   ://www.thinq.co.uk/2010/10/25/how-bank-hackers-beat-barclays/#.

IEEE 802.11i-2004: Alteração 6: Melhorias na segurança do Controlo de Acesso ao Meio (MAC), Normas IEEE, 2004-07-23. Recuperado em 04 de outubro de 2010 do sítio Web http://standards.ieee.org/getieee802/download/802.11i- 2004.pdf, p. 43.

IEEE 802.11i-2004: Alteração 6: Melhorias na segurança do controlo de acesso ao meio (MAC). Padrões IEEE, 2004-07-23. Recuperado em 04 de outubro de 2010 do site http://standards.ieee.org/getieee802/download/802.11i- 2004.pdf, p. 5.

IPsec. Obtido em 06 de fevereiro de 2010, do sítio Web http://en.wikipedia.org/wiki/ IPsec.

Kessler, G. C. (2011). Uma visão geral da criptografia. Obtido em 27 de outubro de 2010, do sítio Web www.garrykessler.net.

Lightweight Diretory Access Protocol, recuperado em 21 de dezembro de 2010, do sítio Web sítio http://msdn.microsoft.com/en-us/library/aa367008(v=vs .85). aspx.

Controlo de acesso obrigatório. Obtido em 11 de janeiro de 2011, do sítio Web http://www.cgisecurity.com/owasp/html/ch08s02.html.

Meyers, M. (2004). Gerenciando e solucionando problemas de redes. Network+. McGraw Hill.

RADIUS (Serviço de Autenticação Remota de Utilizador de Acesso

Telefónico). Obtido em 27 de outubro de 2010, do sítio Web
http://searchsecurity.techtarget.com/sDefinition/0,,sid14 g
ci214249,00.html.

Samaddar, S. G. (2009), Study material on information security, Information
Security Laboratory, Motilal Nehru National Institute of Technology,
Allahabad, 60-70.

Simmons, S., Edwards, D. & Wilde, N. (abril de 2006). Preventing
unauthorized islanding: cyber-threat analysis, Proceedings of the 2006
IEEE/SMC International Conference on System of Systems Engineering,
Los Angeles, CA, USA, 184-188.

Software Piracy, recuperado em 26 de dezembro de 2010, do sítio Web
http://www.developer-resource.com/software-piracy.htm.

As 9 principais ameaças à segurança de 2011, recuperado em 10 de janeiro
de 2011, do sítio Web
http://www.bankinfosecurity.com/articles.php?art_id=3228&opg=1.

Compreender os pontos fracos do WEP. Publicação Wiley. Recuperado em
01 de outubro de 2010, do sítio Web http ://eu. dummies.com/W
ileyCDA/how- to/content/understa nding-wep-weaknesses.html.

O que é DNSSEC. Obtido em 06 de fevereiro de 2010, do sítio Web
http://www.dnssec.net/.

CAPÍTULO 5

CONHECIMENTO E NÍVEL DE SATISFAÇÃO DOS CLIENTES EM RELAÇÃO AOS SERVIÇOS ELECTRÓNICOS

A satisfação do cliente é uma das componentes essenciais das estratégias de qualquer organização, uma vez que o cliente é a principal fonte de rendimento de qualquer sector. As organizações estão a centrar-se na satisfação do cliente para expandir a sua linha de produtos. Tudo isto se deve à concorrência no sector bancário e alguns bancos consideram a satisfação do cliente como a principal componente da sua estratégia de marketing. É por isso que, com a concorrência, o cliente final é o principal beneficiado *Khattak et al. (2010)*. Atualmente, muitas instituições financeiras estão a tentar aumentar a satisfação dos clientes e a sua retenção em relação à instituição financeira através da melhoria da qualidade dos serviços e dos produtos que oferecem aos seus clientes, atingindo assim o objetivo pretendido.

A satisfação do cliente tem sido cada vez mais reconhecida como uma componente importante do pensamento de marketing contemporâneo, particularmente no caso das indústrias de serviços *Bejou et al. (1998)*. Em geral, argumenta-se que, se os clientes estiverem satisfeitos com o produto e/ou serviço recebido após a sua utilização, é provável que voltem a comprar e tentem alargar a sua linha de produtos. Por outras palavras, é o sentimento ou a atitude de um cliente em relação a um produto e/ou serviço depois de este ter sido utilizado *Wells et al. (1996)*. Marcia Wilson, no seu artigo "War, ethics and security" (Guerra, ética e segurança), propõe que se esteja seguro estando consciente do que se passa fora da rede da empresa. Diz ela: "A sensibilização não significa agir de forma pouco ética nas nossas actividades quotidianas, desfigurando sítios Web, promovendo políticas discriminatórias injustas ou, de um modo geral, sendo demasiado reactivos e histéricos. A sensibilização consiste em aplicar os controlos de acesso necessários e exigir autenticação e autorização adequada para aceder à informação" *Wilson (2003)*.

Parasuraman et al. (1988) utilizam o seu instrumento de qualidade do serviço (SERVQUAL) para operacionalizar a satisfação do cliente com a qualidade do serviço, descrevendo a referida satisfação como uma estrutura de cinco factores, incluindo tangíveis, capacidade de resposta, empatia, fiabilidade e garantia. Um cliente satisfeito transmite mensagens positivas sobre ele aos outros. Um cliente insatisfeito , por outro lado, é suscetível de mudar para um produto e/ou serviço substituto da próxima vez que sentir a mesma necessidade. O mesmo cliente também se envolverá num boca-a-boca negativo, causando um grave efeito prejudicial para a empresa *(Naser et al. 1999; Metawa et al., 1998)*. Este "dano de mercado" pode ser subtil mas extenso, minando as melhores intenções e as mais fortes campanhas de marketing *Bielski (2004)*. Por conseguinte, é vital que as empresas se certifiquem de que os seus clientes estão satisfeitos com os produtos/serviços que oferecem. Este facto levou a um aumento da popularidade da medição da satisfação do cliente nos últimos anos *Gulledge (1996)*. *Rexha et al. (2003)* revelaram que a satisfação dos clientes empresariais com o seu banco não afecta diretamente a sua propensão para utilizar a banca eletrónica. No entanto, a satisfação tem um impacto significativo na confiança e no empenho, que afectam a probabilidade de os clientes empresariais utilizarem a banca eletrónica. Por conseguinte, a satisfação afecta indiretamente a propensão do cliente para utilizar a banca eletrónica.

A satisfação do cliente tem sido tradicionalmente estudada na área do marketing como uma das variáveis de atitude críticas que podem influenciar o comportamento do cliente. A maioria dos estudos sobre a satisfação na literatura de marketing baseia-se na teoria da desconfirmação. Esta teoria postula que o sentimento de satisfação é o resultado da comparação entre as percepções do desempenho de um produto e as expectativas de *Oliver et al. (1989)*. Esta teoria, que representa os processos de avaliação psicológica, permite compreender as expectativas, os desejos, as experiências e os desempenhos que podem afetar as atitudes dos clientes. Com base nesta teoria, o estudo efectuado por *Mckinney et al. (2002)* sugeriu que a diferença entre as expectativas e o desempenho real da qualidade do sistema e da qualidade da informação é suscetível de determinar a satisfação do cliente da Web. Do mesmo modo, *Khalifa et al. (2002)* afirmaram que a confirmação/desconfirmação das expectativas e desejos pré-adoção, após a adoção, poderia influenciar a satisfação geral do cliente. Embora a teoria da desconfirmação tenha sido apoiada por muitos investigadores, é difícil operacionalizar a teoria de forma consistente para todas as categorias de produtos *Churchill et al. (1982)*. Foram utilizadas várias abordagens para avaliar a satisfação, tal como referido por *Spreng et al. (1996)*. *Giese et al. (2000)* resumiram mais de 20 definições de satisfação de estudos anteriores na área do marketing. Criticaram a falta de consenso sobre o processo que conduz à satisfação e o conceito de satisfação, e favoreceram o desenvolvimento de medidas de satisfação específicas do contexto . Estas abordagens baseiam-se na resposta afectiva ou emocional de um cliente como base para a medição da satisfação do cliente específica a um contexto, em vez de avaliarem a desconfirmação. Tal como a maioria dos estudos de satisfação, também nós adoptámos a segunda abordagem. A satisfação do cliente tem sido estudada na literatura de marketing. A investigação sobre sistemas de informação também utilizou um conceito relacionado com a satisfação do utilizador. Os pontos de vista baseados no marketing consideram que uma loja de compras na Internet é um tipo de loja de compras e sugerem que se obtenha uma maior satisfação do cliente através de melhorias em factores convencionais como a entrega, a imagem da loja e a qualidade do serviço, *Liau (2002)*.

O Índice Americano de Satisfação do Cliente (ACSI) é um padrão científico de satisfação do cliente. A investigação académica demonstrou que a pontuação nacional do ACSI é um forte indicador do crescimento do Produto Interno Bruto (PIB) e um indicador ainda mais forte do crescimento das Despesas de Consumo Pessoal (PCE). O aumento das pontuações ACSI demonstrou prever a lealdade, as recomendações boca-a-boca e o comportamento de compra. O ACSI mede anualmente a satisfação dos clientes de mais de 200 empresas em 43 indústrias e 10 sectores económicos. Para além dos relatórios trimestrais, a metodologia ACSI pode ser aplicada a empresas do sector privado e a agências governamentais, a fim de melhorar a fidelização e a intenção de compra. Duas empresas foram licenciadas para aplicar a metodologia do ACSI tanto no sector privado como no sector público: O CFI Group, Inc. aplica a metodologia do ACSI offline, e a Foresee Results aplica o ACSI a sítios Web e outras iniciativas online

Outra teoria do desenvolvimento de produtos e da satisfação do cliente é o modelo Kano. Este modelo foi desenvolvido na década de 1980 pelo Professor Noriaki Kano, que classifica as preferências dos clientes em cinco categorias: Atractivas, Unidimensionais, Obrigatórias, Indiferentes, Inversas. O modelo de Kano oferece algumas informações sobre os atributos do produto que são considerados importantes para os clientes. Kano também produziu uma metodologia para mapear as respostas dos consumidores aos questionários no seu modelo.

SERVQUAL é um modelo de qualidade de serviço. No início dos anos noventa, os autores tinham aperfeiçoado o modelo para o útil acrónimo RATER. O SERVQUAL foi desenvolvido em meados dos anos 80 por *Zeithaml, Parasuraman & Berry*. É uma estrutura de qualidade de serviço que foi incorporada nos inquéritos de satisfação do cliente para indicar a diferença entre as expectativas e a experiência do cliente. Trata-se de um modelo eficaz que ajuda uma organização a moldar os seus esforços para colmatar o fosso entre o serviço percebido e o serviço esperado. O SERVQUAL foi originalmente medido em 10 aspectos da qualidade do serviço: fiabilidade, capacidade de resposta, competência, acesso, cortesia, comunicação, credibilidade, segurança, compreensão ou conhecimento do cliente e tangíveis. Mede a diferença entre as expectativas e a experiência do cliente. Algumas outras empresas de investigação e consultoria também têm soluções de satisfação do cliente. Estas incluem o processo de Auditoria da Satisfação do Cliente da A.T. Kearney, que incorpora o quadro das Fases da Excelência e que ajuda a definir o estatuto de uma empresa em relação a oito dimensões identificadas de forma crítica, a J.D. Power and Associates fornece outra medida de satisfação do cliente, conhecida pela sua abordagem top-box e classificações da indústria automóvel, etc. Os quadros que se seguem mostram a tabulação cruzada de vários factores relacionados com a capacidade de resposta, a garantia, o género, os tipos de banco, etc. de 100 vítimas de cibercrimes dos bancos dos sectores público e privado.

Hipótese 5 (H5): Não existe diferença significativa entre a capacidade de resposta e a garantia dos bancos dos sectores público e privado

Garantia	Tipo de banco					Valor
			Governo.	Pvt.	Total	
Posso confiar no banco para não utilizar incorretamente as	De acordo	Contagem	60	17	77	$\chi^2 = 1.78$
		%	60%	17%	77 %	
		Contagem	7	3	10	

minhas informações disponíveis nos documentos e sistemas (A)	Indecisos	%	7%	3%	10 %	R= - 0.02
	Não concordo	Contagem	11	2	13	
		%	11%	2%	13 %	
	Total	Contagem	78	22	100	
		%	78%	22%	100 %	
O banco oferece segurança financeira e confidencialidade (A)	Concordo	Contagem	65	20	85	χ^2= **2.003**
		%	65%	20%	85 %	
	Indecisos	Contagem	9	1	10	
		%	9%	1%	10 %	
	Não concordo	Contagem	4	1	5	R= - 0.017
		%	4%	1%	5%	
	Total	Contagem	78	22	100	
		%	78%	22%	100 %	
Os sistemas existentes são altamente fiáveis (A)	De acordo	Contagem	40	14	54	χ^2= **7.56**
		%	40%	14%	54 %	
	Indecisos	Contagem	15	6	21	
		%	15%	6%	21 %	
	Não concordo	Contagem	23	2	25	R= - 0.167
		%	23%	2%	25 %	
	Total	Contagem	78	22	100	
		%	78%	22%	100 %	
O banco promove uma reputação positiva junto do público (A)	Concordo	Contagem	55	18	73	χ^2= **5.35**
		%	55%	18%	73 %	
		Contagem	13	1	14	

Indecisos	%	13%	1%	14%	
Não concordo	Contagem	10	3	13	
	%	10%	3%	13%	R= 0.02
Total	Contagem	78	22	100	
	%	78%	22%	100%	

Concordo = Concordo totalmente + Concordo totalmente; Discordo = Discordo totalmente + Discordo

Quadro 5.1 Tabulação cruzada dos atributos de garantia e do tipo de banco

Do total de inquiridos, 77 (77%) concordam que podem confiar no banco para não utilizar indevidamente as informações disponíveis nos documentos e sistemas, entre os quais 60 (60%) inquiridos efectuam transacções com bancos públicos, enquanto 17 (17%) inquiridos utilizam bancos privados para as suas transacções (Quadro 5.1). 10 (10%) inquiridos estão indecisos quanto à afirmação, entre os quais 7 (7%) inquiridos utilizam os bancos públicos e 3 (3%) utilizam os bancos do sector privado. 13 (13%) inquiridos discordaram da confiança no banco para não utilizar indevidamente as suas informações, entre os quais 11 (11%) inquiridos utilizam bancos públicos e 2 (2%) bancos privados para as suas operações. O valor do coeficiente de correlação de Karl Pearson é de - 0,02, o que conclui que existe uma correlação negativa entre a garantia e o tipo de bancos. O valor calculado de χ^2 para 4 graus de liberdade a um nível de significância de 5% é 1,78 e o valor tabelado de χ^2 é 9,488. Uma vez que o valor calculado do qui-quadrado é inferior ao valor tabelado, a hipótese nula é aceite ou pode concluir-se que não há impacto do tipo de banco na confiança no banco para não utilizar indevidamente as suas informações.

Do total de inquiridos, 85 (85%) concordam que o banco proporciona segurança financeira e confidencialidade, entre os quais 65 (65%) inquiridos fazem transacções com bancos públicos, enquanto 20 (20%) inquiridos utilizam bancos privados para as transacções (Tabela 5.1). 10 (10%) inquiridos estão indecisos em relação à afirmação, entre os quais 9 (9%)

inquiridos utilizam bancos públicos e 1 (1%) utiliza bancos do sector privado. 5(5%) inquiridos discordam da segurança e confidencialidade financeiras, entre os quais 4(4%) inquiridos utilizam bancos públicos e 1(1%) bancos privados para as suas operações. O valor do coeficiente de correlação de Karl Pearson é de - 0,017, o que conclui que existe uma correlação negativa entre a garantia e o tipo de banco. O valor calculado de χ^2 para 4 graus de liberdade a um nível de significância de 5% é 2,003 e o valor tabelado de χ^2 é 9,488. Uma vez que o valor calculado do qui-quadrado é inferior ao valor tabelado, a hipótese nula é aceite ou pode concluir-se que não há impacto do tipo de banco na prestação de segurança financeira e confidencialidade.

Do total de inquiridos, 54(54%) concordam que os sistemas existentes são altamente fiáveis, entre os quais 40(40%) inquiridos fazem transacções com bancos públicos, enquanto 14(14%) inquiridos utilizam bancos privados para as transacções (Tabela 5.1). 21 (21%) inquiridos estão indecisos sobre a afirmação, entre os quais 15 (15%) inquiridos utilizam bancos públicos e 6 (6%) utilizam bancos do sector privado. 25(25%) inquiridos discordaram da elevada fiabilidade dos sistemas existentes, entre os quais 23(23%) inquiridos utilizam os bancos públicos e 2(2%) utilizam os bancos privados para as suas operações. O valor do coeficiente de correlação de Karl Pearson é de - 0,167, o que conclui que existe uma correlação negativa entre a fiabilidade e o tipo de bancos. O valor calculado de χ^2 para 4 graus de liberdade a um nível de significância de 5% é 7,56 e o valor tabelado de χ^2 é 9,488. Uma vez que o valor calculado do qui-quadrado é inferior ao valor tabelado, a hipótese nula é aceite ou pode concluir-se que não há impacto do tipo de banco na elevada fiabilidade dos sistemas existentes.

Do total de inquiridos, 73 (73%) concordam que o banco promove uma reputação positiva na mente do público, entre os quais 55 (55%) inquiridos efectuam transacções com bancos públicos, enquanto 18 (18%) inquiridos utilizam bancos privados para as transacções (Tabela 5.1). 14(14%) inquiridos estão indecisos sobre a afirmação, entre os quais 13(13%) inquiridos utilizam os bancos públicos e 1(1%) utiliza os bancos privados. 13(13%) inquiridos discordam que o banco promova uma reputação positiva na mente do público, entre os quais 10(10%) inquiridos utilizam bancos públicos e 3(3%) bancos privados para as suas operações. O valor do coeficiente de correlação de Karl Pearson é de + 0,02, o que conclui que existe uma correlação positiva entre a garantia e o tipo de bancos. O valor calculado de χ^2 para 4 graus de liberdade a um nível de significância de 5% é 5,35 e o valor tabelado de χ^2 é 9,488. Uma vez que o valor calculado do qui-quadrado é inferior ao valor tabelado, a hipótese nula é aceite ou pode concluir-se que não há impacto do tipo de banco na elevada fiabilidade dos sistemas existentes.

Capacidade de resposta	Tipo de banco		Governo	Pvt	Total	Valor
O banco e os seus associados fornecem todas as informações verdadeiras e significativas (R)	De acordo	Contagem	51	16	67	χ^2= 2.76
		%	51%	16%	67%	
	Indecisos	Contagem	5	3	8	
		%	5%	3%	8%	
	Não concordo	Contagem	22	3	25	R= - 0.102
		%	22%	3%	25%	
	Total	Contagem	78	22	100	
		%	78%	22%	100%	
A prestação dos serviços é única e corresponde às minhas expectativas (R)	Concordo	Contagem	40	13	53	χ^2= 7.55
		%	40%	13%	53%	
	Indecisos	Contagem	14	6	20	
		%	14%	6%	20%	
	Não concordo	Contagem	24	3	27	R= -0.178
		%	24%	3%	27%	
	Total	Contagem	78	22	100	
		%	78%	22%	100 %	
O banco responde aos vários problemas que ocorrem durante as transacções electrónicas (R)	Concordo	Contagem	48	9	57	χ^2 = 6.033
		%	48%	9%	57%	
	Indecisos	Contagem	12	8	20	
		%	12%	8%	20%	
	Não concordo	Contagem	18	5	23	R= -0.077
		%	18%	5%	23%	
	Total	Contagem	78	22	100	

			%	78%	22%	100 %%	
A unidade informática presta apoio suficiente após a introdução de um novo sistema ou de uma melhoria (R)	Concordo	Contagem	33	7	40		χ^2= 3.908
		%	33%	7%	40%		
	Indecisos	Contagem	19	9	28		
		%	19%	9%	28%		
	Não concordo	Contagem	26	6	32		R= - 0.007
		%	26%	6%	32%		
	Total	Contagem	78	22	100		
		%	78%	22%	100 %		

Concordo = Concordo totalmente + Concordo totalmente; Discordo = Discordo totalmente + Discordo totalmente

Quadro 5.2 Tabulação cruzada dos atributos de reatividade e do tipo de bancos

Do total de inquiridos, 67(67%) concordam que o banco responde aos vários problemas que ocorrem durante as transacções electrónicas, entre os quais 51(51%) inquiridos efectuam transacções com bancos públicos e 16(16%) inquiridos utilizam bancos privados para as transacções (Tabela 5.2) . 8(8%) inquiridos estão indecisos quanto à afirmação, entre os quais 5(5%) inquiridos utilizam bancos públicos e 3(3%) utilizam bancos do sector privado. 25(25%) inquiridos discordaram do fornecimento de todas as informações verdadeiras e significativas pelos associados do banco, entre os quais 22(22%) inquiridos utilizam bancos públicos e 3(3%) bancos privados para as suas operações. O valor do coeficiente de correlação de Karl Pearson é - 0,102, o que conclui que existe uma correlação negativa entre o fornecimento de todas as informações verdadeiras e significativas pelos associados do banco e o tipo de banco. O valor calculado de χ^2 para 4 graus de liberdade a um nível de significância de 5% é 2,76 e o valor tabelado de χ^2 é 9,488. Uma vez que o valor calculado do qui-quadrado é inferior ao valor tabelado, a hipótese nula é aceite ou pode concluir-se que não há diferença entre o tipo de banco e o fornecimento de todas as informações verdadeiras e significativas pelos associados do banco e o tipo de banco.

Do total de inquiridos, 57(57%) concordam que o banco responde aos vários problemas que ocorrem durante as transacções electrónicas, entre os quais

48(48%) inquiridos efectuam transacções com bancos públicos e 9(9%) inquiridos utilizam bancos privados para as transacções (Tabela 5.2) . 20(20%) inquiridos estão indecisos quanto à afirmação, entre os quais 12(12%) inquiridos utilizam bancos públicos e 8(8%) utilizam bancos privados. 23(23%) inquiridos discordam da capacidade de resposta dos bancos aos vários problemas que ocorrem durante as transacções electrónicas, entre os quais 18(18%) inquiridos utilizam bancos públicos e 5(5%) bancos privados para as suas operações. O valor do coeficiente de correlação de Karl Pearson é - 0,077, o que conclui que existe uma correlação negativa entre a capacidade de resposta dos bancos aos vários problemas que ocorrem durante as transacções electrónicas e o tipo de bancos. O valor calculado de χ^2 para 4 graus de liberdade a um nível de significância de 5% é 6,033 e o valor tabelado de χ^2 é 9,488. Uma vez que o valor calculado de chi- square é inferior ao valor tabelado, a hipótese nula é aceite ou pode concluir-se que a capacidade de resposta dos bancos aos vários problemas que ocorrem durante as transacções electrónicas e o tipo de bancos não têm qualquer diferença.

Do total de inquiridos, 40(40%) concordam que a unidade de TI fornece apoio suficiente após a introdução de um novo sistema ou de uma melhoria, entre os quais 33(33%) inquiridos efectuam transacções com bancos públicos, enquanto 7(7%) inquiridos utilizam bancos privados para efetuar transacções (Quadro 5.2) . 28(28%) inquiridos estão indecisos quanto à afirmação, entre os quais 19(19%) inquiridos utilizam bancos públicos, enquanto 9(9%) utilizam bancos do sector privado. 32(32%) inquiridos discordaram do Apoio à melhoria de novos sistemas, entre os quais 26(26%) inquiridos utilizam bancos públicos, enquanto 6(6%) utilizam bancos privados para as suas operações. O valor do coeficiente de correlação de Karl Pearson é - 0,007, o que conclui que existe uma correlação negativa entre o apoio à melhoria de novos sistemas e o tipo de banco. O valor calculado de χ^2 para 4 graus de liberdade a um nível de significância de 5% é 3,908 e o valor tabelado de χ^2 é 9,488. Uma vez que o valor calculado do qui-quadrado é inferior ao valor tabelado, a hipótese nula é aceite ou pode concluir-se que não há diferença entre o apoio à melhoria do novo sistema e o tipo de banco.

	Relação proposta	**Resultados**
1	Confiança no banco para não utilizar incorretamente as suas informações (A) - Tipo de bancos	-ve, aceite
2	Prestação de segurança financeira e confidencialidade (A) - Tipo de bancos	-ve, aceite
3	Elevada fiabilidade dos sistemas existentes (A) - tipo de bancos	-ve, aceite
4	Promover uma reputação positiva junto do público (A) - tipo de bancos	+ve, aceite
5	O banco e os seus associados prestam informações verdadeiras (R) - Tipo de bancos	-ve, aceite
6	Prestação única de serviços (R) - Tipo de bancos	-ve, aceite
7	Capacidade de resposta no tratamento de problemas (R) - tipo de bancos	-ve, aceite
8	Apoio à melhoria do novo sistema (R) - tipo de bancos	-ve, aceite
	Quadro 5.3 Resumo dos resultados da hipótese 5	

As três variáveis "Confiança no banco para não utilizar indevidamente as suas informações", "Fornecimento de segurança financeira e confidencialidade" e "Elevada fiabilidade dos sistemas existentes" estão negativamente correlacionadas com o tipo de banco e a variável "Promover uma reputação positiva junto do público" está positivamente correlacionada com o tipo de banco. Todas as variáveis "O banco e os seus associados fornecem informações verdadeiras", "Prestação de serviços únicos", "Capacidade de reação no tratamento de problemas" e "Apoio na melhoria de novos sistemas" estão negativamente correlacionadas com o tipo de banco (Quadro 5.3). Com base nos resultados do qui-quadrado, pode concluir-se que não existe uma diferença significativa entre a garantia e a capacidade de resposta dos bancos dos sectores público e privado.

Hipótese 6 (H6): Não existe diferença significativa entre os serviços electrónicos dos bancos e o género das vítimas de cybercrime

			Género			
			Masculino	Feminino	Total	Valor
Consulta do saldo da conta	De acordo	Contagem	65	25	90	χ^2= 2.35
		%	65%	25%	90%	
	Indecisos	Contagem	4	0	4	
		%	4%	0%	4%	
	Não concordo	Contagem	5	1	6	R= -0.092
		%	5%	1%	6%	
	Total	Contagem	74	26	100	
		%	74%	26%	100%	
Pagamentos de facturas	De acordo	Contagem	50	19	69	χ^2= 2.27
		%	50%	19%	69%	
	Indecisos	Contagem	17	6	23	
		%	17%	6%	23%	
	Não concordo	Contagem	7	1	8	R= -0.108
		%	7%	1%	8%	
	Total	Contagem	74	26	100	
		%	74%	26%	100%	
Encomendar cheques/desenhos em linha	Concordo	Contagem	29	13	42	χ^2= 5.33
		%	29%	13%	42%	
	Indecisos	Contagem	31	12	43	
		%	31%	12%	43%	
	Não concordo	Contagem	14	1	15	R= -0.114
		%	14%	1%	15%	
	Total	Contagem	74	26	100	
		%	74%	26%	100%	
Informações sobre a conta do cartão de crédito	De acordo	Contagem	33	14	47	χ^2= 2.62
		%	33%	14%	47%	
	Indecisos	Contagem	31	11	42	
		%	31%	11%	42%	
	Não	Contagem	10	1	11	R= -

	concordo	%	10%	1%	11%	0.144
	Total	Contagem	74	26	100	
		%	74%	26%	100%	
Transferência de fundos	De acordo	Contagem	52	15	67	χ^2= 2.15
		%	52%	15%	67%	
	Indecisos	Contagem	17	8	25	
		%	17%	8%	25%	
	Não concordo	Contagem	5	3	8	R= 0.105
		%	5%	3%	8%	
	Total	Contagem	74	26	100	
		%	74%	26%	100%	
Reconciliação do livro de cheques	De acordo	Contagem	35	16	51	χ^2= 4.64
		%	35%	16%	51%	
	Indecisos	Contagem	30	9	39	
		%	30%	9%	39%	
	Não concordo	Contagem	9	1	10	R= - 0.177
		%	9%	1%	10%	
	Total	Contagem	74	26	100	
		%	74%	26%	100%	
Visualização de cheques digitais em linha	De acordo	Contagem	29	11	40	χ^2= 2.59
		%	29%	11%	40%	
	Indecisos	Contagem	33	13	46	
		%	33%	13%	46%	
	Não concordo	Contagem	12	2	14	R= - 0.038
		%	12%	2%	14%	
	Total	Contagem	74	26	100	
		%	74%	26%	100%	
Parar pagamentos	De acordo	Contagem	34	7	41	χ^2= 13.42
		%	34%	7%	41%	
	Indecisos	Contagem	34	12	46	
		%	34%	12%	46%	

	Não	Contagem	6	7	13	
	concordo	%	6%	7%	13%	R= 0.206
	Total	Contagem	74	26	100	
		%	74%	26%	100%	

Concordo = Concordo totalmente + Concordo totalmente; Discordo = Discordo totalmente + Discordo totalmente

Quadro 5.4 Tabulação cruzada dos serviços electrónicos do banco e género

Do total de inquiridos, 90(90%) concordam que o serviço de consulta do saldo da conta do seu banco é excelente, dos quais 65(65%) são homens e 25(25%) são mulheres (Quadro 5.4). 4(4%) inquiridos do sexo masculino estão indecisos sobre a afirmação. 6(6%) inquiridos discordam da excelência do serviço de consulta do saldo da conta do seu banco, entre os quais 5(5%) inquiridos são homens e 1(1%) inquirida é mulher. O valor do coeficiente de correlação de Karl Pearson é - 0,092, o que conclui que existe uma correlação negativa entre a excelência do serviço de consulta do saldo da conta do seu banco e o género. O valor calculado de χ^2 para 4 graus de liberdade a um nível de significância de 5% é 2,35 e o valor tabelado de χ^2 é 9,488. Uma vez que o valor calculado do qui-quadrado é inferior ao valor tabelado, aceita-se a hipótese nula ou conclui-se que não há diferença entre a excelência do serviço de consulta do saldo da conta do banco e o género.

Do total de inquiridos, 69 (96%) concordam que o serviço de pagamento de facturas do seu banco é excelente, entre os quais 50 (50%) são homens e 19 (19%) são mulheres (Tabela 5.4). 23(23%) inquiridos estão indecisos sobre a afirmação, entre os quais 17(17%) inquiridos são homens e 6(6%) inquiridos são mulheres. 8(8%) inquiridos discordam da excelência do serviço de pagamento de facturas do seu banco, entre os quais 7(7%) inquiridos são homens e 1(1%) inquirida é mulher. O valor do coeficiente de correlação de Karl Pearson é - 0,108, o que conclui que existe uma correlação negativa entre a excelência do serviço de pagamento de facturas do seu banco e o género. O valor calculado de χ^2 para 4 graus de liberdade a um nível de significância de 5% é 2,27 e o valor tabelado de χ^2 é 9,488 (Tabela 5.4). Uma vez que o valor calculado do qui-quadrado é inferior ao valor tabelado, a hipótese nula é aceite ou pode concluir-se que não há diferença entre a excelência do serviço de pagamento de facturas do banco e o género.

Do total de inquiridos, 29(29%) inquiridos do sexo masculino e 19(19%) do sexo feminino concordaram que a encomenda de cheques/desembolsos online ao seu banco é excelente. 31(31%) inquiridos do sexo masculino e 12(12%) do sexo feminino estão indecisos, ao passo que 14(14%) inquiridos do sexo masculino e 1(1%) do sexo feminino discordam de que a encomenda de cheques/desenhos em linha ao seu banco é excelente. O valor do coeficiente de correlação de Karl Pearson é de - 0,114, o que conclui que existe uma correlação negativa entre a excelência da encomenda de cheques/desenhos em linha e o género (Quadro 5.4). O valor calculado de χ^2 para 4 graus de liberdade a um nível de significância de 5% é 5,33 e o valor tabelado de χ^2 é 9,488. Uma vez que o valor calculado do qui-quadrado é inferior ao valor tabelado, a hipótese nula é aceite ou pode concluir-se que não há diferença entre a excelência da encomenda de cheques/desenhos em linha do banco e o sexo.

Do total de inquiridos, 33 (33%) inquiridos do sexo masculino e 14 (14%) do sexo feminino concordaram que as informações sobre a conta de cartão de crédito do seu banco são excelentes. 31(31%) inquiridos do sexo masculino e 11(11%) do sexo feminino estão indecisos, enquanto 10(10%) inquiridos do sexo masculino e 1(1%) do sexo feminino discordam que as informações sobre a conta de cartão de crédito do banco são excelentes (Tabela 5.4). O valor do coeficiente de correlação de Karl Pearson é - 0,144 , o que conclui que existe uma correlação negativa entre a excelência das informações sobre as contas de cartão de crédito e o género. O valor calculado de χ^2 para 4 graus de liberdade a um nível de significância de 5% é 2,62 e o valor tabelado de χ^2 é 9,488. Uma vez que o valor calculado do qui-quadrado é inferior ao valor tabelado, a hipótese nula é aceite ou pode concluir-se que não há diferença entre a excelência das informações sobre a conta do cartão de crédito do banco e o género.

Do total de inquiridos, 52 (52%) homens e 15 (15%) mulheres concordaram que a transferência de fundos entre contas é excelente. 17(17%) inquiridos do sexo masculino e 8(8%) do sexo feminino estão indecisos, enquanto 5(5%) inquiridos do sexo masculino e 3(3%) do sexo feminino discordam que a transferência de fundos entre contas do banco é excelente (Tabela 5.4). O valor do coeficiente de correlação de Karl Pearson é de 0,105, o que conclui que existe uma correlação negativa entre a excelência da transferência de fundos entre contas e o género. O valor calculado de χ^2 para 4 graus de liberdade a um nível de significância de 5% é 2,15 e o valor tabelado de χ^2 é 9,488. Uma vez que o valor calculado do qui-quadrado é inferior ao valor tabelado, a hipótese nula é aceite ou pode concluir-se que não há diferença entre a excelência da transferência de fundos entre contas do banco e o género.

Do total de inquiridos, 35(35%) inquiridos do sexo masculino e 16(16%) do sexo feminino concordaram que a Reconciliação de Livros de Cheques do banco é excelente. 30(30%) inquiridos do sexo masculino e 9(9%) do sexo feminino estão indecisos, enquanto 9(9%) inquiridos do sexo masculino e 1(1%) do sexo feminino discordam que a Reconciliação de Livros de Cheques do banco é excelente (Tabela 5.4). O valor do coeficiente de correlação de Karl Pearson é de -0,177, o que conclui que existe uma correlação negativa entre a excelência da reconciliação do livro de cheques do banco e o género. O valor calculado de χ^2 para 4 graus de liberdade a um nível de significância de 5% é 4,64 e o valor tabelado de χ^2 é 9,488. Uma vez que o valor calculado do qui-quadrado é inferior ao valor tabelado, aceita-se a hipótese nula ou conclui-se que não há diferença entre a excelência da Reconciliação de Livros de Cheques do banco e o género.

Do total de inquiridos, 29 (29%) inquiridos do sexo masculino e 11 (11%) do sexo feminino concordaram que o serviço de visualização de cheques digitais em linha do banco é excelente. 33 (33%) inquiridos do sexo masculino e 13 (13%) do sexo feminino são indecisos, enquanto 12 (12%) inquiridos do sexo masculino e 2 (2%) do sexo feminino discordam que o serviço de visualização de cheques digitais em linha do banco é excelente. O valor do coeficiente de correlação de Karl Pearson é de -0,038, o que conclui que existe uma correlação negativa entre a excelência do serviço de visualização de cheques digitais em linha do banco e o género. O valor calculado de χ^2 para 4 graus de liberdade a um nível de significância de 5% é 2,59 e o valor tabelado de χ^2 é 9,488 (Tabela 5.4). Uma vez que o valor calculado do qui-quadrado é inferior ao valor tabelado, a hipótese nula é aceite ou pode concluir-se que não há diferença entre a excelência da visualização de cheques digitais no serviço online do banco e o género.

Do total de inquiridos, 34(34%) inquiridos do sexo masculino e 7(7%) do sexo feminino concordaram que o serviço de interrupção de pagamentos do banco é excelente. 34(34%) inquiridos do sexo masculino e 12(12%) do sexo feminino estão indecisos, enquanto 6(6%) inquiridos do sexo masculino e 7(7%) do sexo feminino discordam que o serviço de interrupção de pagamentos do banco é excelente. O valor do coeficiente de correlação de Karl Pearson é de 0,206, o que permite concluir que existe uma correlação negativa entre a excelência do serviço de interrupção de pagamentos do banco e o género (Tabela 5.4). O valor calculado de χ^2 para 4 graus de liberdade a um nível de significância de 5% é 13,42 e o valor tabelado de χ^2 é 9,488. Uma vez que o valor calculado do qui-quadrado é superior ao valor tabelado, a hipótese nula é rejeitada ou pode concluir-se que existe uma diferença entre a excelência do serviço de interrupção de pagamentos do banco e o género.

	Relação proposta	Resultados
1	Consulta do saldo da conta - Género	-ve, Aceite
2	Pagamentos de facturas - Género	-ve, Aceite
3	Encomendar cheques/esboços em linha - Género	-ve, Aceite
4	Informações sobre a conta do cartão de crédito - Sexo	-ve, Aceite
5	Transferência de fundos - Género	+ve, Aceite
6	Reconciliação do livro de cheques - Género	-ve, Aceite
7	Visualizar cheques digitais em linha - Género	-ve, Aceite
8	Interrupção de pagamentos - Género	+ve, Rejeitado

Quadro 5.5 Resumo dos resultados da hipótese 6

Todas as variáveis "consulta do saldo da conta", "pagamento de facturas", "encomenda de cheques/desenhos em linha", "informações sobre a conta do cartão de crédito", "reconciliação do livro de cheques " e "visualização de cheques digitais em linha" estão negativamente correlacionadas com o sexo, enquanto "transferência de fundos" e "serviço de paragem de pagamentos" estão positivamente correlacionadas com o sexo (Tabela 5.5). Com base nos resultados do qui-quadrado, existe uma diferença significativa entre o serviço eletrónico dos bancos de suspensão de pagamentos e o sexo do cliente, enquanto não existe diferença significativa entre o sexo das vítimas de cibercrime e os serviços electrónicos dos bancos, nomeadamente, "consulta do saldo da conta", "pagamento de facturas", "encomenda de cheques/desenhos online", "informações sobre a conta do cartão de crédito", "reconciliação do livro de cheques", "transferência de fundos" e "visualização de cheques digitais online". Assim, pode concluir-se que não existe uma diferença significativa entre os serviços electrónicos dos bancos e o sexo das vítimas de cibercrime (Tabela 5.5).

Hipótese 7 (H7): Não existe uma diferença significativa entre a adoção de serviços electrónicos e a sensibilização para as TI

		Utilização do computador e da Internet				
		Acordo	Indecisos	Não concordo	Total	Valor
Consulta do saldo da conta	De acordo	Contagem 77	4	9	90	
		% 77%	4%	9%	90%	$\chi^2=$
	Indecisos	Contagem 4	0	1	5	**16.78**
		% 4%	0%	1%	5%	
	Não concordo	Contagem 3	1	1	5	
		% 3%	1%	1%	5%	
	Total	Contagem 84	5	11	100	R= 0.169
		% 84%	5%	11%	100%	
Fatura Pagamentos	De acordo	Contagem 60	3	6	69	
		% 60%	3%	6%	69%	$\chi^2=$
	Indecisos	Contagem 15	0	3	18	**20.09**
		% 15%	0%	3%	18%	
	Não concordo	Contagem 9	2	2	13	R=
		% 9%	2%	2%	13%	0.209
	Total	Contagem 84	5	11	100	

		m				100%	
		%	84%	5%	11%	100%	
Encomendar cheques/desenhos em linha	Concordo	Contagem	32	2	4	38	χ^2= **16.48**
		%	32%	2%	4%	38%	
	Indecisos	Contagem	30	3	4	37	
		%	30%	3%	4%	37%	
	Não concordo	Contagem	22	0	3	25	
		%	22%	0%	3%	25%	R= 0.009
	Total	Contagem	84	5	11	100	
		%	84%	5%	11%	100%	
Informações sobre a conta do cartão de crédito	Concordo	Contagem	31	1	4	36	χ^2= **20.37**
		%	31%	1%	4%	36%	
	Indecisos	Contagem	34	3	4	41	
		%	34%	3%	4%	41%	
	Não concordo	Contagem	19	1	3	23	
		%	19%	1%	3%	23%	R= 0.039
	Total	Contagem	84	5	11	100	
		%	84%	5%	11%	100%	
Transferência de fundos	Concordo	Contagem	54	3	8	65	χ^2= **20.77**
		%	54%	3%	8%	65%	
	Indecisos	Contagem	23	2	1	26	

		%	23%	2%	1%	26%	
	Não concordo	Contagem	7	0	2	9	R=
		%	7%	0%	2%	9%	0.147
	Total	Contagem	84	5	11	100	
		%	84%	5%	11%	100%	
Reconciliação do livro de cheques	Concordo	Contagem	30	1	2	33	
		%	30%	1%	2%	33%	χ^2= 16.5
	Indecisos	Contagem	39	3	7	49	
		%	39%	3%	7%	49%	
	Não concordo	Contagem	15	1	2	18	
		%	15%	1%	2%	18%	R=
	Total	Contagem	84	5	11	100	0.164
		%	84%	5%	11%	100%	
Visualização de cheques digitais em linha	Concordo	Contagem	28	2	3	33	
		%	28%	2%	3%	33%	χ^2= 16.23
	Indecisos	Contagem	39	2	4	45	
		%	39%	2%	4%	45%	
	Não concordo	Contagem	17	1	4	22	
		%	17%	1%	4%	22%	R=
	Total	Contagem	84	5	11	100	0.102
		%	84%	5%	11%	100%	

Parar pagamentos	Concordo	Contagem	26	1	5	32	$\chi^2=$ **12.13**
		%	26%	1%	5%	32%	
	Indecisos	Contagem	41	3	4	48	
		%	41%	3%	4%	48%	
	Não concordo	Contagem	17	1	2	20	
		%	17%	1%	2%	20%	$R= -0.001$
	Total	Contagem	84	5	11	100	
		%	84%	5%	11%	100%	
ATM	De acordo	Contagem	68	2	8	78	
		%	68%	2%	8%	78%	$\chi^2=$ **42.84**
	Indecisos	Contagem	11	1	0	12	
		%	11%	1%	0%	12%	
	Não concordo	Contagem	5	2	3	10	$R= 0.145$
		%	5%	2%	3%	10%	
	Total	Contagem	84	5	11	100	
		%	84%	5%	11%	100%	

Concordo = Concordo totalmente + Concordo totalmente; Discordo = Discordo totalmente + Discordo totalmente

Quadro 5.6 Tabulação cruzada da adoção de serviços electrónicos e da sensibilização para as TI

Do total de inquiridos, 90 (90%) concordam que adoptaram o serviço de consulta do saldo da conta fornecido pelo banco, entre os quais 77 (77%) concordam que utilizam o computador e a Internet, 4 (4%) estão indecisos e 9 (9%) discordam da utilização do computador e da Internet. 5(5%)

inquiridos estão indecisos quanto ao facto de terem adotado o serviço de consulta do saldo da conta fornecido pelo banco, entre os quais 4(4%) inquiridos concordam que utilizam o computador e a Internet, enquanto 1(1%) inquirido discorda (Quadro 5.6). 5 (5%) inquiridos discordam que adoptaram o serviço de consulta do saldo da conta fornecido pelo banco, entre os quais 3 (3%) inquiridos concordam que utilizam o computador e a Internet, 1 (1%) está indeciso e 1 (1%) discorda da utilização do computador e da Internet. O valor do coeficiente de correlação de Karl Pearson é de 0,169, o que conclui que existe uma correlação positiva entre a adoção da consulta do saldo da conta e a sensibilização para as TI. O valor calculado de χ^2 para 16 graus de liberdade a um nível de significância de 5% é 16,76 e o valor tabelado de χ^2 é 26,296. Uma vez que o valor calculado do qui-quadrado é inferior ao valor tabelado, aceita-se a hipótese nula ou conclui-se que não há diferença entre a adoção do serviço de consulta do saldo da conta e a sensibilização para as TI.

Do total de inquiridos, 69 (69%) concordam que adoptaram o serviço de pagamento de facturas fornecido pelo banco, entre os quais 60 (60%) concordam que utilizam o computador e a Internet, 3 (3%) estão indecisos e 6 (6%) discordam da utilização do computador e da Internet. 18(18%) inquiridos estão indecisos quanto ao facto de terem adotado o serviço de pagamento de facturas fornecido pelo banco, entre os quais 15(15%) inquiridos concordam que utilizam o computador e a Internet, enquanto 3(3%) inquiridos discordam. 13(13%) inquiridos discordam que tenham adotado o serviço de pagamento de facturas entre os quais 9 (9%) inquiridos concordam que utilizam o computador e a Internet, 2 (2%) estão indecisos e 2 (2%) discordam da utilização do computador e da Internet (Quadro 5.6). O valor do coeficiente de correlação de Karl Pearson é de 0,209, o que conclui que existe uma correlação positiva entre a adoção do serviço de pagamento de facturas e a sensibilização para as TI. O valor calculado de χ^2 para 16 graus de liberdade a um nível de significância de 5% é 20,09 e o valor tabelado de χ^2 é 26,296. Uma vez que o valor calculado do qui-quadrado é inferior ao valor tabelado, aceita-se a hipótese nula ou conclui-se que não há diferença entre a adoção do serviço de pagamento de facturas e a sensibilização para as TI.

Do total de inquiridos, 38 (38%) concordam que adoptaram o serviço de encomendas de cheques/desenhos em linha fornecido pelo banco, entre os quais 32 (32%) concordam que utilizam o computador e a Internet, 2 (2%) estão indecisos e 4 (4%) discordam da utilização do computador e da Internet. 37(37%) inquiridos estão indecisos quanto ao facto de terem adotado o serviço de encomenda de cheques/desenhos em linha fornecido pelo banco, entre os quais 30(30%) inquiridos concordam que utilizam o computador e a Internet, 3(3%) inquiridos estão indecisos quanto à utilização do computador e da Internet e 4(4%) inquiridos discordam. 25(25%) inquiridos discordam que tenham adotado o serviço de encomenda de cheques/desenhos em linha, entre os quais 22(22%) inquiridos concordam que utilizam o computador e a Internet, enquanto 3(3%) discordam da utilização do computador e da Internet (Quadro 5.6). O valor do coeficiente de correlação de Karl Pearson é de 0,009, o que conclui que existe uma correlação positiva entre a adoção do serviço em linha de encomendas de cheques/desenhos e a sensibilização para as TI. O valor calculado de χ^2 para 16 graus de liberdade a um nível de significância de 5% é 16,48 e o valor tabelado de χ^2 é 26,296. Uma vez que o valor calculado do qui-quadrado é inferior ao valor tabelado, a hipótese nula é aceite ou pode concluir-se que não há diferença entre a adoção do serviço em linha de encomendas de cheques/ /rascunhos e a sensibilização para as TI.

Do total de inquiridos, 36 (36%) concordam que adoptaram o serviço de informações sobre contas de cartões de crédito fornecido pelo banco, entre os quais 31 (31%) concordam que utilizam o computador e a Internet, 1 (1%) está indeciso e 4 (4%) discordam da utilização do computador e da Internet. 41(41%) inquiridos estão indecisos quanto à adoção do serviço de informação sobre contas de cartões de crédito fornecido pelo banco , entre os quais 34(34%) inquiridos concordam que utilizam o computador e a Internet, 3(3%) inquiridos estão indecisos quanto à utilização do computador e da Internet e 4(4%) inquiridos discordam. 23(23%) inquiridos discordam que tenham adotado o serviço de informação sobre contas de cartão de crédito, entre os quais 19(19%) inquiridos concordam que utilizam o computador e a Internet, 1(1%) estão indecisos, enquanto 3(3%) discordam da utilização do computador e da Internet (Quadro 5.6). O valor do coeficiente de correlação de Karl Pearson é de 0,039, o que conclui que existe uma correlação positiva entre a adoção do serviço de informação sobre contas de cartões de crédito e a sensibilização para as TI. O valor calculado de χ^2 para 16 graus de liberdade a um nível de significância de 5% é 20,37 e o valor tabelado de χ^2 é 26,296. Uma vez que o valor calculado do qui-quadrado é inferior ao valor tabelado, a hipótese nula é aceite ou pode concluir-se que não existe diferença entre a adoção do serviço de informação sobre contas de cartão de crédito e a sensibilização para as TI.

Do total de inquiridos, 65 (65%) concordam que adoptaram o serviço de transferência de fundos entre contas fornecido pelo banco, entre os quais 54 (54%) concordam que utilizam o computador e a Internet, 3 (3%) estão indecisos e 8 (8%) discordam da utilização do computador e da Internet. 26(26%) inquiridos estão indecisos quanto ao facto de terem adotado o serviço de transferência de fundos entre contas fornecido pelo banco, entre os quais 23(23%) inquiridos concordam que utilizam o computador e a Internet, 2(2%) inquiridos estão indecisos quanto à utilização do computador e da Internet e 1(1%) inquiridos discorda. 9(9%) inquiridos discordam que tenham adotado a transferência de fundos entre contas, entre os quais 7(7%) inquiridos concordam que utilizam o computador e a Internet, enquanto 2(2%) discordam da utilização do computador e da Internet (Quadro 5.6). O valor do coeficiente de correlação de Karl Pearson é de 0,147, o que conclui que existe uma correlação positiva entre a adoção do serviço de transferência de fundos entre contas e a sensibilização para as TI. O valor calculado de χ^2 para 16 graus de liberdade a um nível de significância de 5% é 20,77 e o valor tabelado de χ^2 é 26,296. Uma vez que o valor calculado do qui-quadrado é inferior ao valor tabelado, a hipótese nula é aceite ou pode concluir-se que não há diferença entre a adoção da transferência de fundos entre serviços de contabilidade e a sensibilização para as TI.

Do total de inquiridos, 33(33%) concordam que adoptaram o serviço de reconciliação de livros de cheques fornecido pelo banco, entre os quais 30(30%) concordam que utilizam o computador e a Internet, 1(1%) estão indecisos e 2(2%) discordam da utilização do computador e da Internet. 49(49%) inquiridos estão indecisos quanto à adoção do serviço de reconciliação de livros de cheques fornecido pelo banco, entre os quais 39(39%) inquiridos concordam que utilizam o computador e a Internet, 3(3%) inquiridos estão indecisos quanto à utilização do computador e da Internet e 7(7%) inquiridos discordam. 18(18%) inquiridos discordam que tenham adotado o serviço de reconciliação de livros de cheques, entre os quais 15(15%) inquiridos concordam que utilizam o computador e a Internet, 1(1%) estão indecisos, enquanto 2(2%) discordam da utilização do computador e da Internet (Quadro 5.6). O valor do coeficiente de correlação de Karl Pearson é de 0,164, o que conclui que existe uma correlação positiva entre a adoção do serviço de reconciliação de livros de cheques e a sensibilização para as TI. O valor calculado de χ^2 para 16 graus de liberdade a um nível de significância de 5% é 16,5 e o valor tabelado de χ^2 é 26,296. Uma vez que o valor calculado do qui-quadrado é inferior ao valor tabelado, a hipótese nula é aceite ou pode concluir-se que não há diferença entre a adoção do serviço de reconciliação de livros de cheques e a sensibilização para as TI.

Do total de inquiridos, 33 (33%) concordam que adoptaram o serviço de visualização de cheques digitais em linha fornecido pelo banco, entre os quais 28 (28%) concordam que utilizam o computador e a Internet, 2 (2%) estão indecisos e 3 (3%) discordam da utilização do computador e da Internet. 45(45%) inquiridos estão indecisos quanto ao facto de terem adotado o serviço de visualização de cheques digitais em linha fornecido pelo banco, entre os quais 39(39%) inquiridos concordam que utilizam o computador e a Internet, 2(2%) inquiridos estão indecisos quanto à utilização do computador e da Internet e 4(4%) inquiridos discordam. 22(22%) inquiridos discordam que adoptaram o serviço online de visionamento de cheques digitais, entre os quais 17(17%) inquiridos concordam que utilizam o computador e a Internet, 1(1%) estão indecisos, enquanto 4(4%) discordam da utilização do computador e da Internet (Quadro 5.6). O valor do coeficiente de correlação de Karl Pearson é de 0,102, o que conclui que existe uma correlação positiva entre a adoção do serviço de controlo digital e a sensibilização para as TI. O valor calculado de χ^2 para 16 graus de liberdade a um nível de significância de 5% é 16,23 e o valor tabelado de χ^2 é 26,296. Uma vez que o valor calculado do qui-quadrado é inferior ao valor tabelado, a hipótese nula é aceite ou pode concluir-se que não há diferença entre a adoção do serviço em linha de cheques digitais e a sensibilização para as TI.

Do total de inquiridos, 32 (32%) concordam que adoptaram o serviço de suspensão de pagamentos fornecido pelo banco, entre os quais 26 (26%) concordam que utilizam o computador e a Internet, 1 (1%) está indeciso e 5

(5%) discordam da utilização do computador e da Internet. 48(48%) inquiridos estão indecisos quanto à adoção do serviço de suspensão de pagamentos fornecido pelo banco, entre os quais 41(41%) inquiridos concordam que utilizam o computador e a Internet, 3(3%) inquiridos estão indecisos quanto à utilização do computador e da Internet e 4(4%) inquiridos discordam. 20(20%) inquiridos discordam que tenham adotado o serviço de pagamentos automáticos, entre os quais 17(17%) inquiridos concordam que utilizam o computador e a Internet, 1(1%) está indeciso, enquanto 2(2%) discordam da utilização do computador e da Internet (Quadro 5.6). O valor do coeficiente de correlação de Karl Pearson é de -0,001, o que conclui que existe uma correlação negativa entre a adoção do serviço de pagamentos automáticos e a sensibilização para as TI. O valor calculado de χ^2 para 16 graus de liberdade a um nível de significância de 5% é 12,13 e o valor tabelado de χ^2 é 26,296. Uma vez que o valor calculado do qui-quadrado é inferior ao valor tabelado, a hipótese nula é aceite ou pode concluir-se que não há diferença entre a adoção do serviço de suspensão de pagamentos e a sensibilização para as TI.

Do total de inquiridos, 78 (78%) concordam que adoptaram o serviço ATM fornecido pelo banco, entre os quais 68 (68%) concordam que utilizam o computador e a Internet, 2 (2%) estão indecisos e 8 (8%) discordam da utilização do computador e da Internet. 12(12%) inquiridos estão indecisos quanto ao facto de terem adotado o serviço ATM fornecido pelo banco, entre os quais 11(11%) inquiridos concordam que utilizam o computador e a Internet, enquanto 1(1%) inquirido está indeciso. 10(10%) inquiridos discordam da adoção do serviço ATM, entre os quais 5(5%) inquiridos concordam que utilizam o computador e a Internet, 2(2%) estão indecisos, enquanto 3(3%) discordam da utilização do computador e da Internet (Quadro 5.6). O valor do coeficiente de correlação de Karl Pearson é de 0,145, o que conclui que existe uma correlação positiva entre a adoção do serviço ATM e a sensibilização para as TI. O valor calculado de χ^2 para 16 graus de liberdade a um nível de significância de 5% é 42,84 e o valor tabelado de χ^2 é 26,296. Uma vez que o valor calculado do qui-quadrado é superior ao valor tabelado, a hipótese nula é rejeitada ou pode concluir-se que existe uma diferença entre a adoção do serviço ATM e a sensibilização para as TI.

	Relação proposta	Resultados
1	Consulta do saldo da conta - Conhecimento de TI	+ve, Aceite
2	Pagamentos de facturas - Consciência informática	+ve, Aceite
3	Encomendar cheques/desenhos em linha - Sensibilização informática	+ve, Aceite
4	Informações sobre contas de cartões de crédito - IT Awareness	+ve, Aceite
5	Transferência de fundos - Sensibilização informática	+ve, Aceite
6	Reconciliação do livro de cheques - Sensibilização para as TI	+ve, Aceite
7	Visualização de cheques digitais online - IT Awareness	+ve, Aceite
8	Interrupção de pagamentos - Sensibilização informática	-ve, Aceite
9	ATM - Sensibilização para as TI	+ve, Rejeitado

Quadro 5.7 Resumo dos resultados da Hipótese 7

Todas as variáveis "consulta do saldo da conta", "pagamento de facturas", "encomenda de cheques/desenhos em linha", "informações sobre a conta do cartão de crédito", "transferência de fundos", "reconciliação do livro de cheques", "visualização de cheques digitais em linha" e "serviço ATM" estão positivamente correlacionadas com a sensibilização para as TI, enquanto o "serviço de suspensão de pagamentos" está negativamente correlacionado com a sensibilização para as TI (Quadro 5.7). Com base nos resultados do teste do qui-quadrado, verificou-se que existe uma diferença significativa entre a adoção do ATM e a sensibilização para as TI, ao passo que não existe qualquer diferença significativa entre a sensibilização para as TI e a adoção de outros serviços electrónicos, nomeadamente, "consulta do saldo da conta", "pagamento de facturas", "encomenda de cheques/desenhos em linha", "informações sobre a conta do cartão de crédito", "transferência de fundos", "reconciliação do livro de cheques" e "visualização de cheques digitais em linha". Por conseguinte, pode concluir-se que não existe uma diferença significativa entre a adoção de serviços electrónicos e a sensibilização para as TI (Quadro 5.7).

Hipótese 8 (H8): Não existe uma diferença significativa entre o conhecimento das tecnologias da informação e o conhecimento do

		Qualquer atividade ilegal através de equipamentos electrónicos é considerada cibercrime				Valor
		De acordo	Indecisos	Não concordo	Total	
As tecnologias da informação (TI) alteraram o estilo de fazer negócios	Concordo	Contagem 66	9	13	88	$\chi^2=$ **31.54**
		% 66 %	9%	13%	88%	
	Indecisos	Contagem 2	1	1	4	
		% 2%	1%	1%	4%	
	Não concordo	Contagem 6	1	1	8	
		% 6%	1%	1%	8%	R= 0.216
	Total	Contagem 74	11	15	100	
		% 74 %	11%	15%	100 %	
As TI incluem o hardware, o software e as suas aplicações	De acordo	Contagem 66	6	11	83	$\chi^2=$ **58.58**
		% 66 %	6%	11%	83%	
	Indecisos	Contagem 6	5	1	12	
		% 6%	5%	1%	12%	
	Não concordo	Contagem 2	0	3	5	
		% 2%	0%	3%	5%	R= 0.315
	Total	Contagem 74	11	15	100	
		% 74 %	11%	15%	100 %	
Eletrónico A banca é uma aplicação do comércio eletrónico	Concordo	Contagem 65	8	12	85	$\chi^2=$ **33.65**
		% 65 %	8%	12%	85%	
	Indecisos	Contagem 5	3	2	10	
		% 5%	3%	2%	10%	
	Não concordo	Contagem 4	0	1	5	R= 0.183
		% 4%	0%	1%	5%	
	Total	Contagem 74	11	15	100	
		% 74 %	11%	15%	100 %	

As mudanças revolucionárias na tecnologia obrigaram os bancos a introduzir a banca eletrónica	Concordo	Contagem	66	9	12	87	$\chi^2=$ **25.85**
		%	66 %	9%	12%	87%	
	Indecisos	Contagem	3	2	2	7	
		%	3%	2%	2%	7%	
	Não concordo	Contagem	5	0	1	6	R= 0.183
		%	5%	0%	1%	6%	
	Total	Contagem	74	11	15	100	
		%	74 %	11%	15%	100 %	
As TI tornaram-se um dos factores críticos de sucesso para as organizações nos dias de hoje	Concordo	Contagem	65	9	10	84	$\chi^2=$ **34,48**
		%	65 %	9%	10%	84%	
	Indecisos	Contagem	6	2	2	10	
		%	6%	2%	2%	10%	
	Não concordo	Contagem	3	0	3	6	R= 0.23
		%	3%	0%	3%	6%	
	Total	Contagem	74	11	15	100	
		%	74 %	11%	15%	100 %	
A banca eletrónica é uma forma fácil de realizar actividades bancárias em comparação com a banca convencional	Concordo	Contagem	64	8	12	84	$\chi^2=$ **20.6**
		%	64 %	8%	12%	84%	
	Indecisos	Contagem	6	1	1	8	
		%	6%	1%	1%	8%	
	Não concordo	Contagem	4	2	2	8	R= 0.22
		%	4%	2%	2%	8%	
	Total	Contagem	74	11	15	100	
		%	74 %	11%	15%	100 %	

Concordo = Concordo totalmente + Concordo totalmente; Discordo = Discordo totalmente + Discordo totalmente

Quadro 5.8 Tabulação cruzada da sensibilização para o cibercrime e para as TI

Do total de inquiridos, 88 (88%) concordam que as tecnologias da informação (TI) alteraram o estilo de fazer negócios, entre os quais 66 (66%)

concordam que conhecem a cibercriminalidade[1] , 9 (9%) estão indecisos e 13 (13%) discordam. 4(4%) inquiridos estão indecisos quanto ao facto de as tecnologias da informação (TI) terem alterado o estilo de fazer negócios, entre os quais 2(2%) inquiridos concordam que conhecem a cibercriminalidade, 1(1%) inquirido está indeciso quanto ao conhecimento da cibercriminalidade e 1(1%) inquirido discorda. 8 (8%) inquiridos discordam que as tecnologias da informação (TI) alteraram o estilo de fazer negócios, entre os quais 6 (6%) inquiridos concordam que conhecem o cibercrime, 1 (1%) está indeciso e 1 (1%) discorda (Quadro 5.8). O valor do coeficiente de correlação de Karl Pearson é de 0,216, o que conclui que existe uma correlação positiva entre as tecnologias da informação (TI) que alteraram o estilo de fazer negócios e o conhecimento do cibercrime. O valor calculado de χ^2 para 16 graus de liberdade a um nível de significância de 5% é 31,54 e o valor tabelado de χ^2 é 26,296. Uma vez que o valor calculado do qui-quadrado é superior ao valor tabelado, a hipótese nula é rejeitada ou pode concluir-se que existe uma diferença entre a tecnologia da informação (TI) que alterou o estilo de fazer negócios e a sensibilização para o cibercrime.

Do total de inquiridos, 83(83%) concordam que as TI incluem o hardware, o software e as suas aplicações, entre os quais 66(66%) concordam que conhecem o cibercrime, 6(6%) estão indecisos e 11(11%) discordam. 12(12%) inquiridos estão indecisos quanto ao facto de as TI incluírem o hardware, o software e as suas aplicações, entre os quais 6(6%) inquiridos concordam que têm conhecimento da cibercriminalidade, 5(5%) inquiridos estão indecisos quanto ao conhecimento da cibercriminalidade e 1(1%) inquirido discorda. 5(5%) inquiridos discordam que as TI incluem o hardware, o software e as suas aplicações, entre os quais 2(2%) inquiridos concordam que conhecem o cibercrime, enquanto 3(3%) discordam (Quadro 5.8). O valor do coeficiente de correlação de Karl Pearson é de 0,315, o que permite concluir que existe uma correlação positiva entre o facto de as TI incluírem o hardware, o software e as suas aplicações e o conhecimento do cibercrime.

O valor calculado de χ^2 para 16 graus de liberdade a um nível de significância de 5% é 58,58 e o valor tabelado de χ^2 é 26,296. Uma vez que o valor calculado do qui-quadrado é superior ao valor tabelado, a hipótese nula é

---

[1] Qualquer atividade ilegal através de equipamentos electrónicos é considerada cibercrime

rejeitada ou pode concluir-se que existe uma diferença entre as TI, incluindo o hardware , o software e as suas aplicações e a sensibilização para o cibercrime.

Do total de inquiridos, 85 (85%) concordam que a banca eletrónica é uma aplicação do comércio eletrónico, entre os quais 65 (65%) concordam que conhecem o cibercrime, 8 (8%) estão indecisos e 12 (12%) discordam. 10(10%) inquiridos estão indecisos quanto ao facto de a banca eletrónica ser uma aplicação do comércio eletrónico, entre os quais 5(5%) inquiridos concordam que conhecem o cibercrime, 3(3%) inquiridos estão indecisos quanto ao cibercrime e 2(2%) inquiridos discordam. 5(5%) inquiridos discordam que a banca eletrónica é uma aplicação do comércio eletrónico, entre os quais 4(4%) inquiridos concordam que conhecem o cibercrime, enquanto 1(1%) discorda (Tabela 5.8). O valor do coeficiente de correlação de Karl Pearson é de 0,183, o que conclui que existe uma correlação positiva entre o facto de a banca eletrónica ser uma aplicação do comércio eletrónico e o conhecimento do cibercrime. O valor calculado de χ^2 para 16 graus de liberdade a um nível de significância de 5% é 33,65 e o valor tabelado de χ^2 é 26,296. Uma vez que o valor calculado do qui-quadrado é superior ao valor tabelado, a hipótese nula é rejeitada ou pode concluir-se que existe uma diferença entre a banca eletrónica, que é uma aplicação do comércio eletrónico, e a sensibilização para o cibercrime.

Do total de inquiridos, 87 (87%) concordam que as mudanças revolucionárias na tecnologia obrigaram os bancos a introduzir a banca eletrónica, entre os quais 66 (66%) concordam que conhecem a cibercriminalidade, 9 (9%) estão indecisos e 12 (12%) discordam. 7(7%) inquiridos estão indecisos quanto ao facto de as mudanças revolucionárias na tecnologia terem obrigado os bancos a introduzir a banca eletrónica, entre os quais 3(3%) inquiridos concordam que conhecem a cibercriminalidade, 2(2%) inquiridos estão indecisos e 2(2%) inquiridos discordam. 6(6%) inquiridos discordam que as mudanças revolucionárias na tecnologia obrigaram os bancos a introduzir a banca eletrónica, entre os quais 5(5%) inquiridos concordam que conhecem o cibercrime, enquanto 1(1%) discorda (Quadro 5.8). O valor do coeficiente de correlação de Karl Pearson é de 0,183, o que conclui que existe uma correlação positiva entre as mudanças revolucionárias na tecnologia que obrigaram os bancos a introduzir a banca eletrónica e o conhecimento do cibercrime. O valor calculado de χ^2 para 16 graus de liberdade a um nível de significância de 5% é 25,85 e o valor tabelado de χ^2 é 26,296. Uma vez que o valor calculado do qui-quadrado é inferior ao valor tabelado, a hipótese nula é aceite ou pode concluir-se que não existe diferença entre as mudanças revolucionárias na tecnologia que obrigaram os bancos a introduzir a banca eletrónica e a sensibilização para o cibercrime.

Do total de inquiridos, 84(84%) concordam que as TI se tornaram um dos Factores Críticos de Sucesso para as organizações nos dias de hoje, entre os quais 65(65%) concordam que conhecem o cibercrime, 9(9%) estão indecisos e 10(10%) discordam. 10(10%) inquiridos estão indecisos quanto ao facto de as TI se terem tornado um dos Factores Críticos de Sucesso para as organizações nos dias de hoje, entre os quais 6(6%) inquiridos concordam que conhecem o cibercrime, 2(2%) inquiridos estão indecisos quanto ao cibercrime e 2(2%) inquiridos discordam. 6(6%) inquiridos discordam que as TI se tornaram um dos factores críticos de sucesso para as organizações nos dias de hoje, entre os quais 3(3%) inquiridos concordam que conhecem o cibercrime, enquanto 3(3%) discordam (Quadro 5.8). O valor do coeficiente de correlação de Karl Pearson é de 0,23, o que permite concluir que existe uma correlação positiva entre o facto de as TI se terem tornado um dos factores críticos de sucesso para as organizações nos dias de hoje e o conhecimento do cibercrime. O valor calculado de χ^2 para 16 graus de liberdade a um nível de significância de 5% é 34,48 e o valor tabelado de χ^2 é 26,296. Uma vez que o valor calculado do qui-quadrado é superior ao valor tabelado, a hipótese nula é rejeitada ou pode concluir-se que existe uma diferença entre o facto de as TI se terem tornado um dos factores críticos de sucesso para as organizações nos dias de hoje e a sensibilização para o cibercrime.

Do total de inquiridos, 84 (84%) concordam que a banca eletrónica é uma forma fácil de realizar actividades bancárias em comparação com a banca convencional, entre os quais 64 (64%) concordam que conhecem a cibercriminalidade, 8 (8%) estão indecisos e 12 (12%) discordam. 8 (8%) inquiridos estão indecisos quanto ao facto de a banca eletrónica ser uma forma fácil de realizar actividades bancárias em comparação com a banca convencional, entre os quais 6 (6%) inquiridos concordam que conhecem a cibercriminalidade, 1 (1%) inquirido está indeciso quanto ao conhecimento da cibercriminalidade e 1 (1%) inquirido discorda. 8(8%) inquiridos discordam que A banca eletrónica é uma forma fácil de realizar actividades bancárias em comparação com a banca convencional, entre os quais 4(4%) inquiridos concordam que conhecem o cibercrime, 2(2%) estão indecisos, enquanto 2(2%) discordam (Tabela 5.8). O valor do coeficiente de correlação de Karl Pearson é de 0,22, o que conclui que existe uma correlação positiva entre o facto de a banca eletrónica ser uma forma fácil de realizar actividades bancárias em comparação com a banca convencional e o conhecimento do cibercrime. O valor calculado de χ^2 para 16 graus de liberdade a um nível de significância de 5% é 20,6 e o valor tabelado de χ^2 é 26,296. Uma vez que o valor calculado do qui-quadrado é inferior ao valor tabelado, a hipótese nula é aceite ou pode concluir-se que não existe diferença entre o facto de a banca eletrónica ser uma forma fácil de realizar actividades bancárias em comparação com a banca convencional e a sensibilização para o cibercrime.

	Relação proposta	**Resultados**
1	As tecnologias da informação (TI) alteraram o estilo de fazer negócios - Sensibilização para o cibercrime	+ve, Rejeitado
2	As TI incluem o hardware, o software e as suas aplicações - Sensibilização para o cibercrime	+ve, Rejeitado
3	A banca eletrónica é uma aplicação do comércio eletrónico - Sensibilização para a cibercriminalidade	+ve, Rejeitado
4	As mudanças revolucionárias na tecnologia obrigaram os bancos a introduzir a banca eletrónica - Sensibilização para o cibercrime	+ve, Aceite
5	As TI tornaram-se um dos factores críticos de sucesso para as organizações nos dias de hoje - Sensibilização para o cibercrime	+ve, Rejeitado
6	A banca eletrónica é uma forma fácil de realizar actividades bancárias em comparação com a banca convencional - Sensibilização para a	+ve, Aceite

	cibercriminalidade	

Quadro 5.9 Resumo dos resultados da hipótese 8

Todas as variáveis "A tecnologia da informação (TI) mudou o estilo de fazer negócios", "A TI inclui o hardware, o software e as suas aplicações", "A banca eletrónica é uma aplicação do comércio eletrónico", "As mudanças revolucionárias na tecnologia obrigaram os bancos a introduzir a banca eletrónica", "A TI tornou-se um dos factores críticos de sucesso para as organizações atualmente" e "A banca eletrónica é uma forma fácil de realizar actividades bancárias em comparação com a banca convencional" estão positivamente correlacionadas com a consciência do cibercrime (Tabela 5.9). Com base nos resultados do qui-quadrado, não existe uma diferença significativa entre a sensibilização para o cibercrime e as variáveis "As mudanças revolucionárias na tecnologia obrigaram os bancos a introduzir a banca eletrónica" & "A banca eletrónica é uma forma fácil de realizar actividades bancárias em comparação com a banca convencional", ao passo que existe uma diferença significativa entre a sensibilização para o cibercrime e as variáveis "As tecnologias da informação (TI) alteraram o estilo de fazer negócios", "As TI incluem o hardware, o software e as suas aplicações", "A banca eletrónica é uma aplicação do comércio eletrónico" e "As TI tornaram-se um dos factores críticos de sucesso para as organizações atualmente". Assim, pode concluir-se que existe uma diferença significativa entre o conhecimento das tecnologias da informação e o conhecimento do cibercrime (Quadro 5.9).

Hipótese 9 (H9): Não existe diferença significativa entre o conhecimento da política dos bancos e a vitimização por cibercrime

	A segurança dos dados foi incorporada no processo de planeamento estratégico global da organização				
		Acordo	Indecisos	Não concordo	Total	Valor
Roubo de identidade online	De acordo	Contagem	23	17	4	44	$\chi^2=$ **27,88**
		%	23%	17%	4%	44 %	
		Contagem	16	12	0	28	

	Indecisos	%	16%	12%	0%	28 %	
	Não concordo	Contagem	22	6	0	28	R= -0.192
		%	22%	6%	0%	28 %	
	Total	Contagem	61	35	4	100	
		%	61%	35%	4%	100 %	
Hacking	De acordo	Contagem	20	18	1	39	χ^2= 27.7
		%	20%	18%	1%	39 %	
	Indecisos	Contagem	18	9	0	27	
		%	18%	9%	0%	27 %	
	Não concordo	Contagem	23	8	3	34	R= -0.035
		%	23%	8%	3%	34 %	
	Total	Contagem	61	35	4	100	
		%	61%	35%	4%	100 %	
Malicioso Código	De acordo	Contagem	33	20	1	54	χ^2= 29.2
		%	33%	20%	1%	54 %	
	Indecisos	Contagem	10	9	0	19	
		%	10%	9%	0%	19 %	
	Não concordo	Contagem	18	6	3	27	R= 0.106
		%	18%	6%	3%	27 %	
	Total	Contagem	61	35	4	100	
		%	61%	35%	4%	100 %	
Ataque DOS	Concordo	Contagem	22	16	1	39	χ^2= 40.61
		%	22%	16%	1%	39 %	
	Indecisos	Contagem	17	14	0	31	
		%	17%	14%	0%	31 %	

	Não concordo	Contagem	22	5	3	30	R= - 0.086
		%	22%	5%	3%	30 %	
	Total	Contagem	61	35	4	100	
		%	61%	35%	4%	100 %	
Cartão de crédito/ Fraudes em ATM	Concordo	Contagem	23	14	3	40	χ^2= 18,87
		%	23%	14%	3%	40 %	
	Indecisos	Contagem	13	13	0	26	
		%	13%	13%	0%	26 %	
	Não concordo	Contagem	25	8	1	34	R= - 0.106
		%	25%	8%	1%	34 %	
	Total	Contagem	61	35	4	100	
		%	61%	35%	4%	100 %	
Phishing/ Vishing/ Spoofing	De acordo	Contagem	26	18	1	45	χ^2= 15.96
		%	26%	18%	1%	45 %	
	Indecisos	Contagem	18	11	2	31	
		%	18%	11%	2%	31 %	
	Não concordo	Contagem	17	6	1	24	R= - 0.043
		%	17%	6%	1%	24 %	
	Total	Contagem	61	35	4	100	
		%	61%	35%	4%	100 %	

Concordo = Concordo totalmente + Concordo totalmente; Discordo = Discordo totalmente + Discordo

Tabela 5.10 Tabulação cruzada da vitimização por cibercrime e da incorporação da segurança dos dados como um processo de planeamento estratégico

Do total de inquiridos, 44 (44%) concordam que são vítimas de roubo de identidade online, entre os quais 23 (23%) concordam que a segurança dos dados foi incorporada no processo de planeamento estratégico global da organização, 17 (17%) estão indecisos e 4 (4%) discordam. 28(28%) inquiridos estão indecisos quanto ao facto de terem sido vítimas de roubo de identidade online, entre os quais 16(16%) inquiridos concordam que a segurança dos dados foi incorporada no processo de planeamento estratégico global da organização, enquanto 12(12%) inquiridos estão indecisos. 28(28%) inquiridos discordam que são vítimas de roubo de identidade online entre os quais 22(22%) inquiridos concordam que a segurança dos dados foi incorporada no processo de planeamento estratégico global da organização, enquanto 6(6%) estão indecisos (Tabela 5.10). O valor do coeficiente de correlação de Karl Pearson é -0,192, o que conclui que existe uma correlação negativa entre a vitimização por roubo de identidade em linha e a segurança dos dados. O valor calculado de χ^2 para 16 graus de liberdade a um nível de significância de 5% é 26,88 e o valor tabelado de χ^2 é 26,296. Como o valor calculado do qui-quadrado é maior do que o valor tabelado, a hipótese nula é rejeitada ou pode-se concluir que há uma diferença entre a vitimização por roubo de identidade on-line e a segurança de dados.

Do total de inquiridos, 39 (39%) concordam que são vítimas de pirataria informática, entre os quais 20 (20%) concordam que a segurança dos dados foi incorporada no processo de planeamento estratégico global da organização, 18 (18%) estão indecisos e 1 (1%) discorda. 27(27%) inquiridos estão indecisos quanto ao facto de terem sido vítimas de pirataria informática, entre os quais 18(18%) inquiridos concordam que a segurança dos dados foi incorporada no processo de planeamento estratégico global da organização, enquanto 9(9%) inquiridos estão indecisos. 34 (34%) inquiridos discordam que são vítimas de pirataria informática, entre os quais 28 (28%) inquiridos concordam que a segurança dos dados foi incorporada no processo de planeamento estratégico global da organização, 8 (8%) estão indecisos e 3 (3%) discordam (Tabela 5.10). O valor do coeficiente de correlação de Karl Pearson é -0,035, o que conclui que existe uma correlação negativa entre a vitimização por pirataria informática e a segurança dos dados. O valor calculado de χ^2 para 16 graus de liberdade a um nível de significância de 5% é 27,7 e o valor tabelado de χ^2 é 26,296. Uma vez que o valor calculado do qui-quadrado é superior ao valor tabelado, a hipótese nula é rejeitada ou pode concluir-se que existe uma diferença entre a vitimização por pirataria informática e a segurança dos dados.

Do total de inquiridos, 54 (54%) concordam que são vítimas de código malicioso, entre os quais 33 (33%) concordam que a segurança dos dados foi incorporada no processo de planeamento estratégico global da organização, 20 (20%) estão indecisos e 1 (1%) discorda. 19(19%) inquiridos estão indecisos quanto ao facto de serem vítimas de código malicioso, entre os quais 10(10%) inquiridos concordam que a segurança dos dados foi incorporada no processo de planeamento estratégico global da organização, enquanto 9(9%) inquiridos estão indecisos. 27 (27%) inquiridos discordam que são vítimas de código malicioso, entre os quais 18 (18%) inquiridos concordam que a segurança dos dados foi incorporada no processo de planeamento estratégico global da organização, 6 (6%) estão indecisos e 3 (3%) discordam (Tabela 5.10). O valor do coeficiente de correlação de Karl Pearson é 0,106, o que conclui que existe uma correlação positiva entre a vitimização por código malicioso e a segurança dos dados. O valor calculado de χ^2 para 16 graus de liberdade a um nível de significância de 5% é 29,24 e o valor tabelado de χ^2 é 26,296. Como o valor calculado do qui-quadrado é maior do que o valor tabelado, a hipótese nula é rejeitada ou pode-se concluir que há uma diferença entre vitimização por código malicioso e segurança de dados.

Do total de inquiridos, 39 (39%) concordam que foram vítimas de um ataque DOS, entre os quais 22 (22%) concordam que a segurança dos dados foi incorporada no processo de planeamento estratégico global da organização, 16 (16%) estão indecisos e 1 (1%) discorda. 31(31%) inquiridos estão indecisos quanto ao facto de terem sido vítimas de um ataque DOS, entre os quais 17(17%) inquiridos concordam que a segurança dos dados foi incorporada no processo de planeamento estratégico global da organização, enquanto 14(14%) inquiridos estão indecisos. 30(30%) inquiridos discordam que são vítimas de um ataque DOS, entre os quais 22(22%) inquiridos concordam que a segurança dos dados foi incorporada no processo de planeamento estratégico global da organização, 5(5%) estão indecisos e 3(3%) discordam (Tabela 5.10). O valor do coeficiente de correlação de Karl Pearson é -0,086, o que conclui que existe uma correlação negativa entre a vitimização por ataque DOS e a segurança dos dados. O valor calculado de χ^2 para 16 graus de liberdade a um nível de significância de 5% é 40,61 e o valor tabelado de χ^2 é 26,296. Como o valor calculado do qui-quadrado é maior que o valor tabelado, a hipótese nula é rejeitada ou pode-se concluir que há uma diferença entre vitimização por ataque de DOS e segurança de dados.

Do total de inquiridos, 40(40%) inquiridos concordam que são vítimas de fraudes com cartões de crédito/ caixas multibanco, entre os quais 23(23%) inquiridos concordam que a segurança dos dados foi incorporada no processo de planeamento estratégico global da organização, 14(14%) estão indecisos e 3(3%) estão discordam. 26(26%) inquiridos estão indecisos quanto ao facto de terem sido vítimas de fraudes com cartões de crédito/ caixas multibanco, entre os quais 13(13%) inquiridos concordam que a segurança dos dados foi incorporada no processo de planeamento estratégico global da organização, enquanto 13(13%) inquiridos estão indecisos. 34(34%) inquiridos discordam que são vítimas de fraudes com cartões de crédito/ caixas multibanco, entre os quais 25(25%) inquiridos concordam que a segurança dos dados foi incorporada no processo de planeamento estratégico global da organização, 8(8%) estão indecisos e 1(1%) discorda (Tabela 5.10). O valor do coeficiente de correlação de Karl Pearson é de - 0,106, o que conclui que existe uma correlação negativa entre a vitimização por fraudes com cartões de crédito/ caixas multibanco e a segurança dos dados. O valor calculado de χ^2 para 16 graus de liberdade a um nível de significância de 5% é 18,87 e o valor tabelado de χ^2 é 26,296. Uma vez que o valor calculado do qui-quadrado é inferior ao valor tabelado, a hipótese nula é aceite ou pode concluir-se que não há diferença entre a vitimização por fraudes com cartões de crédito/ caixas multibanco e a segurança dos dados.

Do total de inquiridos, 45 (45%) concordam que são vítimas de Phishing/ Vishing/ Spoofing, entre os quais 26 (26%) concordam que a segurança dos dados foi incorporada no processo de planeamento estratégico global da organização, 18 (18%) estão indecisos e 1 (1%) discorda. 31(31%) inquiridos estão indecisos quanto ao facto de terem sido vítimas de Phishing/ Vishing/ Spoofing, entre os quais 18(18%) inquiridos concordam que a segurança dos dados foi incorporada no processo de planeamento estratégico global da organização, 11(11%) inquiridos estão indecisos e 2(2%) discordam. 24(24%) inquiridos discordam que são vítimas de Phishing/ Vishing/ Spoofing, entre os quais 17(17%) inquiridos concordam que a segurança dos dados foi incorporada no processo de planeamento estratégico global da organização, 6(6%) estão indecisos e 1(1%) discorda (Tabela 5.10). O valor do coeficiente de correlação de Karl Pearson é -0,043, o que conclui que existe uma correlação negativa entre a vitimização por Phishing/ Vishing/ Spoofing e a segurança dos dados. O valor calculado de χ^2 para 16 graus de liberdade a um nível de significância de 5% é 15,96 e o valor tabelado de χ^2 é 26,296. Uma vez que o valor calculado do qui-quadrado é inferior ao valor tabelado, a hipótese nula é aceite ou pode concluir-se que não há diferença entre a vitimização por Phishing/ Vishing/ Spoofing e a segurança dos dados.

			O acesso à rede e aos servidores é efectuado através de logins únicos e requer autenticação				
			Acordo	Indecisos	Não concordo	Total	Valor
Roubo de identidade online	De acordo	Contagem	33	8	3	44	$\chi^2=$ **32.46**
		%	33%	8%	3%	44%	
	Indecisos	Contagem	15	12	1	28	
		%	15%	12%	1%	28%	
	Não concordo	Contagem	23	5	0	28	R= 0.008
		%	23%	5%	0%	28%	
	Total	Contagem	71	25	4	100	
		%	71%	25%	4%	100%	
Hacking	De acordo	Contagem	29	7	3	39	$\chi^2=$ **26.34**
		%	29%	7%	3%	39%	
	Indecisos	Contagem	18	9	0	27	
		%	18%	9%	0%	27%	
	Não concordo	Contagem	24	9	1	34	R= 0.117
		%	24%	9%	1%	34%	
	Total	Contagem	71	25	4	100	
		%	71%	25%	4%	100%	
Malicioso Código	De acordo	Contagem	39	12	3	54	$\chi^2=$ **27.06**
		%	39%	12%	3%	54%	

	Indecisos	Contagem	14	5	0	19	
		%	14%	5%	0%	19%	
	Não concordo	Contagem	18	8	1	27	R= 0.221
		%	18%	8%	1%	27%	
	Total	Contagem	71	25	4	100	
		%	71%	25%	4%	100%	
Ataque DOS	De acordo	Contagem	29	7	3	39	χ^2= **21.38**
		%	29%	7%	3%	39%	
	Indecisos	Contagem	20	11	0	31	
		%	20%	11%	0%	31%	
	Não concordo	Contagem	22	7	1	30	R= 0.099
		%	22%	7%	1%	30%	
	Total	Contagem	71	25	4	100	
		%	71%	25%	4%	100%	
Cartão de crédito/ Fraudes em ATM	Concordo	Contagem	27	10	3	40	χ^2= **20.66**
		%	27%	10%	3%	40%	
	Indecisos	Contagem	17	9	0	26	
		%	17%	9%	0%	26%	
	Não concordo	Contagem	27	6	1	34	R= - 0.031
		%	27%	6%	1%	34%	
	Total	Contagem	71	25	4	100	
		%	71%	25%	4%	100%	
Phishing/ Vishing/ Spoofing	De acordo	Contagem	36	6	3	45	χ^2= **22.28**
		%	36%	6%	3%	45%	
	Indecisos	Contagem	19	12	0	31	
		%	19%	12%	0%	31%	
	Não concordo	Contagem	16	7	1	24	R= 0.194
		%	16%	7%	1%	24%	
	Total	Contagem	71	25	4	100	

		%	71%	25%	4%	100 %

Concordo = Concordo totalmente + Concordo totalmente; Discordo = Discordo totalmente + Discordo totalmente

Tabela 5.11 Tabulação cruzada da vitimização por crimes cibernéticos e autenticidade

Do total de inquiridos, 44 (44%) concordam que são vítimas de furto de identidade online, entre os quais 33 (33%) concordam que o acesso à rede e aos servidores é conseguido através de logins únicos e requer autenticação, 8 (8%) estão indecisos e 3 (3%) discordam. 28(28%) inquiridos estão indecisos quanto ao facto de serem vítimas de roubo de identidade online, entre os quais 15(15%) inquiridos concordam que o acesso à rede e aos servidores é conseguido através de logins únicos e requer autenticação, enquanto 12(12%) inquiridos estão indecisos e 1(1%) inquirido discorda. 28(28%) inquiridos discordam que são vítimas de roubo de identidade online, entre os quais 23(23%) inquiridos concordam que o acesso à rede e aos servidores é conseguido através de logins únicos e requer autenticação, enquanto 5(5%) estão indecisos (Tabela 5.11). O valor do coeficiente de correlação de Karl Pearson é de 0,008, o que conclui que existe uma correlação positiva entre a vitimização por roubo de identidade em linha e a autenticação. O valor calculado de χ^2 para 16 graus de liberdade a um nível de significância de 5% é 32,46 e o valor tabelado de χ^2 é 26,296. Uma vez que o valor calculado do qui-quadrado é superior ao valor tabelado, a hipótese nula é rejeitada ou pode concluir-se que existe uma diferença entre a vitimização por roubo de identidade e autenticação online.

Do total de inquiridos, 39 (39%) concordam que são vítimas de pirataria informática, entre os quais 29 (29%) concordam que o acesso à rede e aos servidores é conseguido através de logins únicos e requer autenticação, 7 (7%) estão indecisos e 3 (3%) discordam. 27(27%) inquiridos estão indecisos quanto a serem vítimas de pirataria informática, entre os quais 18(18%) inquiridos concordam que o acesso à rede e aos servidores é conseguido através de logins únicos e requer autenticação, enquanto 9(9%) inquiridos estão indecisos. 34(34%) inquiridos discordam que são vítimas de pirataria informática, entre os quais 24(24%) inquiridos concordam que o acesso à rede e aos servidores é conseguido através de logins únicos e requer autenticação, 9(9%) estão indecisos, enquanto 1(1%) está indeciso (Tabela 5.11). O valor do coeficiente de correlação de Karl Pearson é de 0,117, o que conclui que existe uma correlação positiva entre a vitimização por Hacking e a autenticação. O valor calculado de χ^2 para 16 graus de liberdade a um nível de significância de 5% é 26,34 e o valor tabelado de χ^2 é 26,296. Como o valor calculado do qui-quadrado é maior do que o valor tabelado, a hipótese nula é rejeitada ou pode-se concluir que há uma diferença entre a vitimização por Hacking & autenticação.

Do total de inquiridos, 54(54%) concordam que são vítimas de código malicioso, entre os quais 39(39%) concordam que o acesso à rede e aos servidores é conseguido através de logins únicos e requer autenticação, 12(12%) estão indecisos e 3(3%) discordam. 19(19%) inquiridos estão indecisos quanto ao facto de serem vítimas de código malicioso, entre os quais 14(14%) inquiridos concordam que o acesso à rede e aos servidores é conseguido através de logins únicos e requer autenticação, enquanto 5(5%) inquiridos estão indecisos. 27(27%) inquiridos discordam que são vítimas de código malicioso, entre os quais 18(18%) inquiridos concordam que o acesso à rede e aos servidores é conseguido através de logins únicos e requer autenticação, 8(8%) estão indecisos, enquanto 1(1%) está indeciso (Tabela 5.11). O valor do coeficiente de correlação de Karl Pearson é de 0,221, o que conclui que existe uma correlação positiva entre a vitimização por código malicioso e a autenticação. O valor calculado de χ^2 para 16 graus de liberdade a um nível de significância de 5% é 27,06 e o valor tabelado de χ^2 é 26,296. Uma vez que o valor calculado do qui-quadrado é superior ao valor tabelado, a hipótese nula é rejeitada ou pode concluir-se que existe uma diferença entre a vitimização por código malicioso e a autenticação.

Do total de inquiridos, 39(39%) concordam que são vítimas de um ataque DOS, entre os quais 29(29%) concordam que o acesso à rede e aos servidores é conseguido através de logins únicos e requer autenticação, 7(7%) estão indecisos e 3(3%) discordam. 31(31%) inquiridos estão indecisos quanto ao facto de terem sido vítimas de um ataque DOS, entre os quais 20(20%) inquiridos concordam que o acesso à rede e aos servidores é conseguido através de logins únicos e requer autenticação, enquanto 11(11%) inquiridos estão indecisos. 30(30%) inquiridos discordam que tenham sido vítimas de um ataque DOS, entre os quais 22(22%) inquiridos concordam que o acesso à rede e aos servidores é conseguido através de logins únicos e requer autenticação, 7(7%) estão indecisos, enquanto 1(1%) está indeciso (Tabela 5.11). O valor do coeficiente de correlação de Karl Pearson é 0,099, o que conclui que existe uma correlação positiva entre a vitimização por ataque DOS e a autenticação. O valor calculado de χ^2 para 16 graus de liberdade a um nível de significância de 5% é 21,38 e o valor tabelado de χ^2 é 26,296. Como o valor calculado do qui-quadrado é menor que o valor tabelado, a hipótese nula é aceita ou pode-se concluir que não há diferença entre vitimização por ataque DOS e autenticação.

Do total de inquiridos, 40(40%) concordam que são vitimados por fraudes com cartões de crédito/ multibanco, entre os quais 27(27%) concordam que o acesso à rede e aos servidores é conseguido através de logins únicos e requer autenticação, 10(10%) estão indecisos e 3(3%) discordam. 26(26%) inquiridos estão indecisos quanto ao facto de terem sido vítimas de fraudes com cartões de crédito/ caixas multibanco, entre os quais 17(17%) inquiridos concordam que o acesso à rede e aos servidores é conseguido através de logins únicos e requer autenticação, enquanto 9(9%) inquiridos estão indecisos. 34(34%) inquiridos discordam de que são vítimas de fraudes com cartões de crédito/ caixas multibanco, entre os quais 27(27%) inquiridos concordam que o acesso à rede e aos servidores é conseguido através de logins únicos e requer autenticação, 6(6%) estão indecisos, enquanto 1(1%) está indeciso (Tabela 5.11). O valor do coeficiente de correlação de Karl Pearson é de -0,031, o que conclui que existe uma correlação negativa entre a vitimização por fraudes com cartões de crédito/ multibanco e a autenticação. O valor calculado de χ^2 para 16 graus de liberdade a um nível de significância de 5% é 20,66 e o valor tabelado de χ^2 é 26,296. Uma vez que o valor calculado do qui-quadrado é inferior ao valor tabelado, a hipótese nula é aceite ou pode concluir-se que não há diferença entre a vitimização por fraudes com cartões de crédito/ caixas multibanco e a autenticação.

Do total de inquiridos, 45 (45%) concordam que são vítimas de Phishing/ Vishing/ Spoofing, entre os quais 36 (36%) concordam que o acesso à rede e aos servidores é conseguido através de logins únicos e requer autenticação, 6 (6%) estão indecisos e 3 (3%) discordam. 31(31%) inquiridos estão indecisos quanto ao facto de terem sido vítimas de Phishing/ Vishing/ Spoofing, entre os quais 19(19%) inquiridos concordam que o acesso à rede e aos servidores é conseguido através de logins únicos e requer autenticação, enquanto 12(12%) inquiridos estão indecisos. 24(24%) inquiridos discordam que são vítimas de Phishing/ Vishing/ Spoofing, entre os quais 16(16%) inquiridos concordam que o acesso à rede e aos servidores é conseguido através de logins únicos e requer autenticação, 7(7%) estão indecisos, enquanto 1(1%) está indeciso (Tabela 5.11). O valor do coeficiente de correlação de Karl Pearson é de 0,194, o que conclui que existe uma correlação negativa entre a vitimização por Phishing/ Vishing/ Spoofing e a autenticação. O valor calculado de χ^2 para 16 graus de liberdade a um nível de significância de 5% é 22,28 e o valor tabelado de χ^2 é 26,296. Uma vez que o valor calculado do qui-quadrado é inferior ao valor tabelado , a hipótese nula é aceite ou pode concluir-se que não existe diferença entre a vitimização por Phishing/ Vishing/ Spoofing e a autenticação.

	Relação proposta	Resultados
1	Roubo de identidade em linha - Segurança dos dados	-ve, Rejeitado
2	Hacking - Segurança de dados	-ve, Rejeitado
3	Código malicioso - Segurança de dados	+ve, Rejeitado
4	Ataque DOS - Segurança de dados	-ve, Rejeitado
5	Fraudes com cartões de crédito e ATM - Segurança dos dados	-ve, Aceite
6	Phishing/ Vishing/ Spoofing - Segurança dos dados	-ve, Aceite
7	Roubo de identidade em linha - Autenticação	+ve, Rejeitado
8	Hacking - Autenticação	+ve, Rejeitado
9	Código malicioso - Autenticação	+ve, Rejeitado
10	Ataque DOS - Autenticação	+ve, Aceite
11	Fraudes com cartões de crédito e ATM - Autenticação	-ve, Aceite
12	Phishing/ Vishing/ Spoofing - Autenticação	+ve, Aceite

Quadro 5.12 Resumo dos resultados da hipótese 9

Todas as variáveis "Online identify theft", "Hacking", "DOS Attack", "Credit card/ ATM Frauds" e "Phishing/ Vishing/ Spoofing" estão negativamente correlacionadas com a segurança dos dados, enquanto "Malicious code" está positivamente correlacionada com a segurança dos dados. "Online identify theft", "Hacking", "Malicious code", "DOS Attack" e "Phishing/ Vishing/ Spoofing" estão positivamente correlacionados com a autenticação, enquanto "Credit card/ ATM frauds" está negativamente correlacionado com a autenticação (Quadro 5.12). Com base nos resultados do qui-quadrado, não existe uma diferença significativa entre a segurança dos dados e o ataque de cartões de crédito/fraudes de ATM e Phishing/Vishing/Spoofing, bem como não existe uma diferença significativa entre a autenticação e o ataque de DOS, fraudes de cartões de crédito/ATM e Phishing/Vishing/Spoofing. Por outro lado, existe uma diferença significativa entre a segurança dos dados e a usurpação de identidade em linha, a pirataria informática, o código malicioso e o ataque DOS, assim como existe uma diferença significativa entre a autenticação e a usurpação de identidade em linha, a pirataria informática e o ataque através de código malicioso. Por conseguinte, pode concluir-se que existe uma diferença significativa entre a política dos bancos e a vitimização por cibercrime (Tabela 5.12). **Resumo**

Com base em vários atributos de garantia e de capacidade de resposta, verificou-se que não existe uma diferença significativa entre a garantia e a capacidade de resposta dos bancos dos sectores público e privado. Os bancos introduziram vários serviços electrónicos, ou seja, consulta do saldo da conta, pagamento de facturas, encomenda de cheques/desenhos em linha, informações sobre a conta do cartão de crédito, transferência de fundos, reconciliação de livros de cheques, suspensão de pagamentos, visualização de cheques digitais em linha e serviços de multibanco. Depois de estudar a adoção de vários serviços electrónicos pelas vítimas de cibercrime, verificou-se que não existe uma diferença significativa entre a adoção de serviços electrónicos e o conhecimento das TI. Os vários serviços electrónicos, nomeadamente a consulta do saldo da conta, o pagamento de facturas, a encomenda de cheques/desenhos em linha, as informações sobre a conta do cartão de crédito, a reconciliação do livro de cheques e a visualização de cheques digitais em linha, estão negativamente correlacionados com o sexo, ao passo que a transferência de fundos e o serviço de suspensão de pagamentos estão positivamente correlacionados com o sexo. Foi encontrada uma diferença significativa entre o serviço eletrónico de suspensão de pagamentos dos bancos e o sexo do cliente. A usurpação de identidade em linha, a pirataria informática, o ataque DOS, as fraudes com cartões de crédito/ATM e o phishing/ vishing/ spoofing estão negativamente correlacionados com a segurança dos dados, ao passo que o ataque através de código malicioso está positivamente correlacionado com a segurança dos dados. A usurpação de identidade em linha, a pirataria informática, o ataque através de código malicioso, o ataque DOS e o "Phishing/ Vishing/ Spoofing" estão positivamente correlacionados com a autenticação, ao passo que as fraudes com cartões de crédito/ ATM estão negativamente correlacionadas com a autenticação. Por conseguinte, pode concluir-se que não existe uma diferença significativa entre a segurança dos dados e as fraudes com cartões de crédito/ATM e os ataques de Phishing/Vishing/Spoofing, assim como não existe uma diferença significativa entre a autenticação e os ataques DOS, as fraudes com cartões de crédito/ATM e os ataques de Phishing/Vishing/Spoofing. Por outro lado, existe uma diferença significativa entre a segurança dos dados e a usurpação de identidade em linha, a pirataria informática, o código malicioso e o ataque DOS, assim como existe uma diferença significativa entre a autenticação e a usurpação de identidade em linha, a pirataria informática e o ataque através de código malicioso. Por conseguinte, pode concluir-se que existe uma diferença significativa entre a política dos bancos e a vitimização da cibercriminalidade.

Referências

Bejou, D., Ennew, C. T. & Palmer, A. (1998), Trust, ethics and relationship satisfaction, *International Journal of Bank Marketing, 16(4),* p.170.

Gulledge, L (1996), Satisfaction measurement is more than doing surveys. *Marketing News, 30(22),* p. 8.

Bielski, L. (2004), Are you giving your customers the right experience? *ABA Banking Journal,* 29-33.

Churchill, G. A. & Suprenant, C. (1982). An investigation into the determinants of customer satisfaction. *Journal of Marketing Research.* 19(4), 491-504.

Giese, J. L. & J. A. Gote (2000). Defining consumer satisfaction, *Academy of Marketing Science Review.*

Khalifa, M. & Liu, V. (2002). Satisfaction with internet-based services: The role of expectations and desires. *Jornal Internacional do Comércio Eletrónico,* 7(2), 31-49.

Khattak, N. A. & Kashif-Ur-Rehman (2010). Customer satisfaction and awareness of Islamic banking system in Pakistan (Satisfação do cliente e consciencialização do sistema bancário islâmico no Paquistão). *Jornal Africano de Gestão Empresarial, 4(5)*, 662-671.

Liau, S. S. (2002). Compreender as percepções dos utilizadores sobre os ambientes da World Wide Web. *Journal of Computer Assisted Learning.* 18(2), 137-148.

McKinney, V., Yoon, K. & Zahedi, F. M. (2002). The measurement of web customer satisfaction: an expectation and disconfirmation approach. *Information Systems Research,* 13(3), 296-315.

Metaawa, S. A. & Almossawi, M. (1998). Comportamento bancário dos clientes dos bancos islâmicos; Perspectivas e implicações. *International Journal of Bank Marketing, 6(7),* 299-313.

Naser, K., Jamal, A. & Al-Khatib, K. (1999). Islamic banking: A study of customer satisfaction ad preferences in Jordan. *International Journal of Bank Marketing, 17(3),* 135-150.

Oliver, R. L. & Swan, J. E. (1989). Equity and disconfirmation perceptions as influences on merchant and product satisfaction. *Journal of Customer Research,* 16 (3), 372-383.

Parasuraman, A., Zeithaml, V. A. & Berry, L. L. (1988), SERVQUAL: A multiple-item scale for measuring consumer perceptions of service quality, *Journal of Retailing, Vol. 64,* 12-40.

Rexha, N., Kingshott, R. P. & Shang Aw, A. S. (2003). O impacto do plano relacional na adoção da banca eletrónica. *Journal of Services Marketing, 17(1),* 53-67.

Spreng, R. A., Mackenzie, S. B. & Olshavky, R. W. (1996). A reexamination of the determinants of customer satisfaction. *Journal of Marketing,* 60(3), 15-32.

Wells, W. & Prensky, D. (1996). Consumer behaviour, NY: John Wiley & Sons.

Wilson, M. (2003, 09 de abril). Guerra, ética e segurança. Computerworld. Recuperado em 23 de julho de 2004 do site http://www.computerworld.com/printthis/2003/0481480 18500.html.

CAPÍTULO 6

POLÍTICAS GOVERNAMENTAIS CONTRA A CIBERCRIMINALIDADE

Em menos de duas décadas, os avanços nas tecnologias da informação e das comunicações revolucionaram as infra-estruturas governamentais, científicas, educativas e comerciais. Os computadores pessoais potentes, as tecnologias de rede sem fios e de grande largura de banda e a utilização generalizada da Internet transformaram os sistemas autónomos e as redes predominantemente fechadas num tecido de interconectividade praticamente sem descontinuidades. Os tipos de dispositivos que podem ligar-se a esta vasta infraestrutura de tecnologias da informação (TI) multiplicaram-se, passando a incluir não só dispositivos fixos com fios, mas também dispositivos móveis sem fios. Uma percentagem crescente de acesso é feita através de ligações sempre activas, e os utilizadores e as organizações estão cada vez mais interligados através de redes físicas e lógicas, limites organizacionais e fronteiras nacionais. À medida que o tecido da conetividade se alargou, o volume de informação eletrónica trocada através do que é popularmente conhecido como ciberespaço cresceu dramaticamente e expandiu-se para além do tráfego tradicional, passando a incluir dados multimédia, sinais de controlo de processos e outras formas de dados. Estão constantemente a surgir novas aplicações e serviços que utilizam as capacidades das infra-estruturas de TI.

As infra-estruturas informáticas tornaram-se parte integrante das infra-estruturas críticas do país. As infra-estruturas informáticas que interligam computadores, servidores, dispositivos de armazenamento, encaminhadores, comutadores, ligações com e sem fios e híbridas apoiam cada vez mais o funcionamento de capacidades nacionais críticas como as redes eléctricas, os sistemas de comunicações de emergência, os sistemas financeiros e as redes de controlo do tráfego aéreo. A estabilidade operacional e a segurança das infra-estruturas críticas da informação são vitais para a segurança económica do país. Para além do seu papel subjacente nas infra-estruturas críticas da informação, a infraestrutura TI permite processos em grande escala em toda a economia, facilitando interações complexas entre sistemas em redes globais. Estas interações impulsionam a inovação na conceção e fabrico industrial, no comércio eletrónico, na administração pública em linha, nas comunicações e em muitos outros sectores económicos. A infraestrutura TI permite o processamento, a transmissão e o armazenamento de grandes quantidades de informações vitais utilizadas em todos os domínios da sociedade e permite que as agências governamentais interajam rapidamente entre si, bem como com a indústria, os cidadãos, as administrações estatais e locais e os governos de outras nações.

6.1 Papel do Governo

A importância das infra-estruturas de TI para o país ganhou visibilidade nos últimos anos devido à cibercriminalidade e ao rápido crescimento da usurpação de identidade e das fraudes financeiras. Estes acontecimentos tornaram cada vez mais claro que a segurança da infraestrutura de TI se tornou um interesse estratégico fundamental para o Governo. Embora a indústria esteja agora a fazer investimentos em infra-estruturas relacionadas com a segurança, as suas acções são dirigidas principalmente a esforços de curto prazo, impulsionados pela procura do mercado, para resolver problemas de segurança imediatos.

O Governo tem um papel diferente, mas igualmente importante, a desempenhar na garantia da cibersegurança sob a forma de estratégias a longo prazo. Neste sentido, as deliberações do Conselho Nacional da Informação (NIB) e do Conselho Nacional de Segurança (NSC) sublinharam a importância de uma estratégia nacional de cibersegurança, do desenvolvimento de capacidades nacionais para garantir a proteção adequada das infra-estruturas críticas da informação, incluindo a resposta rápida e a correção de incidentes de segurança, de investimentos a longo prazo em instalações de infra-estruturas, do reforço das capacidades e da I&D. As responsabilidades dos governos em termos de investimento a longo prazo e de investigação fundamental permitirão o desenvolvimento de novos conceitos, tecnologias, protótipos de infra-estruturas e pessoal formado, necessários para impulsionar as soluções de segurança da próxima geração.

A liderança governamental catalisa actividades de importância estratégica para a Nação. No que respeita à garantia da cibersegurança, essa liderança pode estimular uma ampla colaboração com parceiros do sector privado e partes interessadas para gerar avanços tecnológicos fundamentais na segurança da infraestrutura de TI do país. Em primeiro lugar, para apoiar a segurança nacional e económica, o Governo deve identificar as categorias mais perigosas de ameaças à segurança do ciberespaço para a Nação, as vulnerabilidades mais críticas das infra-estruturas informáticas e os problemas mais difíceis em matéria de garantia da segurança do ciberespaço. Em segundo lugar, o Governo pode utilizar estas conclusões para desenvolver e implementar um esforço coordenado de I&D centrado nas principais necessidades de investigação que só podem ser resolvidas com essa liderança. Embora essas necessidades evoluam com o tempo, a presente Estratégia de Cibersegurança constitui um ponto de partida para esse esforço. A parceria público-privada é uma componente essencial da estratégia de cibersegurança. Estas parcerias podem ser úteis para resolver problemas de coordenação. Podem melhorar significativamente o intercâmbio de informações e a cooperação. O envolvimento dos sectores público e privado assumirá diversas formas e incidirá na sensibilização, formação, melhorias tecnológicas, correção das vulnerabilidades e operações de recuperação.

No atual clima de risco elevado criado pelas vulnerabilidades e ameaças às infra-estruturas de TI das Nações, a cibersegurança não é apenas um exercício de papelada. Os adversários são capazes de lançar ataques nocivos aos sistemas informáticos, às redes e aos bens de informação. Esses ataques podem danificar tanto as infra-estruturas informáticas como outras infra-estruturas críticas. A cibersegurança está lentamente a ser mais amplamente adoptada em muitos produtos de consumo por uma série de razões, devido à apreciação das consequências da insegurança, à necessidade de desenvolver produtos seguros, às penalizações em termos de desempenho e de custos, à maior comodidade para o utilizador, à necessidade de implementar e manter sistematicamente práticas de segurança e à importância de avaliar o valor das melhorias em matéria de segurança. No entanto, as preocupações dos consumidores e das empresas foram reforçadas por ataques de piratas informáticos e roubos de identidade cada vez mais sofisticados, por avisos de ciberterrorismo e pela generalização das utilizações das TI. Consequentemente, muitas organizações do sector e de infra-estruturas críticas reconheceram que a sua capacidade continuada de ganhar a confiança dos consumidores dependerá de um melhor desenvolvimento de software, de práticas de engenharia de sistemas e da adoção de modelos de segurança reforçados e de melhores práticas.

A fim de chamar a atenção para a ameaça crescente à segurança da informação na Índia e centrar as acções neste domínio, o Governo criou uma Task Force interdepartamental para a segurança da informação (ISTF), sendo o Conselho de Segurança Nacional a agência nodal. A Task Force estudou e deliberou sobre questões como

* Nacional e Investigação em Segurança da Informação

* Em conformidade com as recomendações do ISTF, o Governo tomou as seguintes iniciativas

* Foi criada uma equipa indiana de resposta a emergências informáticas (CERT-In) para responder aos incidentes de cibersegurança e tomar medidas para evitar a sua repetição

* Foi criada uma infraestrutura PKI para apoiar a aplicação da Lei das Tecnologias da Informação e promover a utilização de assinaturas digitais

* O Governo tem vindo a apoiar actividades de I&D através das principais instituições académicas e do sector público do país

* Foi desenvolvido um quadro de garantia da política de segurança da informação para a proteção do ciberespaço e das infra-estruturas críticas do Governo.

* O Governo impôs a aplicação de uma política de segurança em conformidade com a norma de segurança da informação ISO 27001

* Atualmente, na Índia, 246 organizações obtiveram a certificação da norma de segurança da informação ISO 27001, contra um total de 2814 certificados SGSI emitidos em todo o mundo. A maioria dos certificados ISMS emitidos na Índia pertence aos sectores das TI/ITES/BPO.

* Os auditores de segurança foram nomeados para efetuar auditorias, incluindo avaliação de vulnerabilidades e testes de penetração de sistemas e redes informáticas de várias organizações do governo, organizações de infra-estruturas críticas e de outros sectores da economia indiana.

* Foi lançado um programa nacional de educação e sensibilização para a segurança da informação

6.2 Abordagem estratégica

Os principais objectivos para proteger o ciberespaço do país são

- Prevenir os ciberataques contra as infra-estruturas críticas do país

- Reduzir a vulnerabilidade nacional aos ciberataques

- Minimizar os danos e o tempo de recuperação de ataques informáticos

- As acções para proteger o ciberespaço incluem

- Análise forense e atribuição de ataques

- Proteção de redes e sistemas críticos para a segurança nacional

- Vigilância e avisos antecipados

- Proteção contra ataques organizados capazes de infligir danos debilitantes à economia

- investigação e desenvolvimento de tecnologias que permitam às organizações de infra-estruturas críticas proteger os seus activos informáticos

Para atingir os objectivos estratégicos, foram identificadas as seguintes quatro iniciativas principais

6.2.1 Política de segurança, conformidade e garantia

Muitos dos serviços críticos que são essenciais para o bem-estar da economia estão a tornar-se cada vez mais dependentes das TI. Como tal, o Governo está a envidar esforços para identificar os principais serviços que precisam de ser protegidos contra ataques electrónicos e procura trabalhar com as organizações responsáveis por estes sistemas, para que os seus serviços sejam protegidos de uma forma proporcional à perceção da ameaça. O principal objetivo destes esforços é proteger os recursos de informação pertencentes ao Governo, bem como os dos sectores críticos. Os sectores críticos incluem a defesa, as finanças, a energia, os transportes e as telecomunicações. Consequentemente, muitas organizações do sector e das infra-estruturas críticas reconheceram que a sua capacidade continuada de ganhar a confiança dos consumidores dependerá de um melhor desenvolvimento de software, de práticas de engenharia de sistemas e da adoção de modelos de segurança reforçados e de melhores práticas.

O quadro de garantia da cibersegurança é um quadro nacional para a garantia da cibersegurança destinado a apoiar os esforços nacionais de proteção das infra-estruturas críticas da informação. Visa satisfazer as necessidades de garantia de segurança do governo e das organizações de infra-estruturas críticas através de acções de "habilitação e aprovação". *As acções de habilitação* são essencialmente de natureza promocional/aconselhamento/regulamentação e são mais bem executadas pelo Governo ou por uma entidade autorizada que possa ser vista e percebida como independente de preconceitos e/ou interesses comerciais. Envolvem a publicação de requisitos de conformidade com a política de segurança nacional e de diretrizes de segurança informática e documentos de apoio para facilitar a aplicação e a conformidade da segurança informática. *As acções de aprovação* são essencialmente de natureza comercial e podem envolver mais do que um prestador de serviços que ofereça serviços comerciais depois de ter cumprido os critérios de qualificação necessários e demonstrado capacidade antes de ser nomeado e incluem

- Avaliação e certificação da conformidade com as melhores práticas, normas e diretrizes em matéria de segurança informática (por exemplo, certificação do SGSI ISO 27001/BS 7799, auditorias de sistemas SI, etc.)

• Avaliação e certificação de produtos de segurança informática de acordo com a norma "Common Criteria" ISO 15408 e normas de verificação de módulos criptográficos

• Formação de pessoal de segurança informática e outros serviços para ajudar o utilizador na implementação e conformidade da segurança informática

A Índia está a emergir como um dos principais parceiros de externalização e é necessário colmatar a lacuna percetível entre as TI/ITES/BPO indianas no que respeita à conformidade com as normas internacionais e as melhores práticas em matéria de segurança e privacidade. Atualmente, embora um número crescente de organizações na Índia tenha alinhado os seus processos e práticas internos com normas internacionais como a ISO 9000, CMM, Six Sigma, Gestão da Qualidade Total, ISO 27001, etc., é de notar que os modelos existentes, como os níveis SEI CMM, abrangem exclusivamente processos de desenvolvimento de software e não abordam questões de segurança. Como tal, é necessário um quadro de garantia abrangente que permita a conformidade no país e forneça garantias de conformidade às organizações subcontratadas e ao resto do mundo. Por conseguinte, estão a ser envidados esforços para criar um modelo baseado no conceito de autocertificação e nas linhas do modelo de maturidade das capacidades de software.

6.2.2 Incidente de segurança - Alerta precoce e resposta

A identificação rápida, a troca de informações e a correção podem muitas vezes atenuar os danos causados por actividades maliciosas no ciberespaço. Para que essas actividades se realizem eficazmente a nível nacional, é necessária uma parceria entre o governo e a indústria para efetuar análises, emitir avisos e coordenar os esforços de resposta. Uma vez que nenhum plano de cibersegurança pode ser imune a ataques concertados e inteligentes, os sistemas de informação devem ser capazes de funcionar enquanto estão a ser atacados e ter a resiliência necessária para restabelecer todas as operações após o ataque. O sistema nacional de alerta cibernético envolverá organizações de infra-estruturas críticas e instituições públicas e privadas para efetuar análises, realizar actividades de vigilância e alerta, permitir o intercâmbio de informações e facilitar os esforços de restabelecimento. As acções essenciais no âmbito do sistema nacional de alerta cibernético incluem

• Identificação de pontos focais nas infra-estruturas críticas

• Estabelecer uma arquitetura público-privada para responder a ciberincidentes a nível nacional

• Análise tática e estratégica de ataques informáticos e avaliações de vulnerabilidade

• Alargar a rede de alerta e de informação sobre o ciberespaço para apoiar o papel do Governo na coordenação da gestão de crises no domínio da segurança do ciberespaço;

• Melhorar as capacidades nacionais de resposta a incidentes (CERT-In)

• Exercitar planos e simulacros de continuidade da cibersegurança

O CERT-In está operacional desde janeiro de 2004 e satisfaz as necessidades de segurança da comunidade cibernética indiana, especialmente as infra-estruturas críticas de informação. De acordo com as expectativas da comunidade de utilizadores e de várias partes interessadas, é necessário aumentar as instalações do CERT-In em termos de mão de obra, sistemas de comunicação, ferramentas, etc., para a previsão, análise e atenuação de vulnerabilidades, análise de artefactos/ciber-forense, capacidades de monitorização e interceção do ciberespaço e verificação do estado de segurança das infra-estruturas críticas de informação. O Conselho Nacional de Informação e o Conselho Nacional de Segurança aprovaram a necessidade de aumentar as instalações do CERT-In. Para que o sistema nacional de alerta de cibersegurança seja eficaz, é necessário criar CERT sectoriais que respondam às necessidades muito específicas dos diferentes sectores. Neste sentido, foram criados CERT sectoriais pelo Exército, pela Força Aérea e pela Marinha no sector da Defesa e pelo IDRBT no sector das Finanças. Mas as instalações destas CERT sectoriais encontram-se em níveis primitivos e devem ser aumentadas para satisfazer as necessidades dos respectivos sectores. É necessário criar CERT sectoriais semelhantes, com instalações de ponta, noutros sectores críticos como a aviação, a energia, as telecomunicações, os caminhos-de-ferro, etc.

As fontes de ciberameaças e os ataques abrangem vários países e é necessário reforçar a cooperação global entre as agências de segurança, as CERT e as agências de aplicação da lei de vários países para atenuar eficazmente as ciberameaças. É vital dispor de um programa bem desenvolvido de investigação e desenvolvimento em matéria de cibersegurança e garantia da informação, executado por diferentes agências governamentais em ampla colaboração com o sector privado, parceiros e partes interessadas do meio académico e agências nacionais e internacionais. Neste contexto, as prioridades de colaboração são as seguintes

• Cibersegurança e tecnologia de garantia da informação para prevenir, proteger, detetar, responder e recuperar de ciberataques em infra-estruturas críticas de informação que possam ter consequências em grande escala.

• Colaboração na formação de pessoal para a implementação e monitorização de intranets e ciberespaços públicos seguros

• Projectos conjuntos de I&D no domínio da esteganografia, da marcação a água de documentos, da segurança das redes da próxima geração e da ciber-forense

• Coordenação em matéria de alerta precoce, análise de ameaças e vulnerabilidades e acompanhamento de incidentes

• Exercícios de cibersegurança para testar a vulnerabilidade e o grau de preparação dos sectores críticos

6.2.3 Formação em matéria de segurança - Segurança, provas digitais e medicina legal

Muitas das cibervulnerabilidades existem devido à falta de sensibilização para a cibersegurança por parte dos utilizadores de computadores, administradores de sistemas/rede, programadores de tecnologia, auditores, diretores de informação (CIO), diretores executivos (CEO) e empresas. A falta de pessoal formado e a ausência de programas de certificação a vários níveis, amplamente aceites, para os profissionais da cibersegurança complicam a tarefa de resolver as cibervulnerabilidades. Esta estratégia de cibersegurança identifica as seguintes acções e iniciativas principais para a sensibilização, educação e formação dos utilizadores

• Promover um programa nacional de sensibilização abrangente

• Promover programas adequados de formação e educação para apoiar as necessidades da nação em matéria de cibersegurança

• Aumentar a eficiência dos actuais programas de formação em matéria de cibersegurança e conceber programas de formação específicos por domínio (por exemplo, aplicação da lei, sistema judicial, governação eletrónica, etc.)

• Promover o apoio do sector privado a certificações profissionais de cibersegurança bem coordenadas e amplamente reconhecidas.

6.2.4 Investigação e desenvolvimento no domínio da segurança

A I&D interna é uma componente essencial das medidas nacionais de segurança da informação por várias razões. A principal razão para empreender a I&D é criar a confiança de que um produto de segurança informática importado não constitui uma ameaça velada à segurança. Outros benefícios incluem a criação de conhecimentos e de competências para enfrentar desafios de segurança novos e emergentes, para produzir soluções de segurança internas rentáveis e feitas por medida e até para competir pelo mercado de exportação de produtos e serviços de segurança da informação. O êxito da inovação tecnológica é significativamente facilitado por um ambiente científico e tecnológico sólido. Recursos como mão de obra qualificada e infra-estruturas criadas através de projectos pré-concorrenciais financiados por fundos públicos fornecem aos empresários os inputs necessários para se tornarem competitivos a nível mundial através de mais

I&D. Espera-se que o sector privado desempenhe um papel fundamental na satisfação das necessidades de I&D a curto prazo que conduzam a produtos comercialmente viáveis. Para além da I&D interna, este sector pode considerar atractiva a realização de I&D em colaboração com as principais organizações de investigação.

6.2.4.1 Equipa indiana de resposta a emergências informáticas (CERTIn)

O CERT-In é uma organização funcional do Departamento de Tecnologias da Informação, Ministério das Comunicações e Tecnologias da Informação, Governo da Índia, com o objetivo de proteger o ciberespaço indiano. O CERT-In presta serviços de prevenção e resposta a incidentes, bem como serviços de gestão da qualidade da segurança.

Na Lei das Tecnologias da Informação (alteração) de 2008, a CERT-In foi designada como agência nacional para desempenhar as seguintes funções no domínio da cibersegurança

• Recolha, análise e divulgação de informações sobre incidentes cibernéticos

• Previsão e alertas de incidentes de cibersegurança

• Medidas de emergência para lidar com incidentes de cibersegurança

• Coordenação das actividades de resposta a incidentes cibernéticos

• Emitir diretrizes, conselhos, notas de vulnerabilidade e livros brancos relativos às práticas e procedimentos de segurança da informação, prevenção, resposta e comunicação de ciberincidentes

• Outras funções relacionadas com a cibersegurança que possam ser prescritas

O CERT-In tomou medidas para implementar o Programa Nacional de Garantia da Segurança da Informação (NISAP) para sensibilizar as organizações governamentais e do sector crítico e para desenvolver e implementar a política de segurança da informação e as melhores práticas de segurança da informação com base na norma ISO/IEC 27001 para a proteção das suas infra-estruturas. Para comunicar com estas organizações, o CERT-In mantém uma base de dados abrangente de mais de 1000 Pontos de

Contacto (PoC) e Responsáveis pela Segurança da Informação (CISO). Como medida pró-ativa, o CERT-In também associou 40 organizações de auditoria de segurança da informação para realizar auditorias de segurança da informação, incluindo a avaliação da vulnerabilidade e o teste de penetração da infraestrutura em rede das organizações governamentais e do sector crítico. A competência técnica das organizações empanadas é regularmente analisada pelo CERT-In com a ajuda de uma rede de testes. O CERT-In também realizou um simulacro de segurança cibernética para avaliar o grau de preparação das organizações do sector crítico para resistir a ataques cibernéticos. O CERT-In desempenha o papel de CERT-mãe e interage regularmente com os responsáveis pela cibersegurança dos CERT sectoriais da defesa, das finanças e de outros sectores para os aconselhar em questões relacionadas com a cibersegurança. Para facilitar as suas tarefas, o CERT-In tem acordos de colaboração com os fornecedores de produtos de TI, os fornecedores de segurança e a indústria no país e no estrangeiro. Esta colaboração facilita a troca de informações sobre as vulnerabilidades dos produtos relevantes, o desenvolvimento de contramedidas adequadas para proteger estes sistemas e a formação sobre os produtos e tecnologias mais recentes. O CERT-In, em colaboração com o CII, a NASSCOM e a Microsoft, criou um portal "secureyourpc.in" para educar os consumidores sobre questões de cibersegurança.

6.2.4.2 Instituto de Ciências Forenses

A lei e as agências de aplicação da lei consideram necessário regular as actividades que influenciam a nossa vida quotidiana com a ajuda da ciência. As leis estão continuamente a ser alargadas e revistas para contrariar o aumento das taxas de criminalidade. Ao mesmo tempo, estão a recorrer cada vez mais aos cientistas para obterem apoio técnico. Como resultado, as agências de aplicação da lei, bem como os laboratórios forenses, expandiram as suas funções e métodos de investigação. A ciência forense desempenha um papel importante no sistema de justiça penal.

Para além do trabalho de rotina no laboratório, há outra dimensão importante do papel que um cientista forense desempenha, que é a participação no processo de investigação criminal. A capacidade de um cientista forense reflecte-se no local do crime, onde lhe é pedido que forneça informações precisas e objectivas sobre a sequência dos acontecimentos ocorridos no local do crime. O cientista forense não só deve recolher e preservar as provas físicas, mas também contribuir com uma perspetiva altamente profissional e única para desenvolver a reconstrução do local do crime através da observação e avaliação das provas físicas.

O Laboratório Central de Ciências Forenses, em Calcutá, é uma instituição de ciência e tecnologia de primeiro plano, criada em 1957 com quatro disciplinas básicas de ciências forenses, nomeadamente balística, biologia, química e física, sob a tutela do Ministério do Interior da União. Mais tarde, o laboratório foi colocado no ano de 1971 sob o controlo administrativo de um departamento recentemente criado, o BPR&D. Em 2003, foi criada uma Direção de Ciências Forenses separada, composta por três Laboratórios Centrais de Ciências Forenses situados em Calcutá, Hyderabad, Shimla, Chandigarh e Allahabad.

O Laboratório Central de Ciências Forenses (CBI) de Nova Deli foi criado em 1968. O laboratório de Nova Deli é um dos laboratórios mais completos do país. De acordo com o relatório, durante o ano de 2007, os cientistas do Laboratório prestaram testemunho pericial em 261 tribunais em Deli e noutras partes da Índia e examinaram 82 cenas de crime em Deli e no exterior para investigação científica de crimes. Os serviços desta ciência forense foram igualmente prestados à polícia de Deli, à CBI e aos tribunais judiciais. Foi igualmente prestada assistência forense à Direção de Informação Fiscal, a bancos, ao Conselho do Secretariado do Governo e a outras empresas públicas numa base regular.

6.3 Direito cibernético

No dicionário Advanced Law Lexicon, o "Ciberdireito" é definido como "o domínio do direito que lida com os computadores e a Internet, incluindo questões como os direitos de propriedade intelectual, a liberdade de expressão e o livre acesso à informação". No Advanced Law Lexicon, o Ciberdireito diz respeito aos computadores e à Internet. Podemos antes dizer que se trata de um processo computorizado.

A Lei das Tecnologias da Informação de 2000 foi introduzida em 9 de junho de 2000. A Lei das Tecnologias da Informação de 2000 entrou em vigor em 17 de outubro de 2000. Esta lei foi alterada por notificação de 27 de outubro de 2009. A Lei sobre as Tecnologias da Informação de 2000 foi introduzida com base na lei-modelo sobre o comércio eletrónico, conhecida como a

Comissão das Nações Unidas para o Direito Comercial Internacional, que foi introduzida na Assembleia Geral das Nações Unidas pela sua resolução n.o 51 de 162' de 30 de janeiro de 1997, que recomendava que todos os Estados tivessem em conta a referida lei-modelo, que previa a igualdade de tratamento jurídico dos utilizadores de comunicações electrónicas e de comunicações em suporte papel. O preâmbulo da Lei 21 de 2000 prevê o reconhecimento jurídico das transacções efectuadas através do intercâmbio eletrónico de dados e de outros meios de comunicação eletrónica, geralmente designados por comércio eletrónico, que implicam a utilização de alternativas aos métodos de comunicação e de armazenamento de informações em suporte de papel, para facilitar a apresentação eletrónica de documentos junto dos organismos governamentais e para alterar o Código Penal indiano, a Lei indiana sobre a prova de 1872, a Lei sobre a prova dos livros bancários de 1891 e a Lei do Banco Central da Índia de 1934, bem como para questões conexas ou acessórias; Considerando que a Assembleia Geral das Nações Unidas, através da Resolução A/RES/51/162, de 30 de janeiro de 1997, adoptou a lei-modelo sobre o comércio eletrónico adoptada pela Comissão das Nações Unidas para o Direito Comercial Internacional; que a referida resolução recomenda, nomeadamente, que todos os Estados tenham em consideração a referida lei-modelo quando adoptarem ou reverem as suas leis, tendo em conta a necessidade de uniformizar a legislação aplicável às alternativas aos métodos de comunicação e de armazenamento de informações em suporte papel.

Na ausência de legislação específica, a proteção de dados na Índia é conseguida através da aplicação dos direitos de privacidade e de propriedade. Os direitos de privacidade são aplicados ao abrigo da Constituição indiana e da Lei das TI de 2000, enquanto a Lei dos Contratos indiana de 1872, a Lei dos Direitos de Autor de 1957 e o Código Penal indiano de 1860 protegem os direitos de propriedade. A lei sobre as tecnologias da informação trata dos seguintes crimes informáticos, entre outros

- Alteração de documentos de origem informática

- Hacking

- Publicação de informações obscenas em formato eletrónico

- Pornografia infantil

- Aceder ao sistema protegido

- Violação da confidencialidade e da privacidade

São os seguintes os crimes cibernéticos, para além dos mencionados na lei sobre a informática

- Perseguição cibernética

- Ciberocupação

- Manipulação de dados

- Ciberdifamação

- Ataque de Troia

- Falsificação

- Crimes financeiros

- Roubo de tempo na Internet

- Ataque de vírus/worms

- Falsificação de correio eletrónico

- Bombardeamento por correio eletrónico

- Ataque com salame

- Web jacking

SECÇÃO AO ABRIGO DA LEI IT 2000	OFENSA	PUNIÇÃO
43 (Capítulo IX)	Danos no computador, no sistema informático, etc.	Indemnização de 1 milhão de rúpias à pessoa afetada
44 (a) (Capítulo IX)	Não preencher qualquer documento, devolução ou relatório ao Controlador ou à Autoridade de Certificação	Sanção não superior a um lakh e cinquenta mil rupias por cada incumprimento
44 (b) (Capítulo IX)	Não apresentar qualquer declaração ou não fornecer quaisquer informações, livros ou	Sanção não superior a cinco mil rupias por cada dia em que o incumprimento persistir

	outros documentos dentro do prazo fixado	
44 (c) (Capítulo IX)	Não manter livros de contabilidade ou registos ou não os manter	Sanção não superior a dez mil rupias por cada dia em que o incumprimento persistir
45 (Capítulo IX)	Violação de quaisquer outras regras ou regulamentos elaborados ao abrigo da lei relativa ao imposto sobre o rendimento	Indemnização não superior a vinte e cinco mil rupias à pessoa afetada ou uma sanção não superior a vinte e cinco mil rupias
65 (Capítulo XI)	Alteração de documentos de origem informática	Pena de prisão até três anos ou multa que pode ir até dois lakh rupias, ou ambas as penas
66 (Capítulo XI)	Hacking com o computador System	Pena de prisão até três anos, ou multa que pode ir até dois lakh rupias, ou ambas
67 (Capítulo XI)	Publicação de informações obscenas em formato eletrónico	Pena de prisão de qualquer das formas descritas por um período que pode ir até cinco anos e multa que pode ir até um lakh rupees e, em caso de segunda ou subsequente condenação, pena de prisão de qualquer das formas descritas por um período que pode ir até dez anos e multa que pode ir até dois lakh rupees
68 (Capítulo XI)	Não cumprir as instruções do Controlador	Pena de prisão não superior a 3 anos ou multa não superior a 2 lakh rupias ou ambas
69 (Capítulo XI)	Não disponibilização de meios para desencriptar informações que sejam contrárias aos interesses da soberania ou da integridade da Índia	Pena de prisão até sete anos.

70 (Capítulo XI)	Garantir ou tentar garantir o acesso a um sistema protegido	Pena de prisão até dez anos e multa
71 (Capítulo XI)	Deturpação ou supressão de qualquer facto material do Controlador ou da Autoridade de Certificação para obter qualquer licença ou certificado de assinatura digital	Pena de prisão até 2 anos ou multa até 1 lakh rupias ou ambas
72 (Capítulo XI)	Violação da confidencialidade e da privacidade	Pena de prisão até dois anos ou multa até um lakh rupias ou ambas
73 (Capítulo XI)	Publicação de certificados de assinatura digital falsos em certos pormenores	Pena de prisão até dois anos ou multa até um lakh rupias ou ambas
74 (Capítulo XI)	Publicação com fins fraudulentos	Pena de prisão até dois anos ou multa até um lakh rupias ou ambas

Quadro 6.1 Competência ao abrigo da Lei sobre as Tecnologias da Informação de 2000 em relação às infracções informáticas

Fonte: Lei das TI de 2000

SECÇÃO DO IPC	OFENSA
503 IPC	Envio de mensagens ameaçadoras por correio eletrónico Secção
499 IPC	Envio de mensagens difamatórias por correio eletrónico Secção
463 IPC	Falsificação de registos electrónicos Secção
420 IPC	Sítios Web falsos, fraudes cibernéticas Secção
463 IPC	Secção de falsificação de correio eletrónico
383 IPC	Secção Web-jacking
500 IPC	Secção de abuso de correio eletrónico
Lei NDPS	Venda de medicamentos em linha

Lei das armas	Venda de armas em linha
292 IPC	Secção Pornográfica

Quadro 6.2 Competência ao abrigo do Código Penal indiano em relação às infracções informáticas

Fonte: Escola Asiática de Direito Cibernético

Para adjudicar os crimes acima referidos, o poder foi atribuído ao Adjudicating Officer. Para adjudicar o litígio ao abrigo da Lei das Tecnologias da Informação, foi promulgada a Secção 46, que confere poderes para adjudicar os crimes. O poder foi atribuído ao Secretário para as Tecnologias da Informação, que tem competência para decidir sobre o montante da indemnização ao abrigo das secções 46 e 47 da lei.

Resumo

O Governo tem um papel diferente, mas igualmente importante, a desempenhar na garantia da cibersegurança sob a forma de estratégias a longo prazo. O Governo tomou várias iniciativas para combater a cibercriminalidade. A CERT-In, uma organização funcional do Departamento de Tecnologias da Informação, Ministério das Comunicações e das Tecnologias da Informação, Governo da Índia, foi criada com o objetivo de proteger o ciberespaço indiano. O CERT-In presta serviços de prevenção e resposta a incidentes, bem como serviços de gestão da qualidade da segurança. Na Lei das Tecnologias da Informação (alteração) de 2008, o CERT-In foi designado como agência nacional para desempenhar as várias funções no âmbito da cibersegurança. Os laboratórios centrais de ciências forenses foram criados basicamente em quatro disciplinas das ciências forenses, nomeadamente as divisões de balística, biologia, química e física, sob a tutela do Ministério do Interior da União. O papel destas agências é focado neste capítulo.

A lei indiana sobre as tecnologias da informação (IT Act) de 2000 oferece proteção jurídica às actividades comerciais realizadas por meios electrónicos. Revê a legislação antiga e prevê soluções para os crimes electrónicos. A lei destaca que a comunicação por correio eletrónico tem estatuto jurídico como forma válida de comunicação na Índia, que as assinaturas digitais e os registos digitais têm estatuto jurídico e são considerados registos legais em caso de litígio e que a governação eletrónica é definida. Os departamentos governamentais estão habilitados a criar, arquivar e armazenar documentos governamentais em formato digital. São implementadas indemnizações monetárias para crimes informáticos e são definidas orientações para os fornecedores de serviços Internet. A lei IT Act 2000 constitui um passo importante para convencer os clientes offshore de que estão protegidos pelo sistema jurídico da Índia. Foram discutidas a jurisdição e as sanções previstas na Lei sobre as Tecnologias da Informação de 2000, bem como no Código Penal indiano no que respeita às infracções informáticas.

Referências

Tandon, R. (2010, 28 de agosto). Questões de ciberdireito e adjudicação na Índia. Workshop sobre Ciberdireito, Escola Asiática de Ciberdireito, Pune, 1-30.

CERT-In (2009). Relatório anual. Equipa indiana de resposta a emergências informáticas (CERT-In),

Departamento de Tecnologias da Informação Ministério das Comunicações e Tecnologias da Informação Governo da Índia, 1-8.

Muthukumaran, B. (2008). Cyber crime scenario in India. *Criminal Investigation Department Review, janeiro de 2008,* 17-23.

Nagpal, R. (2008). *DPI e ciberespaço - perspetiva indiana.* Escola Asiática de Leis Cibernéticas.

Edappagath, A. (2004). Cyber laws and enforcement. *Information Technology in Developing Countries, 14 (3),* 3-7.

Patel, N. & Conners, S. E. (2008). Outsourcing: Data security and privacy issues in India [Questões de segurança e privacidade dos dados na Índia]. *Issues in Information Systems, 9(2),* 14-20.

GIPI (2005). Confiança e segurança no ciberespaço: O quadro jurídico e político para combater a cibercriminalidade. Iniciativa Mundial para a Política da Internet, 1-10.

Vijayahankar, N. (2000, 12 de dezembro). Cidadão e governação eletrónica - direito cibernético e questões conexas. Apresentado no Seminário da AMIC, Chennai.

yes
I want morebooks!

Buy your books fast and straightforward online - at one of world's fastest growing online book stores! Environmentally sound due to Print-on-Demand technologies.

Buy your books online at
www.morebooks.shop

Compre os seus livros mais rápido e diretamente na internet, em uma das livrarias on-line com o maior crescimento no mundo! Produção que protege o meio ambiente através das tecnologias de impressão sob demanda.

Compre os seus livros on-line em
www.morebooks.shop

Printed by Books on Demand GmbH, Norderstedt / Germany